예수님의 사람 2

예수동행훈련 시리즈 ❷

예수님의 사람 2

유기성 지음

| 인도자용 |

예수님과 동행하는 삶으로 인도하는 제자훈련
Walking with Jesus

위드지저스

나는 포도나무요 너희는 가지라
그가 내 안에, 내가 그 안에 거하면
사람이 열매를 많이 맺나니
나를 떠나서는 너희가
아무 것도 할 수 없음이라

요한복음 15장 5절

제자훈련 인도자에게
드리는 편지

교회에서 섬길 일이 참 많지만 가장 귀한 일이 교인들을 예수님의 제자로 세우는 일일 것입니다. 그것은 예수님의 사역이기 때문입니다. 예수님께서 공생애 기간 동안 책을 쓰거나 건물을 세우지 않고 제자를 세우셨습니다. 그리고 부활 승천 하시기 전 제자들에게 제자 삼는 사역을 맡기셨습니다.

너희는 가서 모든 민족을 제자로 삼아 마 28:19

훈련생을 예수님의 제자로 세우는 일은 너무나 소중하고 영광스런 사명입니다. 교인들이 제자로 세워져야 예수님께서 교회 공동체의 주인이 되실 수 있습니다. 교인들이 제자가 되지 않으니 교회가 사람들의 조직으로 전락하고 마는 것입니다. 그러므로 교회의 미래는 교인 한 사람, 한 사람을 주님과 동행하는 제자로 세우는 데 달려 있습니다.

제자훈련은 훈련생으로 하여금 성경의 진리와 함께 주님과 동행하는 삶을 살도록 도와야 합니다. 주님과 동행하는 사람이 주님의 제자이기 때문입니다. 제자훈련 인도자의 자격 역시 '주님의 임재하심을 항상 깨닫고 주님을 바라보며 주님과 동행하는 자'입니다. 제자훈련은 인도자 자신이 예수님이 주인인 삶을 사는 것을 훈련생들에게 보여주어 그들도 그렇게 살도록 도와주는 것입니다.

제자훈련의 강사는 주 예수님이십니다. 인도자는 주 예수님의 도구일 뿐입니다. 사도 바울은 "그리스도께서 이방인들을 순종하게 하기 위하여 나를 통하여 역사하신 것 외에는 내가 감히 말하지 아니하노라"(롬 15:18)라고 말했습니다. 이것이 모든 인도자의 고백이어야 합니다. 인도자가 힘쓸 일은 교재를 함께 나누면서 주님이 하시는 일을 바라보며, 훈련생들에게도 주님을 바라보게 하는 것뿐입니다. 인도자의 목표는 무엇을 가르치는 것이 아니라 훈련생이 주님을 바라보도록 격려하고 동기부여하고 서로 점검하는 일입니다.

예수님께서는 3년 동안 제자들과 함께 지내시면서 하나님 나라 복음을 가르치고 함께 사역하셨습니다. 그리고 부활 승천하시면서 제자들에게 교회와 양 무리를 맡기셨습니다. 그리고 땅 끝까지 가서 모든 민족으로 제자를 삼으라고 하셨습니다. 그러면서 제자들에게 약속하신 것은 오직 주님께서 항상 함께하실 것이라는 사실과 성령이 마음에 임하시기를 기다리라는 것이었습니다.

그러므로 제자훈련 인도자의 자격은 '나는 죽고 예수로 사는 사람', 24시간 주님을 바라보는 사람', '예수님은 나의 왕이시다.'라고 고백하는 사람입니다. 주님과 동행하는 삶에 눈이 뜨이고 자신보다 연약한 믿음을 가진 교인들이 주님을 바라보며 주님과 동행하는 삶을 살도록 도와줄 수 있어야 합니다.

제자훈련을 인도하는 것은 엄청난 유익을 줍니다. 배워서 아는 것은 아직 아는 것이 아닙니다. 가르칠 수 있어야 아는 것이고, 가르친 대로 살아야 진정 아는 것입니다. 가르쳐 봐야 자신의 영적 실상을 깨닫게 됩니다. 제자훈련을 인도하면서 실제로는 인도자 자신이 주님으로부터 제자훈련을 받는 것입니다.

제자훈련을 인도하면서 다음 사항을 꼭 지켜주기 바랍니다.

1. 수업할 교재 내용을 충분히 파악해야 합니다

훈련생들과 마찬가지로 인도자도 매일 한 과씩을 읽고 준비해야 합니다. 아는 내용이라고 그냥 넘어가지 말고 훈련생들에게 할 질문을 자신에게 던져보며 스스로를 점검해 봐야 합니다. 가르치려 하지 말고 먼저 진리가 나를 자유하게 했는지 자신을 말씀 앞에 세워 보기 바랍니다. 그렇게 함으로써 영적인 풍성함과 정확함을 얻게 됩니다.

2. 집중할 핵심 부분에 대한 파악을 해놓아야 합니다

인도자 가이드를 보고 전체의 내용의 맥을 잡습니다. 한 단원 안에 포함된 각 과의 제목들은 그 단원의 주제를 담고 있으므로 제목을 보면서 정리하도록 합니다.

3. 대략적인 수업진행 과정을 정해야 합니다

전체의 내용을 다 강의를 하는 것이 아닙니다. 학생들의 수준을 잘 파악하여 핵심내용을 어떻게 그리고 어느 정도 분량으로 담을지를 미리 정리해야 합니다.

4. 제자훈련생을 위해 기도합니다

훌륭한 강의보다 더 중요한 것이 반원들 한 사람, 한 사람을 위한 기도입니다. 선생이 아니라 아비의 마음으로 한 사람, 한 사람을 품고 매일 기도해야 합니다. 신앙 인격과 삶의 변화는 인도자의 노력으로 되는 것이 아니라 성령께서 행하시는 역사이기 때문입니다.

5. 훈련생 각자에게 꼭 확인해야 할 것을 메모해 두어야 합니다

선택 질문을 누구에게 할 것인지를 미리 결정해 둡니다. (예를 들면 구원의 확신과 관련이 있는 문제는 그 점에 대해서 불분명해 보이는 ○○○집사에게 질문을 한다고 생각해 놓습니다.) 그리고 답을 통해서 그 사람의 영적 상태를 메모해 둡니다. 이 메모는 인도자 혹은 다른 영적 지도자가 그 사람의 믿음을 세워주는 데 있어서 좋은 참고자료가 됩니다.

주님께서 여러분을 통하여 훈련생을 가르치실 것입니다.

《예수님의 사람》
제자훈련 서약서

나는 《예수님의 사람》 제자훈련의 훈련생으로서
하나님 앞에서 다음과 같이 서약합니다.

1. 나는 제자훈련이 진행되는 동안 제자훈련을 우선순위에 두겠습니다.

2. 나는 결석이나 지각을 하지 않고 제자훈련에 성실하게 참여하겠습니다.

3. 나는 교재 예습과 주어진 과제를 철저하게 수행하겠습니다.

4. 나는 열린 마음과 정직한 마음으로 훈련에 참여하겠습니다.

5. 나는 다른 훈련생의 개인적인 이야기에 대해 비밀을 지키겠습니다.

6. 나는 우리가 그리스도 안에서 한 몸임을 기억하고 사랑과 기도로써 서로에 대한 책임을 다하겠습니다.

년   월   일

이 름: (인)

머리말

주 예수님과의 행복한 동행

"한국교회의 문제가 무엇입니까?"라고 질문하면 "교인들의 삶이 변해야 한다. 성경도 많이 알고, 설교는 많이 듣지만 삶이 변하지 않았다!"고 대답합니다. 정확한 진단입니다. 문제는 어떻게 삶이 변하느냐? 하는 것입니다. '삶을 변화시키고 싶지만 안 되는 것을 어떻게 하는가?'에 대한 대답이 필요합니다.

행함을 강조하면 율법주의로 전락하기 쉽습니다. 만약 노력해서 삶이 변화될 수 있다면 십자가가 무슨 소용이 있겠습니까? 예수님에 대해 많이 배우는 것은 매우 중요합니다. 그러나 선행되어야 할 것이 있습니다. 예수님과 친밀히 동행하는 것입니다.

자녀들은 먼저 부모와 관계 속에서 자랍니다. 부모에 대해 아는 것은 나중입니다. 어린아이가 부모에 대해 많이 알고 부모와 관련된 자료를 아무리 많이 가지고 있어도 부모와 함께 살지 않으면 행복하지 못합니다. 예수님에 대해서도 마찬가지입니다.

제자훈련은 주 예수님과 행복한 동행을 하도록 도와줍니다. 친밀한 관계로 나아가도록 이끌어줍니다. 예수님께서 제자들에게 성경통독을 가르치셨을까요? 조직신학을 가르치셨을까요? 목회학, 설교방법, 전도학을 가르치셨을까요? 마가복음 3장 13-15절은 예수님께서 제자들을 부르신 가장 우선된 목적이 주님과 동행하는 자가 되는 것에 있음을 분명하게 말씀하고 있습니다.

예수님 당시, 예수님을 따르는 무리는 매우 많았습니다. 그러나 그들이 다 제자는 아니었습니다. 얼마만큼 주님과 동행하느냐에 따라 제자의 자격이 달라지기 때문입니다. 곧 제자는 주님과 함께 지내면서 주님을 알고, 주님을 배우는 자입니다.

《예수님의 사람》 제자훈련 교재는 머리로만 이해하는 방식의 한계를 깨뜨려 보려고 시도했습니다. 지적인 접근방법보다는 삶으로 주 예수님과 동행할 수 있도록 돕고 깨닫게 함으로써, 주 예수님께서 우리 삶을 변화시킬 수 있도록 했습니다. 12주 동안의 매우 짧은 기간이지만 그리스도인들로 하여금 예수님과 동행하는 삶을 사는 감각을 깨우쳐주고자 했습니다. 그 다음은 주님이 하실 것입니다.

예수님에 대한 바른 지식 이전에 예수님과의 바른 관계를 맺고 사는 것이 예수님을 믿는 삶의 시작입니다. 초대교회가 그랬습니다. 사도행전부터 시작되는 교회 역사를 읽어보면 예수님에 대한 바른 지식과 함께 예수님과 동행함이 있었음을 알 수 있습니다. 사도행전 당시는 지금처럼 성경도 없었고, 바른 신학도 없었고, 정통 신앙이라는 것도 없었고, 교회 조직도 없었지만 예수님과의 친밀한 관계 하나만큼은 너무나 분명했습니다. 예수님에 관한 바른 가르침은 매우 중요합니다. 그러나 예수님에 대한 바른 가르침이 우리 자신과 교회의 문제를 해결하는 것이 아님도 알아야 합니다.

지금 시대는 각종 매체를 통하여 수많은 기독교의 가르침이 선포되고 있습니다. 기독교 메시지들이 지금처럼 정확하고 풍성하며 다양하게 퍼부어진 적이 없었습니다. 그러나 또 지금처럼 기독교가 사회에서 매력을 잃어버리고 교회와 그리스도인들이 위기에 처한 적도 없을 것입니다. 예수님에 대한 바른 지식도 중요하지만 그보다 더 중요한 것은 예수님과의 바른 관계입니다. 한국 교회의 문제는 목회자나 교인들 모두 예수님에 대한 바른 지식만 추구하다가 예수님과의 바른 관계를 소홀히 한 것입니다.

많은 그리스도인이 예수님만 믿어서는 부족하다고 생각합니다. 그러나 이 생각은 정말 위험한 생각입니다. 스스로에게 이렇게 질문해 봐야 합니다. "나는 정말 예수님을 믿기는 했었는가?"

예수님께서 놀라운 말씀을 하셨습니다.

> 내가 진실로 진실로 너희에게 이르노니 나를 믿는 자는 내가 하는 일을 그도 할 것이요 또한 그보다 큰 일도 하리니 이는 내가 아버지께로 감이라 요 14:12

예수님을 믿는다는 것이 무엇인지 요한계시록 3장 20절에서 정말 중요한 기준을 제시해 주셨습니다.

볼지어다 내가 문 밖에 서서 두드리노니 누구든지 내 음성을 듣고 문을 열면 내가
그에게로 들어가 그와 더불어 먹고 그는 나와 더불어 먹으리라 계 3:20

우리가 예수님을 믿는다는 것은 인격적인 관계 안에서 예수님을 믿는 것입니다.

내 안에 거하라 나도 너희 안에 거하리라 가지가 포도나무에 붙어 있지 아니하면
스스로 열매를 맺을 수 없음 같이 너희도 내 안에 있지 아니하면 그러하리라
나는 포도나무요 너희는 가지라 그가 내 안에, 내가 그 안에 거하면 사람이 열매를
많이 맺나니 나를 떠나서는 너희가 아무 것도 할 수 없음이라 요 15:4-5

너희는 믿음 안에 있는가 너희 자신을 시험하고 너희 자신을 확증하라
예수 그리스도께서 너희 안에 계신 줄을 너희가 스스로 알지 못하느냐 그렇지 않으면
너희는 버림받은 자니라 고후 13:5

내가 그리스도와 함께 십자가에 못 박혔나니 그런즉 이제는 내가 사는 것이 아니요
오직 내 안에 그리스도께서 사시는 것이라 이제 내가 육체 가운데 사는 것은
나를 사랑하사 나를 위하여 자기 자신을 버리신 하나님의 아들을 믿는 믿음 안에서

사는 것이라 갈 2:20

이런 믿음을 가질 때 삶이 변화됩니다. 주 예수님이 함께 계심을 아는데 자기 마음대로 살 사람이 누가 있겠습니까? 우리가 정말 힘써야 할 것은 예수님과 행복하게 동행하는 삶을 사는 것입니다.

《예수님의 사람》 다음에 주님이 허락하신 훈련과정이 《예수동행일기》입니다. 주 예수님을 바라보는 눈이 뜨인 후 제 마음의 갈망은 더욱 커졌습니다.
"주님 제가 언제나 주님만 바라보기 원합니다."
그때 주님은 제게 그 방법을 가르쳐주셨습니다. 24시간 주 예수님을 바라보는 일기를 쓰는 것이었습니다. 아우구스티누스, 존 웨슬리, 조나단 에드워드, 데이비드 브레이너드, 스탠리 존스 등 위대한 하나님의 종들은 거의 다 일기를 썼습니다.

저는 《예수님의 사람》 제자훈련과 《예수동행일기》를 통하여 '사람은 변한다!'는 확신을 갖게 되었습니다. 다른 사람을 보고 믿게 된 것이 아니라 저 자신을 보면서 믿게 된 것이니 정말 놀라운 일입니다. 이전에도 성령의 체험과 강렬한 회개, 극적인 결단의 시간이 있었습니다. 그런데 얼마동안 제 삶의 변화가 있었을 뿐이었고, 얼마 못 가서 다시 옛날처럼 돌아가 버렸습니다. 그래서 계속하여 더 뜨겁고 극적인 체험을 갈구했었습니다.

그러나 지금은 정말 매순간 예수님의 임재가 느껴집니다. 새벽부터 잠자기까지! 그래서 생활이 완전히 변화되고 있습니다. 저 자신은 변한 것이 없지만 예수님께서 함께하심이 너무나 분명히 믿어지는 것이 달라진 것입니다. 저는 지금 이 시대의 그리스도인들에게 24시간 예수님을 바라보는 믿음의 실험에 참여할 것을 도전하고 있는데 그것은 예수동행일기를 쓰는 것입니다.

이 교재를 공부하면서 주 예수님과 행복한 동행을 할 수 있게 되기를 기도합니다.

유 기 성 목사

이 책에 대해

1. 왜 제자훈련인가?

《예수님의 사람》 제자훈련은 10명 내외의 인원으로 하게 하는 비효율적인 훈련입니다. 하지만 이것이 예수님의 방법이었습니다.

1) 예수 그리스도의 계획은 사람을 세우는 것이었습니다

예수님께서 이 세상에 오셔서 하나님의 일을 하실 때 제자들을 부르심으로 사역을 시작하셨습니다. 예수님은 책을 쓰거나, 조직을 만들거나, 건물을 세우지 않고 소수의 사람을 택하여 제자로 세우셨습니다. 예수님께서 선택하신 제자들은 평범한 사람들입니다. 그러나 예수님께서 아무나 제자로 부르신 것은 결코 아닙니다. 예수님께서는 분명한 기준을 가지고 제자들을 택하셨습니다. 그것은 가르치기에 좋은 사람인가에 대한 것이었습니다.

2) 예수님께서는 소수의 제자를 선택해 철저하게 훈련시키셨습니다

예수님께서는 직접 가르치고 훈련시킨 소수의 제자들을 남기셨지만 그들에 의해서 세상은 변화되었고, 지금 우리는 전 세계가 복음화 되어 가는 놀라운 결과를 목격하고 있습니다.

어설프게 훈련된 백 사람보다 철저하게 훈련된 한 사람이 더 큰일을 합니다. 어린아이 백 명보다 어른 한 사람이 더 효율적으로 일합니다. 여기에 제자훈련의 철학과 비전이 있습니다. 하나님께서 주목하시는 것은 제자로 훈련된 사람입니다. 사람이 변하면 모든 것이 변합니다. 가정도, 교회도, 학교도, 사회도 모두 변합니다. 하나님 나라는 변화된 사람을 통해 이 땅에 이루어집니다.

3) 제자훈련의 핵심은 예수님과의 인격적인 관계를 훈련하는 것입니다
또 산에 오르사 자기가 원하는 자들을 부르시니 나아온지라 이에
열둘을 세우셨으니 이는 자기와 함께 있게 하시고 또 보내사 전도도 하며 귀신을
내쫓는 권능도 가지게 하려 하심이러라 막 3:13~15

이 말씀을 보면 예수님께서 제자들을 부르신 목적이 세 가지임을 분명히 알 수 있습니다. 첫째, 일평생 주님과 동행하는 사람, 둘째, 복음 전도가 삶의 목적인 사람, 셋째, 귀신을 내쫓는 일, 곧 영적전쟁에 대한 눈이 열린 사람입니다. 예수님 당시에 예수님을 따르는 무리는 많았습니다. 그러나 그들이 다 제자는 아니었습니다. 예수님의 제자들은 주님과 인격적인 관계를 맺고 예수님과 24시간 동행했습니다. 예수님과 얼마나 가까이 있고 동행하느냐에 따라 제자의 자격이 결정되었다는 뜻입니다. 예수님의 제자훈련 핵심은 예수님과 동행하며 예수님을 알아가는 것이었습니다. 예수님을 인격적으로 만나야 삶의 변화가 일어납니다. 예수님과 인격적으로 교제하고, 동행하는 삶에 눈뜰 때 비로소 하나님께 쓰임 받는 사람이 될 수 있습니다.

2. 제자훈련은 누가 받는가?

제자훈련을 이해하려면 성도들의 믿음이 신앙성장 단계를 거치면서 자라난다는 것을 이해해야 합니다. 모든 그리스도인은 보통 다음 다섯 단계를 거치면서 성장합니다.

1단계) 하나님의 존재를 의심하는 수준 : 구원의 확신이 없는 초신자

어떤 의심하는 자들을 긍휼히 여기라 유 1:22

2단계) 자기 문제에만 매달려 있는 수준 : 미숙한 신자

형제들아 내가 신령한 자들을 대함과 같이 너희에게 말할 수 없어서 육신에 속한 자 곧 그리스도 안에서 어린 아이들을 대함과 같이 하노라 내가 너희를 젖으로 먹이고 밥으로 아니하였노니 이는 너희가 감당하지 못하였음이거니와 지금도 못하리라 너희는 아직도 육신에 속한 자로다 너희 가운데 시기와 분쟁이 있으니 어찌 육신에 속하여 사람을 따라 행함이 아니리요 고전 3:1-3

3단계) 남의 문제를 위하여 섬기는 수준 : 은혜를 체험한 자 = 제자훈련 대상

기쁜 마음으로 섬기기를 주께 하듯 하고 사람들에게 하듯 하지 말라 엡 6:7

4단계) 다른 사람을 영적으로 도울 수 있는 수준 : 삶의 우선순위가 분명한 사람

그런즉 너희는 먼저 그의 나라와 그의 의를 구하라 그리하면 이 모든 것을 너희에게 더하시리라 마 6:33

하나님 앞과 살아 있는 자와 죽은 자를 심판하실 그리스도 예수 앞에서 그가
나타나실 것과 그의 나라를 두고 엄히 명하노니 너는 말씀을 전파하라 때를
얻든지 못 얻든지 항상 힘쓰라 범사에 오래 참음과 가르침으로 경책하며
경계하며 권하라 딤후 4:1-2

5단계) 주님을 위하여 순교하는 수준 : 제자훈련의 절정이고 결과

내가 그리스도와 함께 십자가에 못 박혔나니 그런즉 이제는 내가 사는 것이
아니요 오직 내 안에 그리스도께서 사시는 것이라 이제 내가 육체 가운데
사는 것은 나를 사랑하사 나를 위하여 자기 자신을 버리신 하나님의 아들을
믿는 믿음 안에서 사는 것이라 갈 2:20

그러므로 너희는 가서 모든 민족을 제자로 삼아 아버지와 아들과 성령의
이름으로 세례를 베풀고 내가 너희에게 분부한 모든 것을 가르쳐 지키게 하라
볼지어다 내가 세상 끝날까지 너희와 항상 함께 있으리라 하시니라 마 28:19-20

핵심은 다음 단계로 자라게 해주어야 한다는 것입니다. 《예수님의 사람》 제자훈련은 대략 3단계에 이른 그리스도인을 제자훈련 받을 사람으로 선택하게 됩니다. 그러므로 당신은 적어도 이 3단계에 이르렀다고 인정받은 사람입니다. 그리고 이 제자훈련을 마칠 때, 5단계에 이르게 될 것입니다. 믿어지지 않을 복음의 능력입니다. 《예수님의 사람》 제자훈련 과정을 통하여 여러분 모두 주님의 제자가 되시기를 바랍니다.

3. 교재 활용 방법

1) 교재를 매일 한 과씩 스스로 예습합니다

제자훈련 교재는 모두 12단원으로 구성되고 각 단원은 5과로 구성되어 있습니다. 매주 한 단원을 훈련생 각자가 매일 한 과씩 5일 동안 예습합니다. 6일째는 5일 동안 예습한 내용을 〈소그룹 나눔〉란에 다시 정리하며 제자훈련 반에서 함께 훈련받을 준비를 합니다.

2) 이 책은 시작부터 끝까지 각 개인이 읽으면서 훈련할 수 있도록 구성되어 있습니다

그러나 교재를 단순히 읽는 것만 목표로 해서는 안 됩니다. 내용을 공부하면서 성경의 원리를 생활 속에 적용해야 합니다. 이 목표를 이루기 위해서는 시간과 인내가 필요합니다. 이 교재를 공부하면서 당신 안에 거하시는 예수님을 인격적으로 알게 될 것입니다.

각 단원이 시작되기 전 QR코드를 통하여 핵심영상강의를 시청할 수 있습니다. 단원의 핵심내용을 파악하고 읽어나갈 때 훨씬 더 쉽게 이해할 수 있습니다. 또한 소그룹 모임까지 마친 후에 다시 한 번 강의를 시청하면서 단원을 정리하여 자신의 것으로 만들 필요가 있습니다.

3) 어떤 질문도 건너뛰면 안 됩니다

교재의 질문에 답하기 위해서는 성경을 찾아 읽고 깊이 생각해야 합니다. 많은 부분이 기도와 묵상, 성경공부를 통해서 하나님과 교제하도록 이끌어줄 것입니다. 이 질문들을 지나쳐버린다면 하나님께서 당신의 인생을 근본적으로 변화시키려는 기회를 놓칠지도 모릅니다.

성경을 찾아 답을 써야 하는 질문은 질문 바로 뒤에 정답과 설명이 나옵니다. 그때 답을 맞추어보십시오. 명심할 것은 항상 정답을 확인하기 전에 먼저 자신의 답을 쓰는 것입니다. 어떤 경우에는 당신의 생각과 의견을 묻는 질문도 있습니다. 그런 질문은 정답이 없음으로 솔직하게 자신의 의견과 생각을 표현하는 것이 중요합니다.

4) 은혜 받은 부분이나 궁금한 부분을 기록하십시오

교재를 예습하면서 느낀 바를 그때그때 기록하십시오. 하나님께서는 한 단원에서도 여러 개의 배울 점을 주실 수 있습니다. 작은 것 하나라도 놓치지 않고 복습할 수 있도록 반드시 기록하십시오. 또 예습하다가 이해되지 않거나 궁금한 것이 있으면 기록했다가 제자훈련 반에서 강사에게 질문하여 궁금증을 해결하는 것이 좋습니다.

5) 정해진 제자훈련 모임에 꼭 참석하여 훈련을 받습니다

이 시간은 훈련생들이 한 주간 동안 각자가 예습하면서 받은 은혜와 결단을 함께 나누고 깨달은 것들을 일상의 삶에 적용하는 시간입니다. 다른 훈련생들과 함께 공부하면서 서로가 하나님의 뜻을 더 분명히 깨닫고 이해하는데 큰 도움을 받을 것입니다.

4. 온라인을 활용한 개인훈련 방법

소그룹 모임이 어려운 경우에도 다양한 방법으로 제자훈련을 진행할 수 있습니다.

1) 혼자 진행할 경우
    - 각 단원별 시작 부분에 있는 핵심영상강의 내용을 시청합니다.
    - 매일 한 과씩 월~금까지 교재 예습을 진행합니다.
    - 매일 묵상 질문에 따라 하루의 실천사항을 점검합니다.
    - 매일 저녁 '예수동행일기 앱'에 묵상에 따른 순종과 실천사항을 기록합니다.
    - 토요일에는 각 단원별 〈소그룹 나눔〉에 예습한 내용을 다시 한 번 정리하여 기록합니다.
    - 주일에는 '예수동행일기' 나눔방에서 댓글을 달아주고, 교제하는 시간을 갖습니다.
        ※ 나눔방은 앱에서 '나눔방 도움신청'을 통해 배정받을 수 있습니다.

2) 부부 또는 2~3명이 진행할 경우
    - 각 단원별 시작 부분에 있는 핵심영상강의 내용을 시청합니다.
    - 매일 한 과씩 월~금까지 교재 예습을 진행합니다.
    - 매일 묵상 질문에 따라 하루의 실천사항을 점검합니다.
    - 매일 저녁 '예수동행일기 앱'에 묵상에 따른 순종과 실천사항을

기록합니다.
- '예수동행일기 앱'에 함께하는 분들과 나눔방을 개설합니다.
- 토요일에는 각 단원별 〈소그룹 나눔〉에 예습한 내용을 다시 한 번 정리하여 기록합니다.
- 주일에는 함께 모여 〈소그룹 나눔〉 내용에 따라 한 분이 인도하여 모임을 진행합니다.
- 주일 저녁에 '예수동행일기' 나눔방에서 댓글을 달아주고, 교제하는 시간을 갖습니다.

3) 온라인 소그룹을 진행할 경우
- 각 단원별 시작 부분에 있는 핵심영상강의 내용을 시청합니다.
- 매일 한 과씩 월~금까지 교재 예습을 진행합니다.
- 매일 묵상 질문에 따라 하루의 실천사항을 점검합니다.
- 매일 저녁 '예수동행일기 앱'에 묵상에 따른 순종과 실천사항을 기록합니다.
- '예수동행일기 앱'에 함께하는 분들과 나눔방을 개설합니다.
- 토요일에는 각 단원별 〈소그룹 나눔〉에 예습한 내용을 다시 한 번 정리하여 기록합니다.
- 주일에는 온라인 화상회의가 가능한 앱 또는 프로그램을 이용하여 온라인으로 〈소그룹 나눔〉을 진행합니다.
- 주일 저녁에 '예수동행일기' 나눔방에서 댓글을 달아주고, 교제하는 시간을 갖습니다.

제자훈련 소그룹 인도,
어떻게 준비할 것인가?

예수님의 사람 제자훈련의 소그룹 인도자로 세워졌다면 함께하는 제자훈련 반원들이 예수님의 사람으로 세워질 수 있도록 아래의 내용을 숙지하시는 것이 필요합니다.

1. 제자훈련 비전의 공유

    예수님의 사람 제자훈련의 철학은 예수님과의 인격적인 관계에 있습니다. 예수님을 바라보고 동행하는 사람을 세우고, 교회를 세우고자 하는 것이 제자훈련의 비전입니다.
    우선 제자훈련 인도자가 이 철학과 비전에 동의해야 합니다. 그 다음은 제자훈련 과정을 통하여 제자훈련 받는 분들이 이 철학과 비전을 공유하도록 인도해야 합니다.

2. 정직하게 반응하기

    《예수님의 사람》 제자훈련 교재는 단순히 성경에 대한 지식을 전달하려는 목적이 아닙니다. 이 교재는 공부하는 사람들에게 삶의 변화를 일으키기 위해 계획되었습니다. "삶의 변화를 목적으로 한다."는 이 원칙은 인도자 자신에게도 동일하게 적용되어야 합니다.

교재의 내용을 훈련생들에게 가르치려고 애쓰기 전에 인도자 자신도 먼저 정직하게 반응해 보시기 바랍니다. 교재에서 말하고 있는 것들에 자신의 모습을 비추어 보고, 교재가 요구하고 있는 결단과 변화가 먼저 경험되어야 합니다. 그리고 그것을 반원들과 함께 나누십시오. 교재의 인도자 지침 중 먼저 자신의 삶을 나누라는 내용이 있습니다. 그것이 제자훈련을 가장 훌륭하게 인도하는 길이 될 것입니다.

3. 개인에 대한 관심과 사랑

유월절 전에 예수께서 자기가 세상을 떠나 아버지께로 돌아가실 때가
이른 줄 아시고 세상에 있는 자기 사람들을 사랑하시되 끝까지 사랑하시니라
요 13:1

예수님의 제자들이 제자가 될 수 있었던 것은 이 말씀 때문일 것입니다. 제자훈련을 할 때 '이 사람이 어떻게 변할까? 교회를 위해서 어떤 일을 할 수 있을까?' 하는 것보다 개인에 대한 관심과 사랑이 우선해야 합니다. 기능이나 능력이 아니라 예수님께서 하셨던 것처럼 사람 자체에 관심을 가져야 합니다.

4. 철저하게 그러나 융통성 있게

제자훈련은 훈련이라는 단어가 의미하는 것처럼 철저함이 필요합니

다. 제자훈련에 대한 헌신을 요구하고 출석과 예습, 과제를 철저하게 점검할 필요가 있습니다. 출석 상황이 좋지 않고, 예습이 불량할 경우에는 탈락시킬 필요도 있습니다. 형식적으로 제자훈련을 마치는 것보다는 그렇게 하는 것이 그 사람에 유익하기 때문입니다. 그러나 어떤 경우에는 수용하고 끝까지 인내하며 끌고 가야 할 경우도 있습니다. 목회적인 판단에 따라 융통성을 발휘해야 합니다.

5. 신뢰 없이는 제자훈련도 없다

제자훈련은 신뢰를 기반으로 합니다. 신뢰가 깨지면 제자훈련도 없습니다. 일반적으로는 제자훈련의 날짜와 시간, 장소 같은 것이 일정해야 합니다. 제자훈련 인도자에 의해 시간이 변경되지 않도록 해야 하며, 약속된 시간을 잘 지켜야 합니다. 조금 아쉬움이 있더라도 예정된 시간 안에 제자훈련을 마치도록 해야 합니다.

특히 제자훈련 그룹 안에서 마음을 열고 진솔한 나눔이 이루어지기 위해서는 안전한 공동체를 만들어야 합니다. 제자훈련 그룹 안에서 개인적으로 나눈 이야기들이 밖으로 흘러나가서는 안 됩니다.

대부분의 사람이 다른 사람 이야기하는 것을 좋아하기 때문에 이 부분에 상당한 주의를 기울여야 합니다. 오리엔테이션 때 비밀을 보장하고, 신의를 지키겠다는 서약을 했다는 것을 지속적으로 상기시켜 주어야 합니다.

6. 소그룹 나눔이 중심되도록

제자훈련 인도자들에게 다시 한 번 강조하고 싶은 부분입니다.《예수님의 사람》제자훈련의 핵심은 지식을 전달하는 강의가 아니라 소그룹 나눔에 있습니다. 제자훈련은 훈련생 스스로 예습을 충실하게 했다는 것을 전제로 합니다. 그러므로 교재의 내용을 세세하게 다룰 필요도 없고, 사실은 그럴 만한 시간도 없습니다. 강의는 단원마다 있는 핵심내용 요약을 간단히 읽어주는 정도로 하고, 교재에 나와 있는 질문을 중심으로 훈련생들이 마음을 열고 자신의 이야기를 할 수 있도록 배려해야 합니다.

정말 탁월한 인도자는 교재의 내용을 잘 전달하는 사람이 아니라 소그룹 나눔이 활발하게 일어나도록 인도하는 사람입니다. 훈련생들은 자신의 이야기를 하면서 스스로 정리하고, 또 결단하게 됩니다. 뿐만 아니라 다른 사람의 이야기를 들으면서 간접적으로 배우게 됩니다. 소그룹 나눔은 스스로 배우고 상호작용을 통해서 배우게 하는 최선의 방법이라는 점을 기억해야 합니다.

7. 각 단원별 핵심주제를 꼭 이해하도록

각 단원마다 앞부분에 핵심영상강의를 듣고 시작할 수 있도록 QR코드를 넣어두었습니다. 제자훈련 나눔 중에 단원에 대한 이해가 부족하다고 생각될 경우, 소그룹 모임 후 핵심영상강의를 다시 한 번 들으시고 정리하도록 권면해 주시기 바랍니다.

8. 교재의 철저한 연구

인도자가 목회자라면 교재의 내용이 어렵게 느껴지지 않을 것입니다. 그러나 교재의 내용을 알고 있는 정도의 수준으로는 제자훈련을 인도하기 어렵습니다. 교재의 내용을 철저히 파악하고 있어야 합니다. 자신의 삶이 교재 안에 녹아들어야 합니다.

먼저 제자훈련 훈련생이 된 심정으로 교재를 읽으며 모든 질문에 대해 인도자 자신의 답을 적으십시오. 교재의 내용 중 중요하다고 생각되는 내용들에 표시를 해두시기 바랍니다. 추가적인 설명이 필요하다고 판단되거나, 교재의 내용을 효과적으로 설명할 수 있는 아이디어가 떠오른다면 교재의 여백에 적어놓았다가 설명해 주셔도 좋습니다.

9. 씨 뿌리는 자의 마음으로

마지막으로 부탁드리고 싶은 것은 제자훈련의 결과에 대하여 쉽게 단정하거나 포기하지 말라는 것입니다. 결과가 좋을 수도 나쁠 수도 있습니다. 최선을 다해서 제자훈련을 인도했지만 가시적인 성과가 없을 수도 있습니다.

단기적으로 사람들이 얼마나 변할 것인가, 교회에 어떤 도움이 될 것인가에 관심을 가지면 제자훈련을 지속할 동기를 잃어버리게 됩니다.

제자훈련은 단순한 프로그램이 아니라 사람을 세우고 교회를 세우는 철학입니다. 단기적으로는 성과가 없는 것처럼 보여도 장기적으로 한다면 교회의 영적인 체질이 바뀌게 됩니다.

때로는 씨를 뿌리지만 열매를 바로 얻을 수 없을 때도 있습니다. 이때를 잘 기다리며 진행해 나간다면 예수님의 이끄시는 교회, 예수님이 기뻐하시는 교회로 세워져 갈 것입니다.

차 례

제자훈련 인도자에게
드리는 편지 006

머리말 012

이 책에 대해 018

제자훈련 소그룹 인도
어떻게 준비할 것인가? 026

7단원 **기도로 사는 사람**

1 왜 기도해야 하나? •036
2 하나님과 교제하는 기도 •044
3 기도와 영적전쟁 •052
4 시험을 이기는 기도 •058
5 역사하는 힘이 큰 기도 •066
_소그룹 나눔(인도자용) •074

8단원 **믿음으로 사는 사람**

1 당신은 믿음으로 사는가? •082
2 왜 믿음으로 살아야 하는가? •090
3 어떻게 하면 큰 믿음을 가질 수 있는가?
    098
4 24시간 예수님을 바라보라 •106
5 염려가 맡겨질 때까지
    예수님을 바라보라 •114
_소그룹 나눔(인도자용) •122

9단원 소망으로 사는 사람

1 죽음을 내다보는 눈 · 132
2 천국을 바라보는 눈 · 142
3 흔들리지 않게 하는 소망 · 150
4 다가오는 하나님 나라 · 158
5 소망은 사명이다 · 166
_ 소그룹 나눔(인도자용) · 174

10단원 사랑으로 사는 사람

1 사랑이 제일인가? · 184
2 사랑의 열매로 구원을 점검하라 · 192
3 예수님의 사랑으로 사랑하라 · 200
4 사랑은 축복이다 · 208
5 교회 공동체와 사랑 · 216
_ 소그룹 나눔(인도자용) · 224

11단원 영적전쟁에서 승리하라

1 마귀의 실체는 무엇인가? · 232
2 영적전쟁이란 무엇인가? · 240
3 영적전쟁은 어디서 일어나는가? · 248
4 영적전쟁에서 승리하는 길 · 256
5 하나님의 전신갑주를 입으라 · 264
_ 소그룹 나눔(인도자용) · 272

12단원 전도자의 사명

1 전도, 정말 어려운 것인가? · 282
2 전도자의 영적 상태 · 290
3 불신자의 영적 상태 · 298
4 전도와 영적전쟁 · 304
5 당신은 한국 선교사이다 · 312
_ 소그룹 나눔(인도자용) · 320

인도자용 부록 · 327

7
기도로 사는 사람

구하라 그리하면 너희에게 주실 것이요
찾으라 그리하면 찾아낼 것이요
문을 두드리라 그리하면 너희에게 열릴 것이니
구하는 이마다 받을 것이요 찾는 이는 찾아낼 것이요
두드리는 이에게는 열릴 것이니라

마태복음 7:7-8

7단원 핵심영상강의
youtu.be/uKV8JSZzq1M

01 왜 기도해야 하나? | 02 하나님과 교제하는 기도 | 03 기도와 영적전쟁
04 시험을 이기는 기도 | 05 역사하는 힘이 큰 기도

01 왜 기도해야 하나?

7단원

그들을 본받지 말라 구하기 전에
너희에게 있어야 할 것을
하나님 너희 아버지께서 아시느니라
마태복음 6장 8절

1과 핵심요약

❶ 하나님께서 기도하라고 하신 것은 우리로 하나님을 알게 하시기 위함이다.

❷ 기도란 우리와 함께하고 역사하시는 하나님을 경험하고 알 수 있는 가장 좋은 길이다.

❸ 기도의 목적은 하나님과의 교제이다.

❹ 하나님과 교제를 통해 하나님을 알아가는 것이 바로 기도이다.

마태복음 6:8
그러므로 그들을 본받지 말라 구하기 전에 너희에게 있어야 할 것을 하나님 너희 아버지께서 아시느니라

많은 교인에게 기도는 기쁨과 감격이기보다는 무거운 의무입니다. 그것은 기도의 놀라운 차원을 알지 못하기 때문입니다. 우리는 일반적으로 기도를 내 소원을 하나님께 아뢰고 응답을 받는 것으로 생각합니다. 그러나 예수님을 인격적으로 알게 되면 기도의 의미가 완전히 달라집니다.

Q. 다음 질문을 읽고 답을 써보세요.

1. 마태복음 6:8을 읽고 자신의 말로 쓰세요.

하나님께서는 내가 기도하기 전부터 나의 필요를 다 알고 계신다.

2. 이사야 65:24을 읽고 자신의 말로 쓰세요.

내가 기도하기 전에도 하나님께서 응답해 주신다.

이사야 65:24
그들이 부르기 전에 내가 응답하겠고 그들이 말을 마치기 전에 내가 들을 것이며

하나님은 우리가 구하기 전에 이미 필요한 것을 다 아시고, 우리에게 주실 것을 이미 다 준비해 놓으신 분입니다. 그럼에도 하나님께서는 자녀들에게 "구하라"고 말씀하셨고 구하지 않기 때문에 얻지 못한다고 말씀하셨습니다(약 4:2).

그렇다면 하나님께서는 왜 그냥 주시지 않고 우리가 구할 때까지 기다리실까요?

Q. 에스겔 36:35-38을 읽고 답을 써보세요.

1. 이스라엘 백성을 향한 하나님의 계획이 무엇입니까?(35-36절)

황폐한 땅을 에덴동산과 같이 회복시켜 주실 것.

2. 회복을 위해 이스라엘 백성이 해야 할 일은 무엇입니까?

하나님의 계획이 이루어지도록 기도해야 한다.

3. 이스라엘 백성이 결국 깨닫게 되는 것은 무엇입니까?(38절)

그 일을 이루신 분이 하나님이신 것을 알게 됨.

에스겔 36:35-38
35사람이 이르기를 이 땅이 황폐하더니 이제는 에덴동산 같이 되었고 황량하고 적막하고 무너진 성읍들에 성벽과 주민이 있다 하리니 36너희 사방에 남은 이방 사람이 나 여호와가 무너진 곳을 건축하며 황폐한 자리에 심은 줄을 알리라 나 여호와가 말하였으니 이루리라 37주 여호와께서 이같이 말씀하셨느니라 그래도 이스라엘 족속이 이같이 자기들에게 이루어 주기를 내게 구하여야 할지라 내가 그들의 수효를 양 떼 같이 많아지게 하되 38제사 드릴 양 떼 곧 예루살렘이 정한 절기의 양 무리 같이 황폐한 성읍을 사람의 떼로 채우리라 그리한즉 그들이 나를 여호와인 줄 알리라 하셨느니라

모든 것을 아시는 하나님께서 '구하라'고 하신 것은 우리가 하나님을 알게 하시기 위한 것입니다. 하나님께서는 '기도'라는 방법을 통하지 않고도 모든 것을 하실 수 있습니다. 하나님께서 어떤 일을 계획하시고 그냥 다 이루신다면 우리가 하나님을 알 수 있을까요? 하나님의 뜻은 분명히 이루어졌지만 우리는 하나님에 대해 아무것도 알 수 없습니다. 그러나 우리의 기도를 통하여 하나님의 뜻이 이루어진다면 어떨까요? 우리는 그 일을 이루신 분이 하나님이시라는 사실을 분명히 알 것입니다. '아, 하나님이 이루셨구나!' 이것이 우리에게 기도를 시키시는 하나님의 계획입니다.

몇 해 전, 추석 전날이었습니다. 일기예보를 들으면서 깜짝 놀랐습니다. 텔레비전 화면에 나타난 태풍의 진로 방향이 갑자기 바뀌었기 때문입니다. 전날 새벽에 저는 태풍 때문에 오랫동안 기도했습니다. 태풍을 손으로 억누르는 상상을 하면서 기도했습니다. 그런데 실제로 태풍의 진로가 기도한 대로 바뀐 것을 보았습니다. 그날 제가 무슨 생각을 했겠습니까? 이와 같이 우리는 기도 응답을 통해 가까이 계시는 하나님을 알게 됩니다.

기도란 우리가 하나님을 알고 경험할 수 있는 가장 좋은 길입니다. 하나님을 만나고 경험하면 우리가 가진 모든 의심, 갈증, 고통이 해결됩니다. 하지만 많은 그리스도인이 하나님을 머리로만 알뿐 우리와 함께하시고 역사하시는 하나님을 경험하지 못합니다. 기도하지 않기 때문입니다.

Q. 당신은 기도를 통해 하나님을 경험한 적이 있습니까? 기도를 통해 알
게 된 하나님은 어떤 분입니까?

_____
_____
_____
_____
_____

《지선아 사랑해》라는 책의 저자 이지선 집사의 어머니 심정 장로의 간증을 듣고 한 성도가 보내온 메일입니다.

"안녕하세요, 목사님. 저는 ○○이 엄마 김○○ 성도입니다. 첫 메일을 목사님께 보냅니다. 저는 어제 금요철야 시간에 지선 양 어머님 되시는 권사님(당시는 심정 장로님은 권사였습니다)의 간증을 듣고 기도하면서 너무나 많이 울었답니다. 저는 우리 ○○이가 사형선고를 받고 하루하루 힘든 투병생활을 할 때 엄마로서 아무것도 해주지 못하고 그저 울기만 했었습니다. 목사님, 저는 너무나 못난 엄마입니다. 자식이 아파할 때 그저 울고만 있을 뿐 자식을 위하여 간절한 마음으로 기도하지 못한 것이 너무 가슴이 아픕니다. 그래도 저는 ○○이를 위하여 기도를 많이 했다고 생각했는데 심정 권사님의 간증을 듣고 보니 저는 너무나 부족한 엄

마였다는 생각이 듭니다. 목사님, 저는 안수기도를 받으면서도 제 몸에 있는 질병을 고쳐 달라는 기도를 하지 못하고, 그저 하나님 아버지 잘못했으니 용서해 달라는 기도만 하면서 한없이 울었습니다. 또 목사님께서 기도를 마치시고 나가실 때 저에게 "힘드시죠? 기도 많이 해드리겠습니다."라고 말씀하실 때 저는 목사님 앞에서 고개를 들 수 없었습니다. 자식을 위하여 제대로 기도하지 못했는데 어떻게 내 몸을 고쳐 달라고 기도를 하겠습니까? 그러나 목사님, 이제는 하나님의 소중한 사랑을 알았고 사랑받는 것도 깨달았습니다. 목사님, 모든 엄마가 자식을 위하여 간절히 기도하기를 하나님께 기도합니다."

기도하지 않으면 하나님의 은혜를 깨달을 수 없습니다. 실제로 많은 그리스도인이 하나님께 많은 은혜와 사랑을 받고 있음에도 감사하지 못하고 늘 불평하는 태도로 살아갑니다. 그러나 기도응답을 받으면 어떤 문제가 해결된 것보다 하나님을 만나고 알게 된 놀라움과 감격이 더 큰 것을 알게 됩니다. 그렇기 때문에 모든 것을 아시고 모든 것을 하실 수 있는 하나님이 우리에게 기도하라고 하시는 것입니다.

하나님께서는 우리와 교제하기를 원하십니다. 그 교제를 통해서 우리가 하나님을 더 깊이 알아가기를 원하십니다. 그것이 바로 기도라는 은혜의 통로를 주신 이유입니다. 그러나 우리의 관심은 언제나 문제해결에만 집중되어 있습니다. 어떤 어려운 문제가 닥치면 그제야 하나님께 간절히 기도하고 그 문제가 사라지면 기도 역시 멈춥니다. 우리의 관심이 하나님께 있지 않음을 보여 주는 것입니다.

여러 가지 힘든 일이 겹쳐 어려움에 시달리는 분이 있었습니다. 그는 집에 있어도 마음이 편하지 않았기 때문에 새벽기도회와 철야기도회에 빠지지 않고 참석했습니다. 유난히 춥고 비바람이 치던 어느 날, 새벽기도회 자리가 많이 비어 있었습니다. 그 순간 이분의 마음속에 갑자기 날씨가 궂으면 새벽기도회에 나오지 않아도 되는(?) 교인들이 부럽게 여겨졌다고 했습니다. 그러면서 자기도 모르게 "아이고, 내 팔자야!"라는 탄식이 나왔다고 합니다. 그분은 기도를 문제해결의 수단으로만 생각하고 있었던 것입니다.

문제가 해결된다고 다 행복한 삶을 사는 것이 아닙니다. 물질적으로 풍요롭다고 다 행복한 삶을 사는 것도 아닙니다. 하나님과 교제를 잃어버리면 그 무엇도 우리를 행복하게 할 수 없습니다. 우리가 하나님과 교제에 우선순위를 두고 기도하면 주님은 언제나 우리와 함께하신다는 사실을 깨닫게 해주십니다.

요셉은 애굽에서 노예생활을 하고 감옥에 갇히기도 했지만 성경은 언제나 "여호와께서 요셉과 함께하셨다"고 했습니다.

어떤 형편에 있어도 하나님께서 나와 함께하신다는 확신만 있으면 두려울 것이 없습니다. 무엇이 부족하다고 해서 불행할 것도 없습니다. 우리에게는 주님을 알아가는 것 자체가 행복이기 때문입니다. 이것이 우리가 기도를 통해 누릴 수 있는 가장 큰 은혜입니다.

예수전도단에서 선교선 아나스타시스(ANASTASIS)호를 살 때, 뉴질랜드에서 모금 캠페인을 통하여 많은 헌금이 온라인으로 들어오는 것을 보고 모두 흥분했습니다. 그런데 마지막 잔금만 치르면 되는 어느 날, 로렌 커닝햄 목사가 회의를 마치고 회의장을 나서는데, 방구석 어두운 곳에 누가 서 있는 환상을 보았습니다. 예수님이셨습니다. 선교선을 구입하여 사역하는 것에 모든 관심을 기울이느라 정작 예수님은 잊어버렸던 것입니다. 그날로 모금이 뚝 그쳤습니다. 배 구입이 좌절되었습니다. 그 이후로 언제나 예수님과 모든 일을 의논하며 사역함으로 오늘날의 예수전도단이 되었습니다.

Q. 당신은 기도의 목적이 하나님과의 교제입니까? 당신의 문제해결입니까? 그동안의 기도생활을 점검해보세요.

_____

_____

_____

_____

_____

02
7단원

하나님과
교제하는 기도

구하라 그리하면 너희에게 주실 것이요 찾으라 그리하면 찾아낼 것이요
문을 두드리라 그리하면 너희에게 열릴 것이니 구하는 이마다
받을 것이요 찾는 이는 찾아낼 것이요 두드리는 이에게는 열릴 것이니라
마태복음 7장 7-8절

2과 핵심요약

❶ 기도 응답이 없을 때 하나님을 의심하지 말고 자신의 기도를 점검해야 한다.

❷ 예수님이 정말 내 삶의 주님이시라면, 나의 기도에 있어서도 예수님은 주인이시다.

❸ '주님께서 원하시는 것은 무엇입니까'를 먼저 묻고 인도하심을 구해야 한다.

❹ 이와 같은 기도는 우리와 하나님 사이에 진정한 교제가 시작되었다는 것을 의미한다.

마태복음 7:7

구하라 그리하면 너희에게 주실 것이요 찾으라 그리하면 찾아낼 것이요 문을 두드리라 그리하면 너희에게 열릴 것이니

많은 사람이 기도하면서도 실망하고 좌절합니다. 심지어 기도하면서 하나님을 원망하기도 합니다. 기도의 목적이 바르지 않기 때문입니다. 많은 사람이 기도를 자신이 원하는 것을 하나님으로부터 얻는 수단 정도로 생각합니다. 그러나 기도의 목적은 하나님과 교제하는 것입니다. 기도의 응답은 우리에게 주시는 하나님의 선물입니다.

Q. 마태복음 7:7을 읽고 약속의 말씀을 다 찾아 쓰세요. 당신의 기도생활과 이 약속의 말씀을 비교해 보세요.

구하면 주실 것이요, 찾으면 찾을 것이요,

문을 두드리면 열릴 것이다.

만약 "구하라 그리하면 너희에게 주실 것이요"라는 약속의 말씀대로 기도하는 모든 것이 이루어진다면 기도하지 않을 사람은 아마 없을 것입니다. 새벽에 기도하는 것이 '피곤하다.', '힘들다.'고 말할 사람이 없을 것입니다. 아무리 피곤하고 힘들어도 기도하게 될 것입니다.

우리는 하나님의 약속은 분명하지만, 기도해도 안 되는 것이 많다고 생각합니다. 그렇기 때문에 기도의 열정이 식고 기도를 해도 힘이 없는 것입니다.

왜 그렇습니까? 하나님의 약속의 말씀이 거짓입니까? 절대 그렇지 않습니다. 기도한 대로 이루어지지 않을 때 하나님의 약속을 의심하지 말고 자신의 기도를 점검해야 합니다. 우리의 기도가 정말 성경적인지 점검해야 합니다.

> 내가 진실로 진실로 너희에게 이르노니 나를 믿는 자는
> 내가 하는 일을 그도 할 것이요 또한 그보다 큰 일도 하리니
> 이는 내가 아버지께로 감이라 요 14:12

'예수님을 믿으면 예수님보다 더 큰일을 할 수 있다!' 얼마나 놀라운 약속인지 모릅니다. 우리가 어떻게 그런 일을 할 수 있을까요? 기도를 통해 할 수 있다고 성경은 말씀합니다.

> 너희가 내 이름으로 무엇을 구하든지 내가 행하리니 이는 아버지로
> 하여금 아들로 말미암아 영광을 받으시게 하려 함이라 요 14:13

우리가 기도하면 예수님께서 직접 그것을 이루어주시겠다고 하셨습니다. 우리는 기도하고 예수님은 그것을 행하십니다. 그러면 기도를 통해서 예수님을 우리 마음대로 조종할 수 있다는 말씀일까요? 그렇지 않습니다. 상식적으로는 이해하기가 어렵지만 예수님께서 내 마음에 오셨다는 것을 정말 믿게 되면, 이 약속의 말씀이 무엇을 의미하는지 이해하게 됩니다.

예수님이 우리 안에 주님으로 오셨습니다. 예수님이 정말 내 삶의 주님이시라면 기도에 있어서도 예수님은 주님이십니다. 우리 안에 계신 주님께서 우리에게 기도의 제목을 주십니다. 하나님께서 하시려는 일이 있기 때문입니다. 우리는 그 일이 이루어지도록 하나님께 기도합니다. 우리가 기도하면 예수님은 그 일을 이루시고, 하나님께서는 그 일을 통해서 영광을 받으십니다. 이것이 이상한 일입니까?

"무엇을 구하든지 내가 행하리라"는 이 약속의 말씀은 예수님께서 기도의 주도권을 가지고 계심을 의미합니다. 우리 안에 계신 예수님께서 우리의 기도를 인도하신다는 것입니다. 그런 의미에서 우리의 기도는 경건생활을 넘어 하나님의 뜻을 이루는 사역입니다.

에베소서 6:18
모든 기도와 간구를 하되 항상 성령 안에서 기도하고 이를 위하여 깨어 구하기를 항상 힘쓰며 여러 성도를 위하여 구하라

Q. 에베소서 6:18은 어떻게 기도하는 것이 중요하다고 했습니까?

　　항상 성령 안에서 기도하는 것.

성령 안에서 하는 기도는 무엇을 위해 기도할지 성령의 인도와 도우심을 바라보는 것을 말합니다. 우리는 대개 "하나님, 이번에 시작하는 사업 잘 되게 해주세요!", "하나님, 몸 아픈 것 고쳐주세요!"라는 식으로 자신이 원하는 것을 기도합니다. 물론 자신이 처한 삶의 문제를 놓고 기도할 수 있습니다. 욕심으로 구하는 것이 아니라면 무엇이든지 기도할 수 있습니다. 중요한 것은 이런 기도조차도 성령의 인도하심을 받아야 한다는 것입니다.

"주님, 제가 어려운 문제에 부딪혔습니다. 주님, 제가 어떻게 기도해야 합니까? 주님은 이 일을 통해 무엇을 이루기 원하십니까? 주님, 제 기도를 인도해 주십시오."

이렇게 반드시 주님께 묻고 주님의 인도하심을 구하는 자세가 있어야 합니다. 이것은 기도를 열심히 하거나 간절히 하는 문제보다 더 중요한 문제입니다.

왜 우리가 기도할 때 성령의 인도하심을 구해야 할까요? 그것은 우리가 연약한 존재이기 때문입니다.

> 이와 같이 성령도 우리의 연약함을 도우시나니 우리는 마땅히 기도할 바를 알지 못하나 오직 성령이 말할 수 없는 탄식으로 우리를 위하여 친히 간구하시느니라 롬 8:26

우리는 이것저것 내 마음대로 구하지만 사실 우리가 마땅히 무엇을 기도해야 하는지 잘 모릅니다. 이것이 우리의 연약함입니다. 그러나 두려워할 필요가 없습니다. 자신이 연약하다는 사실을 진정으로 깨달은 사람은 자신의 뜻대로 기도하지 않을 수 있기 때문입니다. 우리가 연약하다는 사실을 깨닫는 순간부터 우리는 성령의 도우심을 구할 수 있게 됩니다. 우리가 무엇을 기도해야 할지 모르니까 진짜 주님을 의지하게 됩니다. 그러면 주님은 우리를 도우시고 비로소 하나님의 뜻이 내 기도를 통해 나오게 되는 것입니다.

제가 기도에 대해 눈이 뜨인 것은 1984년 6월 다리 부상으로 군목 임관을 하지 못하고, 수원에서 목회하시던 아버님 집으로 귀향 조치된 때였습니다. 그때 저는 사역할 교회를 찾고자 목발에 의지하여 헤매며 다녔습니다. 그러나 다리도 온전치 못하며, 군 문제도 완전히 해결되지 않은 저를 받아 주는 교회는 어디에도 없었습니다. 한 달쯤 지났을 때, 저를 불러주는 교회가 없음을 인정하고 서울에서 수원으로 내려오는 버스에서 울면서 하나님께 기도했습니다. "하나님, 목사인 제가 이런 모습으로 사는 것이 너무 부끄럽습니다. 이제부터 저의 나갈 길에 대해 하나님께만 기도하고, 사람에게 부탁하지 않겠습니다."

그동안 저는 사실상 기도는 안하고 고민만 하고, 사람만 의지하였음을 깨달았던 것입니다. 그 후 저는 사람을 만나지 않고, 기도만 했습니다. 언제 어떻게 응답해 주실지 막연했지만, 제 인생 최초로 제대로 기도한 첫 경험이라고 해도 과언이 아닐 것입니다. 그러나 저는 곧 기도만 한다는 것이 얼마나 어려운지도 깨달았습니다. 기도만 할 것을 결심한 날, 기도를 시작한 지 5분 정도 지나고 나니, 기도할 내용은 다 끝났습니다. 그 기도를 열 번이나 반복해도, 한 시간도 지나가지 않았습니다. 전화 소리만 들려도 '나를 찾는 전화인가?' 하고 문 앞으로 달려가곤 했습니다. 이렇게 며칠 몇 달을 어떻게 기도하나, 앞이 캄캄했습니다. 그때 성경을 읽어야겠다는 생각이 들었습니다. 그래서 창세기부터 기도에 대하여 말씀하신 부분을 찾아 노트에 쓰면서 읽어 내려가기 시작했습니다. 한 달, 두 달, 세 달, 이 기간은 제게 철저한 기도 훈련의 기간이었고, 성령으로부터 기도에 대한 성경공부를 했던 기간이었고, 저와 제 아내가 '합심기도'와 '믿음으로 사는 법'을 함께 배웠던 기간이 되었습니다. 정확히 3개월 후 참 놀랍게도 하나님의 전적인 인도하심으로 광림교회 부목사로 부임하게 되었습니다. 그때 제 나이가 스물일곱 살이었습니다.

우리가 생각하는 기도제목과 하나님께서 주시는 기도제목이 다릅니다. 그렇기 때문에 항상 기도할 때 하나님의 뜻을 물어야 합니다. 주님께서 주시는 기도제목을 붙잡고 기도하면 반드시 구하는 대로 이루어지고, 우리는 그것을 통해 하나님을 더 잘 알게 됩니다.

기도하는 것이 내 뜻대로 이루어지지 않는다고 실망할 필요는 없습니다. 하나님께서는 기도가 우리 뜻대로 이루어지지 않는 것을 통해서 하나님을 더 알기를 원하십니다. 하나님의 마음을 읽게 되기를 바라십니다.

우리가 '주님께서 원하시는 것은 무엇입니까?'라고 기도한다고 생각해보세요. 이런 기도가 나온다는 것은 우리와 하나님 사이에 진정한 교제가 시작되고, 하나님을 알아가기 시작했다는 것을 의미합니다.

주님께 초점을 맞추고 기도하면 우리의 기도가 응답되어도, 또는 응답되지 않더라도 하나님을 알아가는 은혜를 누릴 수 있습니다. 이것이 기도를 향한 하나님의 계획입니다.

Q. 하나님께서 우리에게 주시는 기도의 감동은 무엇입니까? 하나님께서 기도하게 하시는 기도제목이라고 느껴지는 것이 있다면 써보세요.

03
7단원

기도와 영적전쟁

> 주여 들으소서 주여 용서하소서 주여 귀를 기울이시고 행하소서
> 지체하지 마옵소서 나의 하나님이여 주 자신을 위하여 하시옵소서
> 이는 주의 성과 주의 백성이 주의 이름으로 일컫는 바 됨이니이다
> 다니엘 9장 19절

3과 핵심요약

❶ 기도는 하나님의 뜻이 이루어지는 것을 방해하는 악한 영과의 싸움이다.

❷ 하나님께서 역사하시는 기도에는 네 단계가 있다.
  1) 하나님의 뜻이 세워지는 단계.
  2) 하나님께서 성도에게 기도하도록 감동하시는 단계.
  3) 성도가 순종하여 실제로 기도하는 단계.
  4) 기도 응답으로 하나님의 뜻이 이루어지는 단계.

❸ 우리가 예수 이름으로 기도할 때 마귀의 역사가 꺾이고 영혼 구원의 역사가 일어난다.

❹ 기도실에서의 승리가 일상의 삶에서 승리로 이어진다.

지금 이 세상의 모든 일은 하나님께서 기뻐하시는 뜻대로 이루어지고 있을까요? 하나님께서는 모든 교회가 양적으로나 질적으로 부흥하기를 원하실 것입니다. 그러나 실제로는 부흥하지 못하는 교회가 많습니다. 하나님께서는 모든 성도가 다 영적으로 충만한 삶을 살기 원하실 것이 분명하지만 실제로는 영적으로 메마른 성도가 많습니다. 또 어떤 사람은 "하나님이 살아 계시다면 어떻게 이처럼 비극적이고 악한 일이 일어날 수 있습니까?"라고 항변합니다.

정말 왜 이런 일이 일어나는 것일까요? 그것은 마귀가 하나님의 뜻을 방해하기 위해 강력하게 역사하고 있기 때문입니다. 우리가 기도를 영적전쟁이라고 부르는 이유가 여기에 있습니다.

예수님께서는 마귀를 "이 세상의 임금"(요 12:31)이라고 말씀하셨습니다. 사도 바울은 "공중의 권세 잡은 자"(엡 2:2)라고 했습니다. 마귀가 세상을 지배하고 있다는 말입니다. 전능하신 하나님은 당장이라도 마귀와 그가 하는 일을 영원히 멸하실 수 있습니다. 뿐만 아니라 예수님께서 십자가에서 죽으시고 부활하심으로 이미 마귀는 패배했습니다. 그런데 왜 하나님께서는 마귀가 세상을 지배하도록 허용하실까요?

Q. 베드로후서 3:9에서는 왜 하나님께서 심판을 뒤로 미루신다고 하셨습니까?

한 영혼이라도 더 구원하시기 위하여.

베드로후서 3:9
주의 약속은 어떤 이들이 더디다고 생각하는 것 같이 더딘 것이 아니라 오직 주께서는 너희를 대하여 오래 참으사 아무도 멸망하지 아니하고 다 회개하기에 이르기를 원하시느니라

사도 베드로는 하나님께서 한 영혼이라도 더 구원하시기 위해서 심판을 미루신다고 했습니다. 하나님께서는 마귀를 당장 영원한 지옥에 결박하실 수 있습니다. 그렇게 되면 마귀에게 사로잡혀 있는 사람들도 함께 지옥에 가게 됩니다. 그 사람들 중에는 우리의 가족이나 친척, 사랑하는 사람들도 포함되어 있을 것입니다. 그러므로 지금은 하나님이 사랑하시는 사람들을 위하여 구원받을 기회를 주신 기간인 것입니다.

그러면 하나님께서는 마귀가 왕 노릇하는 이 세상에서 어떻게 하나님의 일을 이루실까요?

마태복음 18:18-19

18진실로 너희에게 이르노니 무엇이든지 너희가 땅에서 매면 하늘에서도 매일 것이요 무엇이든지 땅에서 풀면 하늘에서도 풀리리라 19진실로 다시 너희에게 이르노니 너희 중의 두 사람이 땅에서 합심하여 무엇이든지 구하면 하늘에 계신 내 아버지께서 그들을 위하여 이루게 하시리라

Q. 마태복음 18:18-19을 보면 어떤 역사가 일어날 때 하늘이 먼저일까요? 땅이 먼저일까요? 이 말씀은 무엇에 대한 교훈입니까?

땅이 먼저, 기도에 관한 교훈.

예레미야 33장 1-9절에 보면 하나님께서 역사하시는 기도의 4단계가 나옵니다.

첫째, 하나님의 뜻이 세워지는 단계입니다(렘 33:2).

둘째, 하나님께서 성도에게 기도하도록 감동하시는 단계입니다(렘 33:3).

셋째, 성도가 순종하여 실제로 기도하는 단계입니다.

넷째, 기도 응답으로 하나님의 뜻이 이루어지는 단계입니다(렘 33:6-9).

하나님께서는 지금도 이와 같은 방법을 통해서 하나님의 뜻을 이루고 계십니다. 하나님께서는 예수님의 이름으로 기도하는 성도의 기도를 통하여 자신의 뜻을 이루십니다. 우리가 예수님의 이름으로 기도할 때 마귀의 역사가 꺾이고 영혼 구원의 역사가 일어납니다. 마귀의 일은 멸하고 하나님의 뜻이 이루어집니다. 그러므로 기도는 복음의 능력이 실제로 증명되는 사건입니다.

하나님의 능력은 우리가 기도하는 곳에서 나타납니다. 우리가 하는 모든 일은 기도의 영향을 받습니다. 기도를 많이 하는 교회는 부흥하고, 기도가 적은 교회는 침체합니다. 기도를 많이 하는

성도는 영적으로 충만하고, 기도가 없는 성도는 메마른 삶을 삽니다. 기도가 충분한 일은 열매가 많고, 기도가 충분하지 못한 일은 열매가 없습니다. 기도는 영적전쟁이기 때문입니다.

Q. 사무엘상 12:23은 어떤 죄에 대해 말합니까? 당신에게는 그 죄가 없습니까?

> 기도하기를 쉬는 죄.

사무엘상 12:23
나는 너희를 위하여 기도하기를 쉬는 죄를 여호와 앞에 결단코 범하지 아니하고 선하고 의로운 길을 너희에게 가르칠 것인즉

다니엘 9장 19절에는 "주 자신을 위하여 하시옵소서"라는 다니엘의 간절한 기도가 나옵니다. 예수님께서 가르쳐주신 주님의 기도에 보면 "뜻이 하늘에서 이루어진 것 같이 땅에서도 이루어지게 하소서!"라는 기도가 나옵니다. 이것은 기도가 하나님의 뜻을 이루는 열쇠라는 것입니다. 성도들의 기도는 이 땅에서 하나님의 뜻이 이루어지는 데 결정적인 역할을 합니다. 그런데 성도들이 기도하지 않아서 하나님의 뜻이 이루어지지 않는다면 그것이 얼마나 큰 죄이겠습니까?

마귀는 어떻게 해서든지 성도들이 기도하지 못하도록 방해합니다. 바쁘고 피곤하기 때문에 기도하지 못한다고 말하는 성도들도 있습니다. 그러나 알고 보면 피곤해서 기도를 못하는 것이 아니라, 기도를 못해서 피곤한 것입니다. 어떤 어려움이 있더라도 끝까지 기도하는 사람은 시험을 분별하고 이길 수 있습니다. 육체적으로, 정신적으로 힘들더라도 기도실에 들어가면 승리의 기쁨

을 얻고 나옵니다.

현실 세계에서 벌어지는 여러 모양의 싸움은 사실상 영적전쟁이며 기도의 싸움입니다. 기도실에서의 승리가 있어야 일상의 삶에서도 승리가 있다는 것입니다.

출애굽기 17장에 보면 이스라엘 군대와 아말렉 군대 사이의 전쟁 장면이 나옵니다. 전장에 나가 싸운 것은 여호수아와 이스라엘의 군대입니다. 그러나 이 전쟁의 승패는 이스라엘 군대의 전투력에 달려 있지 않았습니다. 모세가 두 팔을 들고 있을 때에는 이스라엘 군대가 승리하였고, 손이 내려올 때에는 패하는 상황에 몰렸습니다. 말하자면 전쟁의 승패가 모세의 기도에 달려 있었다는 것입니다. 결국 이스라엘은 군사력으로는 이길 수 없는 전쟁을 기도를 통하여 승리했습니다.

제가 부산에서 목회할 때 전도집회를 한 적이 있습니다. 많은 사람이 초청을 받아서 왔고, 예배도 은혜롭게 진행되는 듯했습니다. 마지막 결신을 앞두고 있는데, 그만 중보기도실에서 기도하던 중보 기도자들이 기도를 멈추고 본당에 들어왔습니다. 자신들이 초청한 사람들이 결신하는 모습을 보고 싶은 마음 때문이었습니다. 중보 기도자들이 결신을 보기 위해 예배당 뒤에 앉아 있었습니다. 그런데 그때부터 영적인 분위기가 흐트러지기 시작했습니다. 술 먹고 주정하는 사람이 있는가 하면 도무지 결신하도록 이끌 분위기가 만들어지지 않았습니다. 저는 그것을 보면서 기도의 역사가 얼마나 중요한지 깨닫게 되었습니다.

어느 권사님은 미국에 사는 동서가 절을 짓겠다고 했지만 딱히 말릴 수 있는 방법이 없어서 기도만 했다고 합니다. "하나님, 동서가 절을 짓지 않고 교회를 지을 수 있게 해주옵소서."

당시에는 이루어질 수 없는 기도제목 같았는데 몇 년 후에 그 동서가 기도한 대로 예수님을 믿고 교회를 지었다고 합니다.

Q. 당신은 기도를 통하여 영적 승리를 경험한 적이 있습니까? 반대로 기도하지 않아 영적으로 실패한 경험이 있습니까?

04
7단원

시험을 이기는 기도

시험에 들지 않게 깨어 기도하라
마태복음 26장 41절

4과 핵심요약

❶ 기도하는 사람은 영적으로 깨어 있는 사람이다.

❷ 기도하면 마귀의 시험을 분별할 수 있고 결국 시험을 이길 수 있다.

❸ 기도를 통해 예수님과 친밀한 관계 가운데 있는 사람은 시험이 올 때 육신이 아닌 믿음으로 반응한다.

❹ 영적으로 답답하여 기도가 안 될 때에도 끝까지 포기하지 않고 기도하면 방해하는 영적 세력이 꺾여 한순간에 기도문이 열리는 것을 경험할 수 있다.

마태복음 26:36-46

36이에 예수께서 제자들과 함께 겟세마네라 하는 곳에 이르러 제자들에게 이르시되 내가

기도는 영적인 전쟁입니다. 마귀는 지금도 성도들을 넘어뜨리기 위해 온갖 방법을 통해 시험하고 있습니다. 이런 상황은 예수님께서 재림하셔서 온 세상을 심판하실 때까지 계속될 것입니다. 성도들이 마귀의 공격과 시험을 이길 수 있는 길은 기도를 통하여 하나님의 능력을 얻는 길뿐입니다.

Q. 마태복음 26:36-46을 읽고 다음 질문에 답을 써보세요.

1. 겟세마네 동산에서 예수님이 제자들에게 부탁하신 것은 무엇입니까?(38절)

   너희는 여기 머물러 나와 함께 깨어 있으라.

2. 제자들은 어떻게 하고 있었습니까?(40절)

   자고 있었음.

3. 예수님은 잠자는 제자들에게 어떻게 말씀하셨습니까? (40절)

"너희가 나와 함께 한 시간도 이렇게 깨어 있을 수 없더냐"라고 책망하심.

예수님께서는 "나와 함께 한 시간도 이렇게 깨어 있을 수 없더냐?" 하시며 잠자는 제자들을 깨우셨습니다. 새벽기도회를 인도하다 보면 교인들 얼굴 표정에 "졸려서 기도하기 어렵습니다." 하는 것이 역력히 나타납니다. 그런데도 왜 우리는 기도해야 할까요? 예수님께서는 마태복음 26장 41절에서 힘들어도 기도해야 할 두 가지 이유를 말씀하셨습니다.

1. 시험에 들지 않게 깨어 있기 위함입니다

어떤 분이 새벽기도를 가기 위해서 자명종 시계를 맞춰 놓고 자는데, 늘 일어나지만 가끔 너무 피곤한 날에는 "하나님, 죄송해요!" 하고는 다시 잔다고 했습니다. 하나님께서 이분에게 뭐라고 말씀하실까요? 아마 이렇게 말씀하시지 않을까요? '내게 죄송할 것 없다. 네가 큰일이지!'

만약 미친 개 한 마리가 집안에 들어와도 '졸린데 어떡합니까?' 하고 잘 수 있을까요?

기도하지 않는 이유는 기도하지 않을 때 어떤 일이 일어나는지 모르기 때문입니다.

저기 가서 기도할 동안에 너희는 여기 앉아 있으라 하시고 [37]베드로와 세베대의 두 아들을 데리고 가실새 고민하고 슬퍼하사 [38]이에 말씀하시되 내 마음이 매우 고민하여 죽게 되었으니 너희는 여기 머물러 나와 함께 깨어 있으라 하시고 [39]조금 나아가사 얼굴을 땅에 대시고 엎드려 기도하여 이르시되 내 아버지여 만일 할 만하시거든 이 잔을 내게서 지나가게 하옵소서 그러나 나의 원대로 마시옵고 아버지의 원대로 하옵소서 하시고 [40]제자들에게 오사 그 자는 것을 보시고 베드로에게 말씀하시되 너희가 나와 함께 한 시간도 이렇게 깨어 있을 수 없더냐 [41]시험에 들지 않게 깨어 기도하라 마음에는 원이로되 육신이 약하도다 하시고 [42]다시 두 번째 나아가 기도하여 이르시되 내 아버지여 만일 내가 마시지 않고는 이 잔이 내게서 지나갈 수 없거든 아버지의 원대로 되기를 원하나이다 하시고 [43]다시 오사 보신즉 그들이 자니 이는 그들의 눈이 피곤함일러라 [44]또 그들을 두시고 나아가 세 번째 같은 말씀으로 기도하신 후 [45]이에 제자들에게 오사 이르시되 이제는 자고 쉬라 보라 때가 가까이 왔으니 인자가 죄인의 손에 팔리느니라 [46]일어나라 함께 가자 보라 나를 파는 자가 가까이 왔느니라

베드로전서 5:8

근신하라 깨어라 너희 대적 마귀가 우는 사자 같이 두루 다니며 삼킬 자를 찾나니

Q. 베드로전서 5:8은 우리가 지금 영적으로 어떤 상황에 처해 있다고 말씀합니까?

마귀가 우는 사자처럼 우리를 삼키려 하고 있음.

성도들이 처해 있는 영적 상황은 마치 전쟁터와 같습니다. 마귀가 우는 사자처럼 삼킬 자를 찾고 있습니다. 마귀는 계속해서 성도와 교회를 공격하며 시험합니다. 예수님께서는 "우리를 시험에 들게 하지 마시옵고 다만 악에서 구하시옵소서"(마 6:13)라고 기도할 것을 가르치셨습니다. 시험에 들지 않으려면 기도해야 한다는 뜻입니다. 우리가 기도하는 것은 우리의 영이 깨어 있는 것이고, 기도하지 않는 것은 영이 잠들어 있는 것입니다.

기도하면 마귀의 시험을 분별할 수 있고, 결국은 시험을 이길 수 있습니다. 죄짓는 일과 진실한 기도는 병행할 수 없기 때문입니다. 기도를 그만두거나, 죄짓는 일을 그만두게 됩니다. 부부싸움도 기도하면 반드시 화해하게 됩니다. 그러므로 기도가 잘 되지 않는다면 자신의 영적 상태에 문제가 있는지 반드시 살펴봐야 합니다.

어떤 분이 새벽기도회에 며칠 나오더니 "목사님, 새벽기도도 좋지만 하루 종일 졸려서 아무것도 못하겠습니다. 저는 새벽잠이 많아서 새벽기도 체질이 아닌 것 같습니다."라고 말했습니다. 정신을 차리고 살기 위해 기도하는데 오히려 기도하고 너무 졸릴 때도 있습니다. 새벽기도를 하고 종일 몽롱하게 하루를 지내도

기도하는 사람은 영적으로 깨어 있는 사람입니다. 유혹이나 시험이 올 때 금방 알아차릴 수 있고 또한 이길 힘도 얻게 됩니다.

그러나 기도하지 않고 사는 성도는 아무리 똑똑하게 사는 것 같아도 실은 졸고 몽롱하게 사는 것입니다. 안일한 기도생활은 유혹과 시련이 닥칠 때 믿음을 지키지 못하고 넘어집니다.

기도에도 때가 있습니다. 예수님께서 "이제는 자고 쉬라"고 하셨는데, 이 말은 기도할 때가 지났다는 말입니다. 자녀들을 위해 초등학교 입학 전부터 기도하는 것과 고등학교 3학년 때 기도하는 것에는 엄청난 차이가 있습니다. 문제아가 되기 전에 기도하는 것과 문제아가 된 이후에 기도하는 것은 분명히 다릅니다. 조금 힘들고 피곤하더라도 기도생활에 힘써야 합니다. 그것이 영적으로 무장하는 길이고 시험을 예방할 수 있는 길이기 때문입니다.

2. 우리의 육신이 약하기 때문입니다

"마음에는 원이로되 육신이 약하도다"(마 26:41)라는 말씀은 기도하지 않는 성도가 흔히 핑계하기 위해 사용하는 말씀입니다. 마음은 기도하고 싶지만 육신이 약해서 기도하지 못하는 것을 예수님도 인정해 주셨다는 것입니다. 그러나 이 말씀의 진정한 의미는 우리가 육신에 대해서 약하다는 것입니다.

사실 우리의 육신은 너무 강합니다. 주님의 말씀에 따라 살지 못하도록 붙잡고 넘어지게 하는 것이 우리의 육신입니다. 예수님이 우리 안에 계시다는 것이 분명히 깨달아지면 육신을 이기고 주님의 말씀에 순종으로 반응할 수 있지만, 그 확신이 분명하지 않으면 육신에 휘둘리게 됩니다. 피곤하고 졸려서 기도하지 않고 잠을 잤던 제자들은 십자가 앞에서 모두 도망갔습니다. 베드로는 세 번이나 예수님을 부인했습니다. 왜 이런 일이 일어났을까요? 제자들이 육신에 대해 약했기 때문입니다.

기도는 주님과 인격적인 교제의 방법입니다. 주님을 바라보는 것이 기도의 핵심입니다. 기도를 꾸준히 하면 자신도 모르게 예수님과 인격적인 관계 안에 서게 됩니다. 평소에 기도하지 않는 사람은 시험이 찾아오면 금방 육적으로 반응하게 됩니다. 그러나 기도를 통하여 예수님과 관계가 깊어진 사람은 시험이 와도 육신 대로 반응하지 않고 믿음으로 반응합니다. 짜증나는 일, 마음 상하는 일, 고통스러운 일이 올 때도 예수님이 인도하시는 대로 순종합니다. 미워하고, 정죄하고, 실망하고, 좌절하지 않고 오히려 기뻐하고, 감사하고, 사랑할 수 있게 됩니다. 그렇기 때문에 예수님께서 피곤하고 힘들어도 기도하라고 말씀하시는 것입니다.

한번은 제 아내가 화를 낸 일로 크게 낙심해 있었습니다.
"새벽에 충만하게 기도하고 나서도 저는 왜 이 모양이지요?"라고 말하며 무척 괴로워했습니다. 아마 여러분도 기도하면서 이런 비슷한 일들을 경험할 때가 있을 것입니다. 그러나 저는 자신의 영적 상태를 분별할 수 있다는 것이 복이고 감사한 일이라는 것을 깨달았습니다. 새벽에 충만하게 기도했기 때문에 마음에 찾아온 위기를 금방 깨달을 수 있었던 것입니다. 만약 기도가 없었으면 그 짜증과 화로 인한 영적인 침체가 며칠을 갔을지도 모릅니다.

다니엘은 하루에 세 번씩 기도했습니다. 기도하지 말라는 왕의 조서가 내렸을 때도 두려워하지 않고 주님과 교제하는 시간을 가졌습니다. 결국 그 일 때문에 고통을 당했지만 하나님께서는 오히려 그것을 하나님의 전능하심을 드러내는 계기로 삼으셨습니다.

기도를 형편과 여건에 따라 해서는 안 됩니다. 성경에는 형편이 좋아서 기도한 예도 없고 그렇게 해서 역사가 일어난 예도 없습니다. 기도가 잘되지 않는 형편에 있을지라도 영적인 숨통이 열릴 때까지 매달리면 어느 한순간에 기도의 문이 열리게 되는 것을 경험하게 됩니다. 기도를 방해하는 영적인 세력이 꺾였기 때문입니다.

세상에서의 승패가 능력에 달려 있는 것처럼 보이지만 사실은 기도의 골방에 달려 있습니다. 기도의 골방이 있는 자, 즉 예수님과 인격적인 친밀함이 있는 자는 마귀가 지배하는 세상에서 당당히 승리하며 살 수 있습니다.

찬송가 364장의 작사가는 월포드 목사(William W. Walford)입니다. 그는 맹인이었습니다. 앞이 보이지 않는 상황이 얼마나 불편하고 힘들었겠습니까? 여러 가지 근심과 걱정이 그를 사로잡을 때도 있었지만 그는 기도하는 시간이 가장 즐겁다고 했습니다. 기도 시간이 즐거운 것은 그 시간을 통하여 근심과 걱정을 이길 힘을 얻었던 것입니다. 내가 기도하는 가장 즐거운 그 시간 근심과 염려에서 나를 건지시네. 나의 모든 원함과 바램을 아버지 앞에 아뢸 때 아버지의 보좌에 나를 앉혀 위로 하시네.

당신도 기도하며 주님과 교제하는 시간이 즐겁습니까? 세상과 육신을 이길 수 있는 능력은 주님과 교제하는 시간을 즐거하는 사람에게 주어집니다.

Q. 기도할 때와 기도하지 않을 때 당신의 영적 상태는 어떻게 다릅니까?

------

05 역사하는 힘이 큰 기도
7단원

> 그러므로 너희 죄를 서로 고백하며 병이 낫기를 위하여
> 서로 기도하라 의인의 간구는 역사하는 힘이 큼이니라
> **야고보서 5장 16절**

5과 핵심요약

❶ 기도할 때 가장 중요하게 점검해 보아야 할 것은 예수님과의 관계이다.

❷ 예수님을 바라보는 믿음의 기도는 역사하는 힘이 크다.

❸ 하나님은 말씀에 온전히 순종하는 성도의 기도에 응답하심으로 하나님의 뜻을 이 땅에 이루신다.

❹ 십자가를 의지하여 예수님과 온전한 관계로 나아간 의인의 기도는 역사하는 힘이 크다.

❺ 하나님께서는 주님의 마음으로 사랑하는 사람들의 사랑의 기도에 응답하신다.

사도 야고보는 기도는 역사하는 힘이 크다고 말했습니다. 엘리야도 우리와 같이 평범한 사람이었지만 기도를 통하여 놀라운 하나님의 역사를 경험했습니다. 그런데 왜 우리의 기도는 그와 같은 일이 일어나지 않을까요? 그 이유는 하나님께서 응답하시는 기도의 조건을 모르고 기도하기 때문입니다. 그러면 하나님께서 응답하시는 기도의 조건은 무엇일까요?

1. 예수님과의 온전한 관계입니다

하나님께서 응답하시는 기도의 가장 중요한 전제 조건은 예수님과의 온전한 관계를 맺는 것입니다.

> 너희가 내 안에 거하고 내 말이 너희 안에 거하면 무엇이든지
> 원하는 대로 구하라 그리하면 이루리라 요 15:7

하나님께서는 그리스도인들이 무엇이든 원하는 대로 구하면 이루어주시겠다고 약속하셨습니다. 얼마나 놀라운 약속입니까? 그러나 이 약속은 놀라운 약속이면서도 가장 위험한 약속입니다.

> 세베대의 아들 야고보와 요한이 주께 나아와 여짜오되
> 선생님이여 무엇이든지 우리가 구하는 바를 우리에게 하여 주시기를
> 원하옵나이다 막 10:35

예수님의 제자였던 야고보와 요한은 자신들이 원하는 것이 그대로 이루어지기를 구했습니다. 이들이 구한 것은 예수님께서 영광을 받으실 때 예수님의 좌우편에 앉는 것이었습니다. 예수님께 유대 나라의 왕이 되시면 높은 자리를 달라는 의미였습니다. 그러나 예수님께서는 그들이 무엇을 구하는지 알지 못한다고 탄식하셨습니다. 그들의 기도는 결국 십자가에 달리는 순교로 응답되었습니다.

Q. 다음의 성경 본문을 읽고 무엇이든 기도한 대로 응답받는 기도의 조건을 찾아 쓰세요.

1. 요한복음 14:14

    예수님의 이름으로 구하는 것.

요한복음 14:14
내 이름으로 무엇이든지 내게 구하면 내가 행하리라

요한복음 15:7

너희가 내 안에 거하고 내 말이 너희 안에 거하면 무엇이든지 원하는 대로 구하라 그리하면 이루리라

2. 요한복음 15:7

우리가 예수님 안에 거하고.

우리가 예수님의 이름으로 기도한다는 것은 예수님의 인격에 합당한 기도를 드리는 것을 의미합니다. 또한 우리가 예수님 안에 거하고 그분의 말씀이 우리 안에 거하는 것은 예수님과 온전히 하나 된 관계를 의미합니다. 곧 내 마음이 예수님의 마음과 같은 상태가 되는 것입니다.

바른 관계 속에서 바른 기도가 나옵니다. 우리가 바르게 기도하고 있다면 우리를 사랑하시는 하나님께서 그 기도에 응답하시는 것은 지극히 당연한 일입니다. 그러므로 우리가 기도할 때 가장 중요하게 점검해야 할 것은 예수님과의 관계입니다.

2. 믿음의 기도입니다

어떤 분이 고등학교 3학년인 아들을 새벽에 깨워놓고 새벽기도회에 와서 간절히 아들을 위해 기도했습니다. 그런데 새벽기도회 후, 집에 돌아가 보니 아들은 아직도 이불 속에서 자고 있습니다. 그 모습에 얼마나 화가 나던지 이불을 걷어치우면서 소리를 질렀습니다.

"이놈아! 너는 어째서 그 모양이냐? 어미는 교회에 가서 그렇게 간절히 기도하고 왔는데 정작 네가 자면 되겠니? 넌 안 돼, 안 돼!"

오랜 시간 기도해도 하나님께서 역사하실 수 없는 기도가 있고, 기도 시간은 짧지만 하나님께서 역사하시는 기도가 있습니다. 만약 열심히 기도하지만 어떤 문제에 대해 여전히 염려한다면 그것은 몸부림에 불과합니다. 우리가 염려한다는 것은 주님과의 관계가 온전하지 못하다는 것을 뜻합니다. 기도하면서도 염려하는 것은 기도를 들으시는 하나님을 무시하는 것과 같습니다. 하나님을 무시하면서 하는 기도가 응답될 수 없는 것은 당연합니다.

기도를 믿음으로 해야 합니다. 좋은 의사를 만나면 질병에 대한 염려가 없어지듯이 예수님께서 우리와 함께 계신다는 것을 믿으면 어떤 상황에서도 염려하지 않게 됩니다. 우리를 가장 선한 길로 인도하실 예수님을 바라보며 하는 기도, 그것이 바로 믿음의 기도입니다.

3. 순종의 기도입니다

Q. 요한일서 3:22에서 말하는 무엇이든 기도하는 것을 받을 수 있는 기도의 조건을 쓰세요.

하나님의 계명을 지키고, 하나님께서 기뻐하시는 일을 행하는 것.

요한일서 3:22
무엇이든지 구하는 바를 그에게서 받나니 이는 우리가 그의 계명을 지키고 그 앞에서 기뻐하시는 것을 행함이라

예수님과 어떤 관계를 맺고 있는지를 점검하는 기준은 주님의 말씀에 우리가 어떻게 순종하는가 하는 것입니다. 많은 사람이

자신의 소원이 이루어지기를 바라며 기도합니다. 그러나 자신이 하나님 말씀에 얼마나 순종하고 있는지는 점검하지 않습니다. 많은 그리스도인이 "용서하라, 사랑하라, 하나 되라, 기뻐하라, 감사하라, 전도하라."는 말씀을 잘 알고 있으면서도 순종할 마음은 갖지 않습니다. 부모의 말씀에 매번 불순종하는 자녀가 있다면 자녀가 원하는 대로 해줄 부모가 있을까요? 그런 부모는 없습니다. 하나님께서는 말씀에 온전히 순종하는 사람의 기도에 응답하셔서 하나님의 뜻을 이 땅에 이루어가십니다.

4. 의인의 기도입니다

사도 야고보는 의인의 기도는 역사하는 힘이 크다고 했습니다(약 5:16). 초대교회에 기도의 역사가 강하게 일어났던 것은 그들의 기도가 의인의 기도였기 때문입니다. 의인이란 예수님과 온전한 관계를 맺고 있는 사람을 말합니다. 의인의 기도는 역사하는 힘이 크지만 죄는 예수님과의 관계를 가로막고 기도를 무용지물로 만듭니다.

시편 기자는 "내가 나의 마음에 죄악을 품었더라면 주께서 듣지 아니하시리라"(시 66:18)고 했습니다. 십자가를 의지하고 회개하여 예수님과 온전한 관계로 나아가는 사람만이 능력 있는 기도의 사람이 될 수 있습니다.

어떤 분이 인터넷에서 시편 23편 강해설교를 듣고 이런 고백을 했습니다. 아파트 분양 문제가 잘 안 풀리다보니 답답한 마음에 "제발 어떤 길인지 좀 알려 주세요. 제가 방향을 알 수 없어 힘이 듭니다. 저도 응답받는 삶을 살고 싶어요."라고 계속 어린아이처럼 떼를 쓰며 기도했답니다. 그러다가 '성공의 길에서 의의 길로 방향을 전환하라.'는 저의 설교를 들었습니다. 그동안 부귀영화를 위해 성공을 갈망하며 살았는데 갑자기 '내가 가고 있는 길이 의의 길이 아니라면 그것이 얼마나 부질없는 노력이겠는가?'라는 생각이 들었답니다. 뿐만 아니라 설교를 들으며 분양이 되지 않은 아파트를 잠시라도 선교사님들이 쉴 수 있는 공간으로 제공하고 싶다는 마음도 갖게 되었답니다.

5. 사랑의 기도입니다

Q. 다음 질문을 읽고 답을 써보세요.

1. 금식하며 기도한 경험이 있습니까? 그 금식기도의 목적이 무엇이었습니까?

   _____
   _____

2. 이사야 58:6-9은 하나님께서 기뻐하시는 금식은 어떤 것이라고 말합니까?

   흉악의 결박을 풀어주는 것, 압제당하는 자를 자유롭게 하는 것,
   모든 멍에를 꺾는 것, 주린 자에게 먹을 것을 주는 것, 골육을 피해
   숨지 않는 것.

이사야 58:6-9

6 내가 기뻐하는 금식은 흉악의 결박을 풀어 주며 멍에의 줄을 끌러 주며 압제 당하는 자를 자유하게 하며 모든 멍에를 꺾는 것이 아니겠느냐 7 또 주린 자에게 네 양식을 나누어 주며 유리하는 빈민을 집에 들이며 헐벗은 자를 보면 입히며 또 네 골육을 피하여 스스로 숨지 아니하는 것이 아니겠느냐 8 그리하면 네 빛이 새벽 같이 비칠 것이며 네 치유가 급속할 것이며 네 공의가 네 앞에 행하고 여호와의 영광이 네 뒤에 호위하리니 9 네가 부를 때에는 나 여호와가 응답하겠고 네가 부르짖을 때에는 내가 여기 있다 하리라 만일 네가 너희 중에서 멍에와 손가락질과 허망한 말을 제하여 버리고

가장 간절한 기도가 금식기도입니다. 금식기도가 능력이 있는 것은 생명을 걸고 하는 기도이기 때문입니다. 그러나 하나님께서 정말 기뻐하시는 금식은 사랑입니다. 다른 사람들과 바른 관계를 맺고 나누고 베푸는 삶을 사는 것입니다. 예수님과 온전한 관계를 맺은 사람은 사랑의 사람이 될 수밖에 없습니다. 우리 안에 오신 예수님은 사랑이시기 때문입니다. 하나님께서는 주님의 마음으로 사랑하는 사람들의 기도에 응답하십니다.

영국의 어떤 집사가 무디의 집회를 앞두고 아들을 구원하기 위하여 마음을 다해서 기도했습니다. 그래도 그 아들은 부모의 권면을 뿌리쳤습니다. 실망한 나머지 무디를 찾아와서 불평하기를 "아들을 위해서 금식까지 하고 말로 다할 수 없이 간절한 심정으로 하나님 앞에 매달렸는데 아직까지 움직이지 않습니다. 왜 하나님은 내 기도에 응답하시지 않을까요?"라고 했습니다. 무디가 그에게 물었습니다. "혹시 집사님의 생애 가운데 누구와 잘못된 관계를 맺은 일은 없습니까?"

그 질문을 들을 때 갑자기 교회 안에서 불편한 관계에 있는 사람이 생각났습니다. 그래서 그 문제를 해결했습니다. 그 후에 기도할 때 이 집사의 마음속에 하나님이 응답하신다는 담대한 확신이 들었습니다. 마지막 날 밤, 그의 아들이 성령의 강권하심을 받아 스스로 교회에 나와서 주님께 자신을 드리는 구원의 역사가 일어났습니다.

Q. 우리의 기도가 역사하는 힘이 큰 기도가 되려면 어떻게 해야 할까요?
   기도 응답의 조건에 비추어 자세히 써보세요.

**7단원
기도로 사는 사람**

소그룹 나눔 | 인도자용

**마음열기
(8분)**
- 찬양 : 마음속에 근심 있는 사람(365장), 기도할 수 있는데
- 기도 : 미리 정해진 순서에 따라 모임을 위해 기도합니다.

**과제점검
(2분)**
- 출석체크, 예습, Q.T여부, 기도생활
- 성경암송 점검 – 마태복음 7:7-8

  구하라 그리하면 너희에게 주실 것이요 찾으라 그리하면 찾아낼 것이요
  문을 두드리라 그리하면 너희에게 열릴 것이니 구하는 이마다 받을 것이요
  찾는 이는 찾아낼 것이요 두드리는 이에게는 열릴 것이니라

**도입질문 및
각 과별 진행
(100분)**

Q. 기도자의 롤 모델로 생각하는 사람이 있다면 소개해주세요.
왜 그렇게 생각하는지 그 이유도 함께 나누어주세요(성경, 책속의 인물,
주변인물 등).

01
왜 기도해야 하나?

Q. 여러분은 기도를 통해 하나님을 경험한 적이 있습니까? 기도를 통해 알게 된 하나님은 어떤 분입니까?

....
....
....
....
....

Q. 여러분은 기도의 목적이 하나님과의 교제입니까? 여러분의 문제해결입니까? 그동안의 기도생활을 점검해보세요.

○ 자신의 기도생활을 정직하게 돌아보도록 하는 시간입니다. 문제해결에 집중하는 이유가 하나님과의 교제가 없었음을 나타내는 증거입니다. 인도자가 자신의 경험을 먼저 나누는 것이 도움이 됩니다.

....
....
....
....

핵심 요약 기도란 우리가 하나님을 경험하고 알 수 있는 가장 좋은 길입니다. 하나님은 우리와 교제하기 원하시고 그 교제를 통해서 자신을 알리십니다. 기도는 문제해결을 위한 통로가 아닌 주님과의 교제를 통해 주님을 더 깊이 알아가는 은혜의 통로입니다.

02
하나님과 교제하는 기도

Q. 하나님께서 여러분에게 주시는 기도의 감동은 무엇입니까? 하나님께서 기도하게 하시는 기도제목이라고 느껴지는 것이 있다면 써보세요.

핵심 요약 기도의 목적은 하나님과 교제하는 것입니다. 기도의 응답은 선물입니다. 예수님이 정말 내 삶의 주인이시라면 기도에 있어서도 예수님은 주인이십니다. 그러면 주님께서 우리의 기도를 인도해 주십니다. 성령의 인도하심으로 기도할 때 우리는 내 뜻이 아닌 하나님의 뜻대로 기도하게 됩니다. 그래서 기도할 때 항상 주님께 무엇을 기도해야 할지 먼저 물어봐야 합니다.

03
기도와 영적전쟁

Q. 여러분은 기도를 통하여 영적 승리를 경험한 적이 있습니까? 반대로 기도하지 않아 영적으로 실패한 경험이 있습니까?

○ 하나님께서 역사하시는 기도의 4단계의 과정을 설명해주고, 우리가 하는 모든 일이 기도의 영향을 받게 됨을 강조해주십시오.

핵심 요약 기도를 영적전쟁이라고 부르는 이유가 있습니다. 기도를 통해 하나님의 뜻이 이루어지는 것을 방해하는 악한 영과 싸우기 때문입니다. 우리가 예수님의 이름으로 기도할 때 마귀의 역사가 꺾이고 영혼 구원의 역사가 일어납니다. 마귀는 어떻게 해서든지 성도들이 기도하지 못하도록 방해합니다. 피곤해서 기도 못하는 것이 아니라 기도를 못해서 피곤한 것입니다. 기도실에서의 승리가 있어야 일상의 삶에서 승리가 있습니다.

04
시험을 이기는 기도

○ 4과의 내용에 새벽기도에 대한 이야기가 많이 나옵니다. 새벽기도를 하지 못하고 있는 반원들에게 "새벽기도에 새롭게 시작해 보라!"고 도전하십시오.

Q. 기도할 때와 기도하지 않을 때 여러분의 영적 상태는 어떻게 다릅니까?

핵심 요약 성도들이 마귀의 시험과 공격을 이기는 길은 기도를 통하여 하나님의 능력을 얻는 길 뿐입니다. 기도하면 마귀의 시험을 분별할 수 있고, 결국은 그 시험을 이길 수 있습니다. 기도를 통하여 예수님과의 관계가 깊어진 사람은 시험이 와도 육신대로 반응하지 않고 믿음으로 반응하게 됩니다. 그래서 기도는 형편과 여건에 따라 해서는 안 됩니다. 기도가 잘 되지 않는 형편에 있을지라도 영적인 숨통이 열릴 때까지 기도하면 어느 한 순간에 기도의 문이 열리는 것을 경험하게 됩니다.

05
역사하는 힘이 큰 기도

Q. 우리의 기도가 역사하는 힘이 큰 기도가 되려면 어떻게 해야 할까요? 기도 응답의 조건에 비추어 자세히 써보세요.

◐ 단순히 기도하는 사람이 아니라 예수님과 친밀한 관계 속에서 기도하는 기도의 사람이 되어야 함을 강조해 주십시오.

핵심요약 하나님께서 응답하시는 기도의 가장 중요한 전제 조건은 예수님과 온전한 관계를 맺는 것입니다. 바른 관계 속에서 바른 기도가 나옵니다. 바른 기도는 믿음으로 하는 기도입니다. 우리를 가장 선한 길로 인도하실 예수님을 바라보며 하는 기도, 그것이 바로 믿음의 기도입니다. 이 믿음의 기도가 우리를 순종으로 이끌고 하나님의 역사를 드러냅니다. 이런 사람이 의인입니다. 의인의 기도는 역사하는 힘이 큽니다. 이렇게 예수님과 온전한 관계를 맺은 사람은 사랑의 사람이 될 수밖에 없습니다. 하나님께서는 주님의 마음으로 사랑하는 사람들의 기도에 응답하십니다.

마무리
(10분)

1. 함께 기도하기

    • 개인 기도제목을 나눕니다.

    • 인도자가 단원 주제에 맞는 기도제목을 제시하고 개인 기도제목과 함께 기도합니다.

    • 인도자가 마무리 기도하고 주기도문으로 마칩니다.

2. 광고

    • 다음 모임에 대한 안내와 다음 주 공부할 단원을 짧게 소개합니다.

    • 성경암송 과제는 히브리서 11:6 입니다.

8
믿음으로 사는 사람

믿음이 없이는 하나님을 기쁘시게 하지 못하나니
하나님께 나아가는 자는 반드시 그가 계신 것과
또한 그가 자기를 찾는 자들에게
상 주시는 이심을 믿어야 할지니라

히브리서 11:6

8단원 핵심영상강의
youtu.be/8Z2n98fJ97k

01 당신은 믿음으로 사는가? | 02 왜 믿음으로 살아야 하는가? | 03 어떻게 하면 큰 믿음을 가질 수 있는가?
04 24시간 예수님을 바라보라 | 05 염려가 맡겨질 때까지 예수님을 바라보라

01 당신은 믿음으로 사는가?

8단원

> 믿음이 없이는 하나님을 기쁘시게 하지 못하나니
> 하나님께 나아가는 자는 반드시 그가 계신 것과 또한
> 그가 자기를 찾는 자들에게 상 주시는 이심을 믿어야 할지니라
> 히브리서 11장 6절

1과 핵심요약

❶ 예수님께서 자신 안에 거하심이 정말 믿어지면 염려와 두려움이 사라진다.

❷ 예수님께서 자신 안에 거하심을 믿으면 고난 속에서도 하나님의 사랑을 발견하게 된다.

❸ 그리스도인들이 세상을 이길 수 있는 것은 믿음 때문이다.

❹ 믿음으로 사는 것은 예수님과 함께 죽고 예수님과 함께 사는 삶이다.

그리스도인을 신앙인(信仰人)이라고도 부릅니다. 신앙인이란 무엇인가를 믿는 사람이라는 뜻입니다. 그렇다면 그리스도인은 무엇을 믿는 사람일까요? 그리스도인들은 어떤 사상이나 교리의 체계를 믿는 것이 아닙니다. 기독교의 믿음에는 분명한 대상이 있는데 그 믿음의 대상이 바로 예수 그리스도이십니다.

교회에 다니는 사람들은 누구나 자신이 예수님을 믿는다고 생각합니다. 그러나 진짜 주님을 믿는지 점검해야 합니다. 예수님을 믿는다면 '마음에 염려와 두려움이 사라졌습니까?' 예수님을 믿는다고 말하지만 여전히 염려와 두려움의 문제가 해결되지 않은 사람이 많습니다. 예수님을 올바르게 믿지 못하고 있다는 증거입니다.

Q. 사무엘상 17:33-37을 읽고 다음 질문에 답을 써보세요.

1. 사울과 다윗이 골리앗을 대하는 태도에는 어떤 차이가 있습니까?

   사울은 하나님을 믿으면서도 골리앗을 두려워했으나,

   다윗은 하나님을 믿었기 때문에 두려워하지 않았음.

2. 당신은 어려운 문제를 만났을 때 사울처럼 반응합니까? 다윗처럼 반응합니까?

사무엘상 17:33-37

33 사울이 다윗에게 이르되 네가 가서 저 블레셋 사람과 싸울 수 없으리니 너는 소년이요 그는 어려서부터 용사임이니라 34 다윗이 사울에게 말하되 주의 종이 아버지의 양을 지킬 때에 사자나 곰이 와서 양 떼에서 새끼를 물어가면 35 내가 따라가서 그것을 치고 그 입에서 새끼를 건져내었고 그것이 일어나 나를 해하고자 하면 내가 그 수염을 잡고 그것을 쳐죽였나이다 36 주의 종이 사자와 곰도 쳤은즉 살아 계시는 하나님의 군대를 모욕한 이 할례 받지 않은 블레셋 사람이리이까 그가 그 짐승의 하나와 같이 되리이다 37 또 다윗이 이르되 여호와께서 나를 사자의 발톱과 곰의 발톱에서 건져내셨은즉 나를 이 블레셋 사람의 손에서도 건져내시리이다 사울이 다윗에게 이르되 가라 여호와께서 너와 함께 계시기를 원하노라

사울과 이스라엘 군대는 자신들을 모욕하는 골리앗 앞에서 두려워 떨었습니다. 사울은 갑옷과 투구를 착용하고 있었고, 칼을 가지고 있었지만 두려움 때문에 골리앗 앞에 나서지 못했습니다. 그러나 소년 다윗은 골리앗 앞에 담대하게 나아가 물맷돌 하나로 그를 쓰러뜨렸습니다. 사울과 다윗 앞에 있는 문제는 동일했습니다. 그러나 문제를 대하는 자세는 전혀 달랐습니다. 사울은 하나님을 믿는다고 하면서도 골리앗을 두려워했고 다윗은 하나님을 믿었기 때문에 골리앗을 두려워하지 않았습니다. 겉으로 보기에는 둘 다 하나님을 믿는 것처럼 보였지만 하나님을 진짜 믿은 사람은 다윗이었습니다.

언젠가 남선교회 회장이 남선교회 헌신예배를 하겠다고 제게 상의하러 온 적이 있습니다. 그 전까지 헌신예배라 함은 남선교회 회원들이 사회를 맡고, 성경봉독과 특송, 헌금을 하는 정도로 여겨졌습니다. 그러나 그런 식의 헌신예배는 의미가 없다는 생각이 들었습니다. 그것은 진짜 헌신이 아니었기 때문입니다. 그래서 정말 헌신예배를 드리기를 원한다면 모든 회원이 이제부터는 직장 생활도, 사업도 하나님의 뜻대로 하겠다는 서약서를 쓰고 서명이라도 하자고 제안을 했습니다. 남선교회 회장이 회원들과 의논해 보겠다며 돌아갔습니다. 그런데 남선교회 헌신예배를 안하기로 결정하였다는 연락이 왔습니다. 하나님 말씀대로 살겠다고 서약서까지 쓰는 것을 부담스러워하는 회원이 많았기 때문입니다. 왜 서약서를 쓰는 것이 부담스러웠을까요? 하나님 말씀대로 살다가 세상에서 실패하고 어려움을 겪게 될까봐 두려웠던 것입니다.

세상에서 성공했다고 여기는 직업을 가진 신앙인들이 모인 자리에서 말씀을 전할 기회가 있었습니다. 말씀을 전하면서 그 자리에 모인 사람에게 물었습니다.

"예수님을 믿으셨으니 이제 부족함이 없으시지요? 너무 행복하시지요? 예수님 한 분이면 충분하시지요?"

그러나 이 질문에 선뜻 "아멘!" 하는 사람들을 발견하기 어려웠습니다. 제가 계속해서 질문했습니다.

"지옥 갈 사람이 천국에 가게 되었고, 마귀의 자식이 하나님의 자녀가 되었고, 예수님이 우리 안에 오셔서 임마누엘하고 계신

데 무엇이 더 필요하십니까?"

그랬더니 대부분의 사람이 고개를 끄덕였습니다. 다 알고 있는 내용이라는 뜻이었습니다. 다 알고 있는 내용이었지만 그 지식이 그들을 행복하게 하지는 못했습니다. 그 지식이 곧 그들의 믿음과 일치하는 것은 아니었기 때문입니다.

성경 말씀과 십자가 복음에 대한 지식만으로는 염려와 두려움을 해결하지 못합니다. 그러나 예수님을 인격적으로 알게 되면 달라집니다. 예수님께서 살아 계셔서 나와 함께 계신다는 사실을 알고 그것이 정말 믿어지면 염려와 두려움이 사라지게 됩니다. 온전한 믿음이 염려와 두려움을 내어 쫓기 때문입니다.

Q. 요한일서 5:4에서 그리스도인이 세상을 이길 수 있는 길이 무엇이라고 했습니까?

믿음.

> **요한일서 5:4**
> 무릇 하나님께로부터 난 자마다 세상을 이기느니라 세상을 이기는 승리는 이것이니 우리의 믿음이니라

세상살이가 아무리 거칠어도 그리스도인들이 세상을 이길 수 있는 것은 믿음 때문입니다. 그리스도인들도 때로 어려운 문제를 만납니다. 그러나 성도들은 어렵고 힘든 문제를 만나도 담대할 수 있고 감사할 수 있습니다. 초봄에 꽃샘추위가 닥쳐왔을 때 날씨가 매섭다고 해서 다시 겨울 준비를 하는 사람은 없습니다. 기온과 상관없이 봄 맞을 준비를 하고 새 학기를 준비합니다. 추위에

도 불구하고 계절의 원칙에 따라 봄은 온다는 사실을 믿기 때문입니다.

세상을 창조하신 하나님께서 독생자이신 예수님을 십자가에 내어주시기까지 우리를 사랑하십니다. 우리 죄를 위해 죽으시고 부활하신 예수님께서는 성령을 통하여 우리 안에 오셨습니다. 그리고 "내가 세상 끝날까지 너희와 항상 함께 있으리라"(마 28:20)고 약속하셨습니다. 만약 우리가 이 진리를 정말 믿는다면 처한 환경이 겨울처럼 보일지라도 우리의 마음과 행동은 항상 봄이어야 하지 않을까요?

2007년 여름에 있었던 일입니다. 선교지에서 선교훈련 중이던 순회선교단 김용의 선교사의 딸에게 위급한 상황이 벌어졌습니다. 고국으로 후송하여 치료를 받아야 한다는 결론이 났는데 문제는 20여 시간의 비행을 포함한 장거리 여행을 감당할 수 있느냐 하는 것이었습니다. 주위 사람들이 대부분 만류했습니다. 그러나 현지에 그저 둘 수도 없었기 때문에 주님만 신뢰하고 떠나기로 결정했습니다. 떠나는 날 아침, 그는 아버지로서 너무나 두려운 마음이 들었지만 기도하던 중 갑자기 주님이 주시는 마음이 있어서 이렇게 기록했다고 합니다.

"아빠 손잡고 떠나는 여행, 위험하지만 행복한 여행, 주님과 함께 가는 여행, 안전하고 아름다운 여행."

너무나 위험한 여행이지만 그 순간에도 함께하시는 주님을 부르는 순간 주님은 가장 안전하고 아름다운 동행이 있음을 알게 하신 것입니다. 그는 딸의 손을 잡고 이 고백을 들려주었습니다. 그리고 그 믿음대로 안전하게 여행을 마칠 수 있었고 딸의 건강은 회복되었습니다.

하나님의 사랑을 환경으로 판단하려는 사람들이 있습니다. 그들은 잘되고 편안하면 하나님께서 나를 사랑하신다고 생각하고, 반대로 시험이 오고 고난이 닥치면 하나님께서 나를 사랑하시지 않는 것이라고 생각합니다. 그러나 하나님의 사랑을 환경으로 판단해서는 안 됩니다. 하나님 아버지의 사랑은 이미 예수님의 십자가에서 확증되었습니다(롬 5:8). 뿐만 아니라 그 완전한 사랑과 구원을 보증해 주시기 위해 우리 마음에 성령을 보내주셨습니다(고후 1:22). 이 사실을 믿지 못해 고난이 닥칠 때마다 하나님의 사랑을 의심한다면 아버지에게 야단맞고 "성공하고 돌아오겠습니다."라며 가출한 학생과 무엇이 다르겠습니까?

어려운 환경에 감추어진 하나님의 깊은 은총을 헤아릴 줄 알아야 합니다. 예수님이 우리 안에 계신 것을 믿으면 어려운 고난 속에도 하나님의 사랑이 숨겨져 있다는 사실을 발견하게 됩니다.

저 역시 어려운 환경 때문에 믿음이 흔들리고 낙심하는 순간이 있었습니다. 사람들은 목사는 언제나 믿음 충만할 것이라고 생각하지만 목사에게도 낙심과 좌절이 찾아옵니다. 마귀는 목사인 저를 넘어뜨리려고 오히려 더 강하게 역사했습니다. 어려운 시련, 나쁜 생각, 거듭나지 못한 성품, 세상 유혹으로 역사했습니다. 그러나 감사한 것은 믿음을 회복하는 법을 알았다는 것입니다. 그것은 내가 예수님과 함께 죽고 예수님과 함께 살게 되었다는 사실을 알게 된 것입니다. 예수님이 지금 내 안에 계시다는 사실을 알게 된 것입니다. 저는 낙심과 좌절이 찾아올 때마다 이렇게 고백합니다.

"예수님, 저는 예수님과 함께 죽었습니다. 예수님께서 저의 생명이시고 저의 주님이십니다."

주님은 그때마다 염려와 두려움을 떨쳐내고 다시 시작하는 힘을 주셨습니다. 때로 앞이 보이지 않는 길도 믿음으로만 걸을 수 있도록 하셨습니다. 그렇게 저는 지금까지 예수님을 바라보며 걸어왔습니다.

Q. 당신은 지금까지 무엇을 의지하고 인생을 살았습니까? 믿음으로 살았습니까?

02
8단원

왜 믿음으로 살아야 하는가?

사람이 마음으로 믿어 의에 이르고
입으로 시인하여 구원에 이르느니라
로마서 10장 10절

2과 핵심요약

❶ 그리스도인들은 믿음이라는 영적 감각에 의존해서 사는 사람들이다.

❷ 하나님께서 주시는 모든 은혜와 복은 믿음을 통해서만 받는다.

❸ 믿음으로 살아야 하나님이 세상에 증거가 된다.

❹ 예수님을 정말 믿으면 어려운 상황 속에서도 얼굴에 평온함과 기쁨이 나타난다.

사람마다 삶의 방식이 있습니다. 세상 사람들도 그리스도인도 그들만의 삶의 방식이 있습니다. 세상 사람들은 육체적인 감각에 의존해서 살아갑니다. 그러나 그리스도인들은 믿음이라는 영적인 감각에 의존해서 살아갑니다.

사도 바울은 "오직 의인은 믿음으로 말미암아 살리라"(롬 1:17)고 했습니다. 왜 그리스도인은 믿음으로 살아야 할까요?

1. 하나님의 모든 은혜는 믿음으로만 받기 때문입니다

요한복음 3:16
하나님이 세상을 이처럼 사랑하사 독생자를 주셨으니 이는 그를 믿는 자마다 멸망하지 않고 영생을 얻게 하려 하심이라

Q. 요한복음 3:16에서 구원은 무엇으로 얻는다고 했습니까?

믿음으로.

구원은 행위나 노력으로 받는 것이 아니라 믿음으로 받습니다. 우리의 죄를 위해 십자가를 지시고 부활하신 예수님을 마음속에 믿으면 구원받은 하나님의 자녀가 됩니다.

사람이 마음으로 믿어 의에 이르고
입으로 시인하여 구원에 이르느니라 **롬 10:10**

많은 사람이 자신이 예수님을 믿고 있다는 증거로 마음의 평안을 이야기합니다. 구원받은 사람은 죄 사함을 통하여 내적인 평안을 누립니다. 그러나 죄 사함을 받아서 평안한 것이 아니라 죄 사함을 받았다는 사실이 믿어졌기 때문에 평안한 것입니다.

예를 들어 부모님께 잘못을 저질렀는데 용서를 받았습니다. 그런데 평안하지 않을 때가 있습니다. 자신이 진짜 용서받았다는 사실을 믿지 못하기 때문입니다. 그러나 용서받았다는 사실을 확신하게 되면 평안을 누리게 됩니다. 구원의 확신도 꼭 그와 같은 것입니다.

Q. 다음 성경 말씀을 읽고 우리가 어떤 믿음을 가져야 하는지 쓰세요.

1. **이사야 53:5**

   우리의 허물과 죄가 용서함을 받았다는 믿음.

2. **마태복음 8:17**

   연약함과 질병이 치유함을 받았다는 믿음.

이사야 53:5
그가 찔림은 우리의 허물 때문이요 그가 상함은 우리의 죄악 때문이라 그가 징계를 받으므로 우리는 평화를 누리고 그가 채찍에 맞으므로 우리는 나음을 받았도다

마태복음 8:17
이는 선지자 이사야를 통하여 하신 말씀에 우리의 연약한 것을 친히 담당하시고 병을 짊어지셨도다 함을 이루려 하심이더라

많은 그리스도인이 구원은 믿음으로 받고 다른 것들은 노력해서 받는 줄로 생각합니다. 그러나 하나님께서 주시는 모든 은혜와 복은 믿음을 통해서만 받습니다. 구원에 대한 믿음은 가지고 있지만 치유하심에 대한 믿음이 없어서 치유함을 받지 못하는 이들이 있습니다. 그러나 우리의 병을 대신 지시고 치유하시는 예수 그리스도에 대한 약속의 말씀을 붙잡으면 치유의 은혜를 누리게 됩니다.

어떤 사람은 구원의 믿음은 있는데 기도 응답에 관한 믿음은 없습니다. 어떤 사람은 승리하는 삶에 대한 확신이 없습니다. 그러나 하나님께서는 우리에게 구원을 약속해 주셨을 뿐만 아니라 기도에 응답해 주실 것도 약속해 주셨습니다. 세상에서 승리하는 삶도 약속해 주셨습니다. 그 약속의 말씀을 붙잡고 믿을 때 우리는 하나님께서 약속하신 은혜들을 실제로 누릴 수 있게 되는 것입니다.

저는 구원받은 믿음은 분명히 가졌습니다. 그러나 목회 현장에서 살아 계시고 함께하시는 하나님, 치유하시는 하나님, 모든 것을 이루시고 공급하시는 하나님을 확신 가운데 붙잡지 못했습니다. 그래서 의심하고, 고민하고, 염려하고, 두려움에 사로잡혔던 적이 있습니다. 믿음 없는 제 모습을 보고 얼마나 회개했는지 모릅니다. 믿음이 있는 것 같았지만 믿음으로 누리며 살지 못했기 때문에 살아 계신 하나님의 역사를 지극히 제한적으로만 체험하고 살았던 것입니다.

Q. 지금 당신이 믿음으로 누려야 할 은혜는 어떤 것입니까?

2. 믿음으로 살아야 하나님이 세상에 증거 되기 때문입니다

우리가 믿음으로 순종하면 하나님께서는 우리를 통해 자신의 일들을 행하십니다. 우리는 대부분 하나님께 순종하기보다는 돈이나 능력 등을 더 중요하게 생각하여 일을 처리할 때가 많습니다. 그것이 바로 우리가 삶에서 하나님의 역사를 경험할 수 없도록 만드는 이유입니다.

그러나 우리가 믿음으로 순종하면 달라집니다. 하나님께 순종하고자 하는 사람은 기도하지 않을 수 없습니다. 우리가 기도의 자리에 나가면 그때부터 하나님은 일을 시작하시고 간증거리를 만들어냅니다.

1996년, 제가 소속되어 있던 지방회에서 한 미자립 교회의 예배당 건물 구입을 돕는 일이 추진되고 있었습니다. 제가 목회하던 교회도 그 일에 동참해야 했었지만 당시 교회 재정 상황은 100만 원도 다른 교회를 지원하기 어려운 형편에 있었습니다. 만약 교회 형편에 맞춘다면 부담은 없겠으나 지방회에서 목표로 하는 미자립 교회 예배당 건물 마련은 불가능했습니다. 그렇다고 자립기금 목표에 맞추어 부담하기에는 교회 재정에 상당한 무리가 올 상황이었습니다. 고심 끝에 저와 장로들은 교회 재정에 무리가 있겠지만 저희 교회가 1,000만 원은 헌금해야 미자립 교회를 자립시키는 사업이 추진될 수 있다는 데 의견을 모았습니다. 우리는 이 일에 믿음을 사용하기로 결정했습니다. 그런데 놀랍게도 2개월 안에 1,000만 원 이상의 헌금이 들어와 송금할 수 있었습니다.

한 교회가 이렇게 앞장서자 지방 내 다른 교회들도 적극적으로 호응했고 후원을 받은 미자립 교회는 예배당 건물을 분양받을 수 있었습니다. 믿음으로 하나님의 역사를 경험하게 된 것입니다.

우리가 믿음으로 사는 사람인지를 가장 잘 드러내 보여주는 것이 우리의 얼굴 표정과 분위기입니다. 우리가 내 안에 계신 예수님을 알고 믿으면 얼굴 표정과 분위기가 달라집니다. 우리와 함께 계신 예수님을 정말 믿으면 어려운 상황 가운데 있더라도 얼굴에 평온함과 기쁨이 나타납니다. "어디 믿는 데가 있나 봐요!"라는 말처럼 정말 믿는 데가 있기 때문입니다.

어느 건물의 입구에서 꽃을 파는 할머니가 있었습니다. 할머니는 얼굴에 주름이 많고 옷차림도 허름했습니다. 그러나 늘 밝은 표정으로 주위 사람들을 즐겁게 해주었습니다.

한번은 건물 주인이 할머니에게 물었습니다.

"무슨 좋은 일이 있으시나 봐요. 표정이 항상 밝으세요."

그러자 할머니가 대답했습니다.

"제 걱정을 트럭에 담으면 아마 100대 분량도 더 될 겁니다."

"그런데 어떻게 그런 밝은 표정을 지을 수 있으세요? 무슨 특별한 비결이 있나요?"

할머니는 행복한 삶의 비결을 들려주었습니다.

"내게 특별한 비결이 하나 있어요. 저는 고통이 닥치면 예수님의 십자가와 부활을 생각합니다. 예수님께서 무덤에 머물러 계셨던 사흘을 생각하면서 기다리면 사흘 뒤에는 어김없이 새로운 해가 뜬답니다."

성도에게는 두 차례의 감사와 찬송이 있습니다. 하나는 어떤 일이 이루어지기 전에 감사와 찬송을 하는 것이고, 또 하나는 그 일이 이루어진 후에 감사하며 찬송하는 것입니다. 어떤 일이 바라는 대로 이루어졌을 때 감사하고 찬송하는 것은 누구나 할 수 있는 일입니다. 그러나 그 일이 이루어지기 전에 감사하고 찬송할 수 있는 사람은 오직 믿음의 사람밖에는 없습니다.

역대하 20장에 보면 여호사밧이 아람과 전쟁할 때 이스라엘 군대의 맨 앞에 찬양대를 세웠습니다. 선두에 찬양대를 세웠다는 것은 전쟁에서 승리하게 하실 하나님을 믿는다는 믿음의 표시였습니다. 그 믿음 때문에 여호사밧과 이스라엘 군대는 전쟁이 끝나지 않은 상황에서도 하나님을 찬양할 수 있었습니다.

십자가와 부활로 승리하신 예수님께서 우리에게 영원한 승리를 약속하셨습니다. 승리는 예수님께서 주시는 것이고 우리가 할 수 있는 것은 감사와 찬양입니다. 당신은 결과가 나오기 전까지 기다리는 사람입니까? 아니면 예수님이 주실 승리를 믿고 감사와 찬양을 고백하는 사람입니까?

Q. 당신의 얼굴에는 하나님을 향한 믿음이 나타나고 있습니까? 다른 사람에게 자신의 얼굴 표정이 어떻게 보이는지를 물어보고 답을 쓰세요.

03
8단원

어떻게 하면 큰 믿음을 가질 수 있는가?

> 그러므로 믿음은 들음에서 나며 들음은
> 그리스도의 말씀으로 말미암았느니라
> 로마서 10장 17절

3과 핵심요약

❶ 믿음으로 살지 못했음을 회개해야 한다.

❷ 믿음은 말씀 위에 뿌리를 내려야 한다.

❸ 말 한마디를 해도 믿음으로 해야 한다.

❹ 믿음의 훈련을 기쁘게 받아야 한다.

그리스도인이라면 누구나 큰 믿음을 가지고 싶어 합니다. 그러나 원한다고 누구나 다 큰 믿음을 가질 수 있는 것은 아닙니다. 믿음은 하나님께서 우리에게 주시는 놀라운 은혜이고 선물입니다. 그러나 믿음을 선물로 받기 위해서는 우리 안에 다음과 같은 몇 가지 일이 일어나야 합니다.

1. 믿음으로 살지 못했음을 회개해야 합니다

어떤 사람들은 하나님께서 자신의 삶에 아무 일도 하시지 않는다고 생각합니다. 그러나 정확히 말하면 하나님께서 아무 일도 하실 수 없는 것입니다. 우리가 믿음으로 살지 않기 때문입니다. 많은 사람이 주님을 믿는다고 하면서도 사실은 돈이나 사람을 더 의지합니다. 그것이 하나님께서 우리의 삶에서 침묵하실 수밖에 없는 이유입니다. 그러므로 큰 믿음을 가지려면 자신이 믿음으로 살지 못했던 것부터 회개해야 합니다.

1997년 어느 개척교회 부흥회를 인도했을 때의 일입니다. 부흥회 마지막 날 새벽에 누군가 예금통장을 헌금으로 바쳤습니다. 그것은 그 교회 담임목사의 통장이었습니다. 통장에는 천만 원이 넘는 돈이 있었습니다. 예배를 마치고 난 뒤 그 목사가 성도들 앞에서 고백하기 시작했습니다.

"성도 여러분, 제가 회개합니다. 사실은 그동안 어려운 일을 너무 많이 겪어서 돈이 있어야겠다는 생각이 들었습니다. 그래서 제 아내도 모르게 악착같이 돈을 모으고 모아 천여만 원을 만들었습니다. 가족에게 큰일이라도 생기면 이 돈으로 수습해야 한다고 생각했기 때문에 어려운 교회 형편을 잘 알면서도 이 돈을 내놓지 못했습니다. 이번 부흥회를 통해 내가 하나님보다 돈을 의지하는 마음이 있었음을 깨달았습니다. 그것을 회개하고 이 물질을 교회 빚을 갚는 데 내놓겠습니다. 이제는 돈 천만 원을 믿으며 살지 않고 하나님을 믿으며 살겠습니다."

그 목사도 사모도 교인들도 모두 다 울었습니다. 부흥회가 끝나고 그 교회가 달라졌습니다. 목사의 헌신을 본 교우들 역시 물심양면으로 교회를 위해 헌신하여 어려운 재정 문제가 해결되었습니다.

2. 믿음은 말씀 위에 뿌리를 내려야 합니다

로마서 10:17
그러므로 믿음은 들음에서 나며 들음은 그리스도의 말씀으로 말미암았느니라

Q. 로마서 10:17에서 믿음은 어디로부터 난다고 했습니까?
그리스도의 말씀을 들음으로.

그리스도인의 믿음은 신념(信念)과는 완전히 다릅니다. 자신의 생각이나 꿈이 이루어질 것을 믿는 것이 신념이라면 그리스도인의 믿음은 하나님 말씀을 믿는 것입니다. 그러므로 하나님 말씀을 자주 읽고, 듣고, 묵상하는 것은 아무리 강조해도 지나치지 않습니다. 거기에서 올바르고 흔들리지 않는 믿음이 생겨나기 때문입니다.

그리스도인의 믿음은 느낌과 다릅니다. 애굽으로 팔려가는 요셉의 기분은 어땠을까요? 반대로 소돔으로 이사 가는 롯의 기분은 어땠을까요? 아마 콧노래를 불렀을지도 모릅니다.

그러나 그들의 영적인 실상은 그들의 느낌과는 정반대였습니다. 그러므로 그리스도인들은 기분이나 느낌이 아니라 말씀에 의지하는 법을 배워야 합니다.

제가 설교에 대한 열등감에 시달리던 어느 날 묵상하게 된 말씀이 고린도전서 1장 27-29절이었습니다.

"하나님께서 세상의 미련한 것들을 택하사 지혜 있는 자들을 부끄럽게 하시고 세상의 약한 것들을 택하사 강한 것들을 부끄럽

게 하신다"는 말씀이었습니다. 내용은 아는 내용인데 제 마음에는 와 닿지 않았습니다. 그때 제가 알고 있는 말씀이 곧 제 믿음이 아니라는 사실을 깨달았습니다. 제 마음속에는 하나님께서도 유능한 사람을 택하여 쓰실 것이라고 생각하고 있음을 알았습니다. 이 말씀을 가지고 3일을 고민하다가 결국 "이 말씀을 믿겠습니다."라고 고백하는데 눈물이 났습니다. 말씀을 받아들이는 순간 제 마음속에는 혁명이 일어나는 것 같았습니다. 그 후 저는 설교자로서 열등감에서 벗어날 수 있었습니다.

대전에서 부흥회를 인도할 때의 일입니다. 마지막 날 새벽집회의 헌금 시간에 부고가 올라왔습니다. 교회에 장례가 생겨 장례 광고를 해달라고 하는 줄 알았습니다. 그런데 그 봉투에 이렇게 적혀있었습니다.

"2011년 2월 10일 밤 9:00 ○○○ 사망하다."

나는 죽고 예수로 사는 사람이라는 설교를 들은 후 그 진리를 결론 삼고 자신의 죽음을 선포한 것이었습니다. 처음에는 깜짝 놀랐지만 사연을 알고 난 후 집회에 참석한 모든 사람이 웃었습니다.

나는 죽고 예수님이 내 안에 사신다는 말씀이 잘 느껴지지 않는 사람도 있을 것입니다. 그러나 믿음은 자신의 생각이나 느낌에 의존하는 것이 아니라 진리를 결론으로 삼는 것입니다.

3. 말 한마디도 믿음으로 해야 합니다

민수기 13장 25-33절을 보면 가나안 땅을 정탐하고 돌아온 정탐꾼들의 보고가 나옵니다. 우리가 아는 것처럼 여호수아와 갈렙을 제외한 10명의 정탐꾼은 매우 부정적인 보고를 합니다. 성읍이 크고 사람들이 강해 도무지 가나안 땅에 들어갈 수 없다는 것이었습니다. 하나님께서는 부정적인 보고를 한 사람들과 그 보고를 듣고 낙심하며 원망한 사람들에게 이렇게 말씀하셨습니다.

> 그들에게 이르기를 여호와의 말씀에 내 삶을 두고 맹세하노라 너희 말이 내 귀에 들린 대로 내가 너희에게 행하리니 민 14:28

하나님께서 귀에 들린 대로 행하신다는 말씀은 불신의 말을 한 사람들에게는 저주입니다. 불신의 말을 한 사람들은 하나님께서 말씀하신 대로 결국 약속의 땅에 들어가지 못하고 광야에서 죽었습니다. 오직 믿음으로 말한 여호수아와 갈렙만 약속의 땅에 들어갔습니다.

그러므로 우리는 믿음으로 말하는 법을 배워야 합니다. 말을 할 때도 "나는 죽었습니다."를 고백해야 합니다. 우리의 입에서는 언제나 부정적인 말, 인간적인 말, 계산적인 말이 나오기 쉽기 때문입니다.

Q. 다음 질문을 읽고 답을 써보세요.

1. 이사야 6:5-7에서 이사야가 하나님을 만나고 가장 먼저 회개한 것은 무엇입니까?

   입술이 부정한 사람이라는 것.

   _____

2. 잠시 당신의 언어 습관을 살펴보세요. 하나님을 믿는다면 도무지 할 수 없는 말을 한 적이 있습니까?

   _____

   _____

   _____

   _____

이사야 6:5-7

⁵그 때에 내가 말하되 화로다 나여 망하게 되었도다 나는 입술이 부정한 사람이요 나는 입술이 부정한 백성 중에 거주하면서 만군의 여호와이신 왕을 뵈었음이로다 하였더라 ⁶그 때에 그 스랍 중의 하나가 부젓가락으로 제단에서 집은 바 핀 숯을 손에 가지고 내게로 날아와서 ⁷그것을 내 입술에 대며 이르되 보라 이것이 네 입에 닿았으니 네 악이 제하여졌고 네 죄가 사하여졌느니라 하더라

4. 믿음의 훈련을 기쁘게 받아야 합니다

우리의 육체가 성장하는 것처럼 우리의 믿음도 성장합니다. 그러나 시간에 따라 무조건 믿음이 성장하는 것은 아닙니다. 믿음으로 살지 않으면 10년이 지나도 똑같은 믿음에 머물러 있을 수밖에 없습니다. 그러나 하나님 말씀에 따라 믿음의 실험과 도전은 하면 할수록 믿음이 성장하게 됩니다.

하나님께서 이스라엘 백성이 홍해를 건너게 하실 때와 요단강을 건너게 하실 때 그 방법을 다르게 하셨습니다. 홍해를 건널 때는 홍해를 완전히 갈라놓으신 후에 이스라엘 백성이 건너게 하셨습니다. 그러나 요단강을 건널 때는 한 발을 먼저 강에 들여놓으

라고 하신 후, 물이 갈라지게 하셨습니다. 먼저 믿음으로 순종할 것을 요구하신 것입니다.

선한목자교회가 건축을 마치기 전에 일본에 있는 형제교회인 동경 중앙영광교회에서 신주쿠에 예배당을 새롭게 마련하는 일로 급한 기도요청이 왔습니다. 건축비 20억 원 중 헌금과 은행 융자로 15억 원은 마련되었는데 모자라는 5억 원이 마련되도록 기도해 달라는 것이었습니다. 당시 저희 교회 형편도 매우 어려웠습니다. 기존의 건축 부채도 감당하기 어려운 수준이었고 아직 마무리되지 않은 본당 완공을 위해서는 부채만큼이나 큰 금액이 더 필요한 형편이었습니다. 그래서 교회 재정으로 일본 교회를 도울 수 있다는 생각은 하지도 못하고 기도만 하고 있었습니다. 그런데 일본에서는 상황이 더 다급해졌다는 소식이 들렸습니다. 계약 마지막 달이 되었는데 5억 원이 해결될 기미가 보이지 않는다는 것입니다.

기도하는 중에 '우리 교회의 문제는 하나님께서 해결해 주셔야 할 일이니 걱정한다고 되는 문제가 아니고, 우리에게 가진 돈은 없지만 빚지는 능력은 있지 않느냐!' 하는 생각이 들었습니다. 5억 원은 큰돈이지만 이미 가지고 있는 부채에 5억 원이 더 더해진다 해도 달라질 것이 없다는 생각이 들었습니다. 그래서 교회 장로들과 의논하면서 빚을 내서라도 일본 교회 예배당을 마련하도록 지원하자는 의견을 냈습니다. 장로들과 교우들이 모두 흔쾌히 동의해 주어서 건축비를 지원할 수 있었습니다. 우리가 이렇게 할 수 있었던 것은 하나님이 하신다는 믿음이 있었기 때문입니다. 저는 이 일로 선한목자교회 건축도 잘 마무리되도록 하나님께서 도와주셨다고 믿습니다. 불가능한 일이 믿음을 통하여 이루어진 것입니다.

누구나 처음부터 큰 믿음을 가진 사람은 없습니다. 힘들고 어려워도 하나님이 하라고 말씀하신 대로 살아야 합니다. "나는 죽었습니다!"를 믿음으로 고백하고 말씀대로 순종해야 합니다. 그러면 반드시 믿음의 눈이 뜨이게 되고, 그 믿음을 통해 하나님께서 하시는 일을 경험하게 됩니다.

Q. 당신의 생활 가운데 믿음의 훈련이 필요한 영역은 어떤 부분입니까?

04
8단원

24시간 예수님을 바라보라

믿음의 주요 또 온전하게 하시는 이인 예수를 바라보자
그는 그 앞에 있는 기쁨을 위하여 십자가를 참으사 부끄러움을
개의치 아니하시더니 하나님 보좌 우편에 앉으셨느니라
히브리서 12장 2절

4과 핵심요약

❶ 죄, 부정적 자아상과 상처, 세상의 가치관은 믿음을 무너뜨리는 장애물들이다.

❷ 예수님을 바라보는 것이 믿음이 생기는 놀라운 원리이다.

❸ 하루 종일 우리 안에 계신 예수님을 생각하고 동행하는 것이 24시간 예수님을 바라보는 것이다.

❹ 주님 바라보는 삶을 통해 예수님의 임재가 실제가 되면 삶이 바뀐다.

많은 그리스도인이 온전한 믿음을 갖고 싶어 하지만 믿음이 생기지 않는다고 말합니다. 왜 우리에게는 다윗이나 사도 바울처럼 용사의 믿음이 생기지 않는 것일까요? 우리 안에 믿음을 무너뜨리는 장애물들이 있기 때문입니다.

믿음의 장애물 1 : 죄

죄는 하나님으로부터 오는 은혜를 가로막는 최대의 장애물입니다.

1907년 평양 장대현교회 신년연합집회 때 교회 수석장로였던 길선주 장로가 온 회중 앞에서 친구가 유언하며 맡긴 돈 200원

중에 100원을 가로챈 사실을 고백하고 회개했습니다. 그때 성령 충만함이 임했다고 합니다.

믿음의 장애물 2 : 부정적 자아상과 상처

믿음은 들음에서 난다고 했습니다. 성경적인 믿음만 들음에서 나는 것이 아니라, 안 된다는 부정적인 믿음도 들음에서 납니다. 우리가 다른 사람으로부터 "너는 왜 이것밖에 못하니?", "너는 왜 하는 짓이 그 모양이니?", "나가 죽어라!"라는 부정적인 메시지를 오랫동안 듣게 되면 열등감이라는 믿음의 장벽이 생기게 됩니다.

다른 사람으로부터 받은 상처가 치유되지 않을 때 그것이 믿음의 장애물이 되기도 합니다. 예를 들어 육신의 아버지에 대한 깊은 상처를 가지고 있는 사람은 하나님을 아버지라고 부르며 친밀한 관계를 맺는 것에 어려움을 겪는 경우도 있습니다.

믿음의 장애물 3 : 세상의 가치관

세상은 하나님에 대한 불신으로 가득 차 있습니다. 교회는 다니지만 여전히 불신앙적인 생각과 가치관에 사로잡혀 사는 사람이 많습니다. 사랑이 제일이라는 말씀을 알고 있지만 실제로는 힘이나 돈을 제일 중요한 가치로 여깁니다. 교회의 직분도 섬기는 자리로 생각하지 않고 권위를 행사하는 자리로 생각합니다. 거룩하게 사는 것보다 불법과 편법을 이용하더라도 성공하는 것을 중요하게 생각합니다. 주님과의 교제를 통해서 누리는 기쁨보다는 세상의 즐거움을 더 좋아합니다. 이렇게 우리가 세상의 가치관에 사로잡혀 있으면 결코 믿음이 성장하지 못합니다.

예수님에 대한 믿음이 없었던 아버지가 아들의 목사 안수식에 참석했습니다. 〈주 예수보다 더 귀한 것은 없네〉라는 찬송을 부르는 순간이었습니다. '세상의 모든 즐거움과 자랑을 다 버렸다.'라는 부분에서 아버지가 그렇게 우시더랍니다. 목사가 되는 아들이 '이제는 정말 세상 즐거움을 다 버려야 하는구나.' 하는 생각이 들었기 때문이었을 것입니다. 그런데 아버지가 우는 모습을 보고 옆에 있던 딸이 이렇게 말했답니다.

"아버지가 너무 심각하게 생각하시는 거예요. 사람들을 보세요. 여기 있는 사람들 중에 그렇게 심각하게 생각하고 찬송을 부르는 사람이 없잖아요!"

Q. 당신 안에 있는 믿음의 장애물은 무엇입니까? 자세히 써보세요.

그렇다면 어떻게 믿음의 장애물들을 넘어서 온전한 믿음을 가질 수 있을까요? 하나님께서는 여러 가지 믿음의 장애물에도 불구하고 믿음이 생기는 놀라운 원리를 가르쳐주셨습니다.

Q. 히브리서 12:2에서 우리가 예수님을 바라보아야 하는 이유는 무엇이라고 말합니까?

예수님은 우리의 믿음의 주인이시고 믿음을 온전하게 하시는 분이시기 때문에.

히브리서 12:2
믿음의 주요 또 온전하게 하시는 이인 예수를 바라보자 그는 그 앞에 있는 기쁨을 위하여 십자가를 참으사 부끄러움을 개의치 아니하시더니 하나님 보좌 우편에 앉으셨느니라

히브리서 12장 2절 앞부분을 새번역 성경에서는 "믿음의 창시자요 완성자이신 예수를 바라봅시다."라고 번역하고 있습니다. 우리 안에서 믿음을 창조하시는 분도 예수님이시고 그것을 완성하실 분도 예수님이시라는 뜻입니다. 그렇기 때문에 우리가 예수님을 바라봐야 한다는 것입니다.

예수님께서 우리 안에 오셨다는 것을 정말 믿는다면, 항상 예수님을 바라보고 사는 것이 정상입니다. 그러나 많은 그리스도인이 하루에 한 번도 예수님을 생각하지 않습니다. 주일날 교회에 와서 예배드릴 때는 주님을 생각합니다. 하지만 예배가 끝나고 교회를 나가는 순간, 마치 전기 스위치가 꺼지는 것처럼 주님에 대한 의식도 꺼져버립니다. 그렇게 살다가 주일에 와서 예배를 드리며 잠시 주님을 생각합니다. 그러고는 다시 주님을 잊어버립니다. 문제가 있을 때는 주님을 바라보지만 문제가 사라지면 주님에 대

한 의식도 사라집니다.

온전한 믿음 가운데 서려면 24시간 예수님을 바라보겠다는 결단을 해야 합니다. 24시간 예수님을 바라본다는 것은 하루 종일 우리 안에 계신 예수님을 생각하고 동행하는 삶을 사는 것을 말합니다. 아침에 일어날 때, 주님의 이름을 부르면서 일어나는 것입니다. 다른 사람을 만날 때도, 밥을 먹을 때도, 일을 하면서도, 잠을 자기 전에도 주님을 생각하는 것입니다.

성결교단의 유명한 부흥사였던 이성봉 목사는 늘 왼손을 주먹 쥐고 다녔다고 합니다. 주위 사람들이 왜 그렇게 하느냐고 물으면 "주님의 손을 잡고 가는 거야!"라고 대답했다고 합니다. 그는 주먹을 쥐고 다니는 방법으로 항상 자신과 함께 계신 주님을 의식했던 것입니다.

24시간 예수님을 바라보는 가장 좋은 방법은 예수동행일기를 쓰는 것입니다. 주님을 의식하는 일기를 쓰는 것입니다. 교회사를 보면 아우구스티누스, 존 웨슬리, 조나단 에드워즈, 데이비드 브레이너드 등 영적인 거장들도 모두 일기를 썼습니다. 일기를 쓰면서 주님을 바라보며 교제했던 것입니다.

예수동행일기는 예수님을 마음에 왕으로 모시는 놀라운 방법입니다. 예수님이 우리 안에 오셨다는 것은 예수님께서 우리의 왕이 되셨다는 뜻입니다. 그러나 많은 그리스도인에게 예수님의 왕 되심이 분명하지 않습니다. 음식 중에 오물이 들어 있다면 그것을 먹을 사람이 누가 있겠습니까? 누군가 허락 없이 우리가 사는 집에 들어와 잠을 자고 있다면 그것을 허용할 사람이 누가 있겠습니까? 그런데 많은 사람이 몸보다 귀하고 집보다 귀한 마음은 방치하고 살고 있습니다. 우리가 주님이라고 부르는 예수님이 계시다는 그 마음에 온갖 악하고 더러운 생각들을 받아들이며 살고 있습니다. 그 결과 마음에 미움, 짜증, 염려, 분노, 혈기, 음란함 같은 쓰레기가 가득하게 되는 것입니다.

저는 2008년부터 24시간 예수님을 바라보는 훈련을 하면서 그 구체적인 방법으로 예수동행일기를 썼습니다. 그런데 처음 예수동행일기를 쓰면서 제 영적 상태에 적잖이 놀랐습니다. 다음은 그날의 일기입니다.

"나는 24시간 주님을 바라보는 실험을 하면서 나의 영적 상태에 놀랐다. 내가 사람을 대하거나 예배를 드리거나 설교 준비를 하거나 회의를 하거나 가족들과 식사할 때, 나는 보고 듣는 감각에만 반응한다는 것을 깨달았다. 보이지 않는 예수님은 전혀 생각하지 않았다. 설교 준비를 할 때도 예수님을 바라보기보다는 설교를 잘해야 한다는 생각뿐이었고, 설교 준비에 지치면 인터넷 뉴스를 검색하는 등 이런저런 일로 시간을 보냈는데, 인터넷 뉴스에 들어간 횟수만도 20회가 넘었다. 그리고 혼자 있을 때, 나는 수시로 헛된 상상에 빠지고, 무의식적으로 TV를 켜거나 이런저런 책을 뒤적거리고, 그렇지 않으면 잠을 잤다. 혼자 있을 때 예수님을 바라봐야 한다는 생각조차 하지 않고 지냈다. 충격이다."

그러나 24시간 예수님을 바라보는 훈련을 시작한 지 수년이 지난 지금은 제 자신도 놀랄 정도로 달라졌습니다. 예수님을 바라보는 것이 처음에는 어려웠지만 지금은 자연스러워졌습니다. 사람을 만날 때도, 일을 할 때도 주님을 바라보게 되었습니다. 예수님께서 나와 함께 계시고 예수님께서 나의 삶을 인도하고 계시는 것이 분명하게 믿어졌습니다. 무슨 일을 해도 주님께 묻고 상의하게 되었습니다. 주님을 바라보는 삶을 통하여 저의 믿음이 달라진 것입니다.

예수님께서 나와 함께 계신다는 것이 분명히 믿어지면 삶이 바뀝니다. 예수님이 실제로 내 눈앞에 계시다면 죄짓고, 혈기부리고, 걱정하고 염려할 사람이 누가 있습니까? 주님을 바라보는 삶을 통해 예수님의 임재가 실제가 되면 그렇게 끊어지지 않던 습관적인 죄가 끊어집니다. 자신도 다스리기 어려웠던 마음의 혈기, 분노가 다 사라집니다. 습관처럼 따라다니는 걱정, 염려가 없어집니다. 어려운 상황과 여건이 달라지지 않아도 감사하고 기뻐할 수 있게 됩니다. 이것이 믿음으로 사는 사람이 누리는 복입니다.

Q. 다음 질문을 읽고 답을 써보세요.

1. 당신은 하루에 어느 정도 예수님을 바라봅니까? 하루 24시간 중에 몇 퍼센트나 예수님을 생각합니까?

   _____
   _____

2. 예수님을 바라보고 살지 못한다면 가장 큰 이유는 무엇입니까?

   _____
   _____
   _____
   _____

3. 예수님을 바라보는 삶을 훈련하기 위해 당신은 무엇을 결단하겠습니까?

   _____
   _____
   _____
   _____
   _____

05 염려가 맡겨질 때까지 예수님을 바라보라

8단원

> 너희 염려를 다 주께 맡기라
> 이는 그가 너희를 돌보심이라
> 베드로전서 5장 7절

5과 핵심요약

❶ 믿음의 반대말은 두려움과 염려이다.
❷ 염려를 해결하는 길은 주님께 염려를 맡기는 것뿐이다.
❸ 믿음은 예수님을 바라볼 때 생기는 것이다.
❹ 염려가 떠나가기까지 주님을 바라보아야 한다.

많은 성도가 자신도 의식하지 못한 채 염려를 붙잡고 살아갑니다. 염려가 왜 문제인지 모르기 때문입니다. 염려한다는 사실 때문에 문제가 해결된다면 얼마나 좋겠습니까? 그러나 염려는 삶의 문제를 해결하는 데 아무런 도움이 못됩니다.

> 너희 중에 누가 염려함으로 그 키를 한 자라도 더할 수 있겠느냐 마 6:27

염려는 문제해결에 도움이 되지 않을 뿐만 아니라 우리 삶에 심히 나쁜 영향을 미칩니다.

누가복음 21:34
너희는 스스로 조심하라 그렇지 않으면 방탕함과 술취함과 생활의 염려로 마음이 둔하여지고 뜻밖에 그 날이 덫과 같이 너희에게 임하리라

Q. 누가복음 21:34을 보면 말세에 성도들이 조심해야 할 것은 무엇입니까?
　방탕함과 술 취함과 생활의 염려

우리는 술 취하고 방탕한 생활은 당연히 문제라고 여기지만 생활의 염려를 문제라고 여기지는 않습니다. 그러나 성경은 술 취함과 방탕함을 염려와 동일한 문제로 보고 있습니다.

사람들은 믿음의 반대말을 불신이라고 생각합니다. 그러나 믿음의 반대말은 두려움과 염려입니다.

딸아이를 키우면서 병원에 데려가 주사를 맞혀야 할 때가 있었습니다. 병원 가는 날이면 딸아이는 벌써부터 표정이 우울하고 아침도 잘 먹지 않습니다. 어느 날인가는 의사가 딸아이를 보고 "주사를 안 맞아도 된다."라고 말하니 너무나 기뻐하는 것을 보았습니다. 주사 맞을 일이 염려되었던 것입니다. 아무것도 아닌 주사, 오히려 자기 몸에 유익한 것인데도 어린아이 마음에는 염려가 되고 있었습니다. 그리고 그 염려는 아이의 모든 기쁨을 가져가고, 입맛도 없게 만들고, 하루 종일 시달리게 했습니다.

우리의 염려가 꼭 이와 같습니다. 염려하는 우리를 바라보시는 하나님의 심정이 꼭 이와 같습니다.

염려는 윤리적인 죄는 아니지만 하나님과의 관계를 깨뜨리는 영적인 죄입니다. 예수님은 우리를 고아로 버려두지 않겠다고 약속하셨습니다(요 14:18). 우리에게는 우리의 삶을 책임져주실 하나님 아버지가 계십니다. 그런데 그것을 믿지 못해서 늘 불안과 염려에 사로잡혀 산다고 생각해보세요. 그것은 우리가 하나님의 자녀가 아니라고 고백하는 것과 마찬가지입니다. 자녀에게 무시

당하는 부모의 심정이 어떻겠습니까? 그런 이유로 하나님께서는 성도들이 염려하는 것을 싫어하시는 것입니다.

　마음에 생활의 염려가 가득한 사람은 아무리 은혜로운 말씀을 들어도 소용없습니다. 말씀을 들어도 그것이 삶의 열매로 이어지지 못합니다. 신앙생활을 10년, 20년을 해도 신앙이 성숙해지지 못합니다. 염려가 우리 안에 말씀이 뿌리를 내리고 자라는 것을 가로막기 때문입니다(마 13:22).

　염려는 그리스도인으로 하여금 하나님 나라에 집중하지 못하게 하는 사탄의 전략입니다. 그리스도인은 많지만 하나님 나라를 위하여 헌신하는 사람은 적습니다. 생활의 염려에 사로잡혀 살기 때문입니다. 우리의 힘은 한정되어 있기 때문에 염려하면 할수록 하나님 나라를 위하여 일할 여력이 없어집니다. 우리가 염려하며 살다가 하나님 앞에 서게 된다면 아마도 '나는 하나님 나라를 위해서 아무것도 한 것이 없구나!'라고 깨닫게 될 것입니다. 하나님 앞에서 그것이 얼마나 부끄러운 일이겠습니까?

　그렇다면 어떻게 염려를 해결할 수 있을까요? 많은 사람이 염려를 내려놓으려고 애를 씁니다. 그러나 노력한다고 염려하지 않을 수 있는 것은 아닙니다. 노력해서 염려하지 않을 수 있다면 아예 처음부터 염려할 필요가 없었을 것입니다. 염려는 타락한 본성에서 자연스럽게 흘러나오는 것이기 때문에 사람의 노력으로는 극복할 수 없습니다.

여자 성도들과 제자훈련을 할 때였습니다. 한번은 앞으로 한 주간 동안 염려하지 말고 살아 보자는 숙제를 내주었습니다. 그리고 일주일 후에 제자훈련 시간에 한 집사에게 어떤 결과가 있었는지 나눌 것을 요청했습니다. 그런데 그가 하는 말은 뜻밖이었습니다.

"목사님, 저 지난 한 주간 동안 정말 죽는 줄 알았어요. 목사님, 저는 남편 때문에 늘 염려가 많았습니다. 남편이 손대는 일마다 실패를 했기 때문이죠. 그런데 지난주에 제 남편이 뭔가 새로운 일을 해보겠다고 또 나서지 않겠어요? 목사님은 염려하지 말고 살라고 하셨지만 지난 한 주간 동안 저는 염려를 하지 않을 상황이 아니었어요. 이러지도 저러지도 못하면서 한 주간을 보냈는데 정말 죽을 것 같더라고요. 차라리 마음껏 염려라도 하면 마음이 편할 것 같은데 염려를 하지 말라는 숙제 때문에 염려도 못하겠고…. 목사님, 저는 아무래도 '염려 체질'인 것 같아요. 오늘로서 숙제는 끝났으니까 이제부터는 염려라도 마음껏 해야겠다는 생각이 들 정도예요."

Q. 다음 질문을 읽고 답을 써보세요.

1. 베드로전서 5:7에서 말하는 염려를 해결하는 방법은 무엇입니까?
   염려를 주께 맡기는 것.

베드로전서 5:7
너희 염려를 다 주께 맡기라 이는 그가 너희를 돌보심이라

2. 당신은 염려를 얼마나 주님께 맡기고 살고 있습니까?

염려를 해결하는 길은 주님께 염려를 맡기는 것뿐입니다. 그러나 정말 주님께 염려를 맡길 수 있을까요? 만약 통장에 우리가 마음대로 꺼내 쓸 수 있는 돈이 들어있다고 생각해보세요. 돈으로 해결 가능한 웬만한 문제에 대해서는 염려하지 않을 것입니다. 돈에 염려가 맡겨졌다는 말입니다.

우리와 함께하시는 주님을 믿는 만큼 우리는 주님께 염려를 맡길 수 있습니다. 빛이 임하면 어둠이 사라지듯이 믿음이 임하면 마음 안에 있던 염려가 사라지게 됩니다. 그러나 이 믿음은 그냥 생기지 않습니다. 믿음은 우리가 예수님을 바라볼 때 생기는 것입니다(히 12:2).

우리가 예수님을 바라볼수록 믿음은 더 커지고, 우리의 믿음이 커질수록 염려는 점점 줄어듭니다. 예수님을 바라보는 만큼 염려가 주님께 맡겨지는 것입니다. 염려가 떠나가기까지 주님을 바라봐야 합니다. 기도할 때도 문제를 바라보지 말고 주님을 바라보고 기도해야 합니다. 많은 사람이 기도하면서도 염려하고 걱정합니다. 문제만을 바라보며 기도하기 때문입니다. 우리가 정말 주님을 바라보며 기도하면 환경이 달라지지 않더라도 그것이 더 이상 문제가 되지 않습니다. 주님께서 우리의 마음과 생각을 평강으로 지켜주시기 때문입니다.

> 아무 것도 염려하지 말고 다만 모든 일에 기도와 간구로, 너희 구할 것을 감사함으로 하나님께 아뢰라 그리하면 모든 지각에 뛰어난 하나님의 평강이 그리스도 예수 안에서 너희 마음과 생각을 지키시리라 빌 4:6-7

예수님을 바라보고 사는 사람에게는 신앙생활처럼 쉬운 것이 없습니다. 의식주 문제, 건강 문제, 자녀 문제, 장래 문제 등 모든 문제를 주님께 맡기고 살 수 있습니다. 마음이 그렇게 평안하고 기쁠 수 없습니다.

염려를 주님께 맡기면 하나님 나라를 위하여 살 수 있는 힘이 생깁니다. 진정한 의미에서 복 있는 삶을 살 수 있게 되는 것입니다.

몇 년 전에 소천하신 이상춘 장로라는 분이 있었습니다. 그는 교정직 공무원으로 일하시다가 은퇴 이후에도 여주교도소에서 재소자들에게 복음을 전하는 삶을 살았습니다. 그런데 그가 간암에 걸려 생명이 얼마 남지 않았다는 시한부 선고를 받았습니다. 그는 회복될 가능성이 없는 수술을 받고 항암 치료를 받으며 침대에 누워 있느니 죽는 날까지 재소자들에게 복음과 사랑을 전하기로 마음먹었습니다.

집에서부터 여주교도소까지는 버스로 왕복 네 시간이나 걸리는 거리였습니다. 이것은 건강한 사람들에게도 어려운 일이었습니다. 그런데 재소자들을 만나기 위해 버스를 타고 가는 길에 하나님께 이런 고백을 올려드렸다고 합니다.

"제 인생에서 꼭 한 번 해보고 싶고, 가져보고 싶고, 되어보고 싶은 것이 많았지만 그 가운데 이루어진 것은 하나도 없습니다. 그렇지만 지금 제 마음은 그 모든 것을 가져보고, 되어보고, 다해본 사람들보다 몇 배나 행복합니다. 이 처지에, 이 땅에서 보람을 느끼며 할 일이 아직 남아있고 죽음 이후에는 천국이 보장되어 있기 때문입니다."

그는 힘겨운 투병 중에도 자신의 육신에 대해 걱정하기 보다는 하나님 나라를 위해 살았습니다. 그는 "하나님, 저에게 무슨 일을 시키실 겁니까?"라고 기도하며 자신을 통해 일하시는 놀라운 역사를 기대하며 살았습니다.

이상춘 장로는 병원 진단과는 달리 기적같이 5년을 더 살았습니다. 그는 죽기 전까지 교도소에서 재소자들에게 아가페 교육이라는 것을 통해 예수님을 전했는데, 그 가운데 30%가 예수님을 영접하고 세례를 받았습니다.

Q. 당신이 염려를 맡기고 하나님 나라를 위해 힘써야 할 일이 있다면 무엇입니까?

_____

_____

_____

_____

8단원
믿음으로 사는 사람

소그룹 나눔 | 인도자용

마음열기
(8분)
- 찬양 : 이 눈에 아무 증거 아니 뵈어도 (545장), 오직 믿음으로
- 기도 : 미리 정해진 순서에 따라 모임을 위해 기도합니다.

과제점검
(2분)
- 출석체크, 예습, Q.T여부, 기도생활
- 성경암송 점검 – 히브리서 11:6

  믿음이 없이는 하나님을 기쁘시게 하지 못하나니

  하나님께 나아가는 자는 반드시 그가 계신 것과

  또한 그가 자기를 찾는 자들에게 상주시는 이심을 믿어야 할지니라

도입질문 및
각 과별 진행
(100분)

Q. 여러분이 생각하는 '좋은 믿음'은 무엇인지 나누어주세요.

◐ 일반적으로 생각해 왔던 좋은 믿음에 대한 기준이 사실은 본질적인 믿음과 관계가 없을 수 있음을 말해 줍니다.
함께 나눈 후에 반원들에게 정말 좋은 믿음이 무엇인지 함께 점검하는 시간으로 나아가도록 권면하는 말로 시작하면 좋습니다.

01
당신은 믿음으로 사는가?

Q. 여러분은 지금까지 무엇을 의지하고 인생을 살아왔습니까? 믿음으로 살아왔습니까?

○ 이 질문은 지금까지 살아오면서 '시련이나 문제를 어떻게 해결해 왔는가?'와 관련이 있습니다. 삶에 시련이나 문제가 생겼을 때 가장 먼저 떠오르는 대상이나 해결 방법이 그 사람이 믿고 의지하는 것입니다. 시련이나 문제가 생겼을 때 가장 먼저 떠오르는 것이 무엇이었는지, 그때 어떻게 반응했는지를 함께 질문할 때 반원들의 믿음에 대한 정확한 판단을 할 수 있을 것입니다.

핵심 요약 예수님께서 살아계셔서 나와 함께 계신다는 사실을 알고 그것이 정말 믿어지면 염려와 두려움이 사라지게 됩니다. 세상살이가 아무리 거칠어도 그리스도인이 세상을 이길 수 있는 것은 믿음이기 때문입니다. 하지만 그리스인들도 때로 어려운 문제를 만납니다. 이때 하나님의 사랑을 환경과 상황으로 판단하려는 사람들이 있습니다. 그러나 하나님의 사랑은 환경으로 판단해서는 안 됩니다. 하나님 아버지의 사랑은 이미 예수님께서 십자가에서 확증하셨습니다. 예수님이 우리 안에 계신 것을 믿으면 어려운 고난 속에도 하나님의 사랑이 숨겨져 있다는 사실을 발견하게 됩니다.

02
왜 믿음으로 살아야 하는가?

◐ 치유하심, 기도응답, 승리하는 삶 등이 다 믿음으로 누리게 되는 은혜라는 사실을 분명히 가르쳐야 합니다. 또한 우리의 믿음 없이는 받을 수 있는 은혜가 하나도 없음을 강조해주십시오.

Q. 지금 여러분이 믿음으로 누려야 할 은혜는 어떤 것입니까?

Q. 여러분의 얼굴에는 하나님을 향한 믿음이 나타나고 있습니까? 다른 사람에게 자신의 얼굴 표정이 어떻게 보이는지를 물어보고 답을 쓰세요.

핵심요약 하나님께서 주시는 모든 은혜와 복은 믿음을 통해서만 받습니다. 우리가 그 약속의 말씀을 붙잡고 믿을 때 하나님께서 약속하신 은혜들을 실제로 누릴 수 있습니다. 우리가 믿음으로 순종하면 하나님께서는 우리를 통해 세상에 자신을 드러내십니다. 우리와 함께 계신 예수님을 정말 믿으면 어려운 상황 가운데 있더라도 얼굴에 평온함과 기쁨이 나타납니다.

03
어떻게 하면 큰 믿음을 가질 수 있는가?

Q. 당신의 생활 가운데 믿음의 훈련이 필요한 영역은 어떤 부분입니까?

◐ 훈련 받아야 할 부분을 구체적으로 말할 수 있도록 강조합니다. 인도자가 먼저 자신의 고백을 나누면 좋습니다.

핵심 요약 큰 믿음을 가지려면 자신이 믿음으로 살지 못했던 것부터 회개해야 합니다. 그리스도인의 믿음이란 하나님 말씀을 믿는 것입니다. 믿음은 자신의 생각이나 느낌에 의존하지 않고 진리를 결론으로 삼는 것입니다. 오직 믿음으로 말한 여호수아와 갈렙만 약속의 땅에 들어갔습니다. 그러므로 우리는 믿음으로 말하는 법을 배워야 합니다. 또한 하나님의 말씀에 따라 믿음의 도전을 할수록 믿음이 성장하게 됩니다.

04
24시간 예수님을 바라보라

◐ 죄가 아니더라도 영적 생활을 방해하는 모든 것이 믿음의 장애물임을 설명해주십시오. 예를 들면 인터넷뉴스, 드라마 등 너무 많은 시간을 빼앗기는 것도 해당됩니다.

Q. 여러분 안에 있는 믿음의 장애물은 무엇입니까? 자세히 써보세요.

_____
_____
_____
_____
_____
_____
_____
_____
_____
_____

◐ 예수님을 바라보는 것을 %로 정해보는 핵심은 평소에 예수님을 잘 바라보지 못함을 알도록 해주기 위함입니다. 이를 깨닫고, 예수님을 바라보는 훈련으로 나아가도록 도전하십시오.

Q. 다음 질문을 읽고 답을 써보세요.

1. 여러분은 하루에 어느 정도 예수님을 바라봅니까? 하루 24시간 중에 몇 퍼센트나 예수님을 생각합니까?

_____
_____

2. 예수님을 바라보고 살지 못한다면 가장 큰 이유는 무엇입니까?

3. 예수님을 바라보는 삶을 훈련하기 위해 여러분은 무엇을 결단하겠습니까?

핵심 요약   많은 그리스도인이 온전한 믿음을 갖고 싶어 하지만 믿음이 생기지 않는다고 말합니다. 우리 안에 믿음을 무너뜨리는 장애물인 죄, 부정적 자아와 상처와 세상 가치관이 있기 때문입니다. 이것을 무너뜨리고 온전한 믿음 가운데 서려면 24시간 예수님을 바라봐야 합니다. 24시간 예수님을 바라본다는 것은 하루 종일 우리 안에 계신 예수님을 생각하고 동행하는 삶을 사는 것입니다. 24시간 주님을 바라보는 가장 좋은 방법이 예수동행일기를 쓰는 것입니다. 예수님이 나와 함께 계신다는 것이 분명히 믿어지면 삶이 바뀝니다.

05
염려가 맡겨질 때까지 예수님을 바라보라

◐ 어떤 사람이 믿음으로 사는지 그렇지 않은지 구별하는 기준은 염려입니다. 염려는 예수님을 바라볼 때 떠나가는 것임을 강조해주시기 바랍니다.

Q. 여러분이 염려를 맡기고 하나님 나라를 위해 힘써야 할 일이 있다면 무엇입니까?

핵심 요약 믿음의 반대말은 불신이 아니라 두려움과 염려입니다. 염려는 윤리적인 죄는 아니지만 하나님과의 관계를 깨뜨리는 영적인 죄입니다. 염려를 해결하는 길은 주님께 염려를 맡기는 길뿐입니다. 믿음은 우리가 예수님을 바라볼 때 생깁니다. 우리가 예수님을 바라보면 볼수록 믿음은 커지고 염려는 점점 줄어듭니다. 그래서 염려가 떠나가기까지 주님을 바라봐야 합니다. 염려를 주님께 맡기면 하나님 나라를 위하여 살 수 있는 힘이 생기고 복된 삶을 살 수 있습니다.

마무리
(10분)

1. 함께 기도하기

   • 개인 기도제목을 나눕니다.

   • 인도자가 단원 주제에 맞는 기도제목을 제시하고 개인 기도제목과 함께 기도합니다.

   • 인도자가 마무리 기도하고 주기도문으로 마칩니다.

2. 광고

   • 다음 모임에 대한 안내와 다음 주 공부할 단원을 짧게 소개합니다.

   • 성경암송 과제는 마태복음 13:44 입니다.

   • 9단원 1과에 유언장을 작성하는 것이 나옵니다. 1쪽 분량으로 유언장을 미리 작성해 오도록 안내합니다.

9
소망으로 사는 사람

> 천국은 마치 밭에 감추인 보화와 같으니
> 사람이 이를 발견한 후 숨겨 두고 기뻐하며 돌아가서
> 자기의 소유를 다 팔아 그 밭을 사느리라
>
> 마태복음 13:44

9단원 핵심영상강의
youtu.be/_xnEvkLvdF0

01 죽음을 내다보는 눈 | 02 천국을 바라보는 눈 | 03 흔들리지 않게 하는 소망
04 다가오는 하나님 나라 | 05 소망은 사명이다

01 죽음을 내다보는 눈

9단원

한 번 죽는 것은 사람에게 정해진 것이요
그 후에는 심판이 있으리니
히브리서 9장 27절

1과 핵심요약
❶ 그리스도인은 죽음 너머를 내다보는 눈을 가져야 한다.
❷ 그리스도인은 자신의 죽음을 직시할 줄 알아야 한다.
❸ 죽음을 내다보게 될 때 우리에게 가장 소중한 것을 알게 된다.
❹ 죽음을 내다볼 때 삶의 진정한 지혜가 생긴다.

많은 사람이 죽음에 대하여 생각하기를 꺼려합니다. 그러나 우리 그리스도인들은 자신의 죽음을 직시할 수 있어야 합니다. 죽음 자체가 소중해서가 아니라 죽음을 통해서 우리에게 무엇이 정말 소중한 것인지를 깨닫게 되기 때문입니다.

사람들은 자신이 인생에서 소중한 것이 무엇인지 안다고 생각합니다. 그러나 실제로 우리에게 무엇이 가장 소중한 것인지를 알게 될 때는 죽음을 보게 될 때입니다.

누가복음 12:16-20
16 또 비유로 그들에게 말하여 이르시되 한 부자가 그 밭에 소출이 풍성하매 17 심중에 생각하여 이르되 내가 곡식 쌓아 둘 곳이 없으니 어찌할까 하고 18 또 이르되 내가 이렇게 하리

Q. 누가복음 12:16-20에 나오는 부자가 어리석은 이유는 무엇입니까?

자신의 죽음을 생각하지 않고 살았기 때문에.

1950년대 초, 강원도 어느 깊은 산골에 상수라는 아이가 살았습니다. 어느 날 상수는 큰아버지로부터 노란 고무신 한 켤레를 선물 받았습니다. 상수는 난생 처음 받은 새 고무신이 너무 아까워 그 고무신을 신지 않고 손에 들고 다녔습니다.

어느 날 상수는 개울에서 노란 고무신을 씻다가 그만 한 짝을 놓치고 말았습니다. 고무신은 물살을 타고 떠내려가기 시작했습니다. 상수는 고무신을 건지려고 무작정 개울을 따라 내려갔습니다. 고무신은 계속해서 떠내려갔고 큰 강에 이르렀습니다.

얼마나 오랫동안 고무신을 따라갔는지 상수는 결국 길을 잃고 다시는 집으로 돌아갈 수가 없었습니다. 졸지에 고아 아닌 고아가 된 상수는 온갖 고생을 하며 한 많은 세월을 살았습니다.

어느덧 세월이 흘러 초로의 노인이 된 상수는 〈이산가족 찾기〉라는 TV 프로그램에 나와 굵은 눈물을 흘리며 그때의 상황을 이야기했습니다. 마침 그 시간에 그의 형님이 TV를 보다가 동생을 알아보고 방송국에 연락했습니다.

그렇게 해서 다시 가족과 만나게 되었지만 어머니는 자기를 잃어버리고 난 뒤 얼마 안 되어 돌아가셨고, 늙으신 아버지는 오래 전부터 치매를 앓아 50여 년 만에 다시 만난 자식을 알아보지도 못했습니다. 할아버지가 된 상수는 아무 말도 하지 못하고 하염없이 눈물만 흘렸습니다.

많은 사람이 이 이야기의 주인공처럼 살고 있습니다. 자신의 죽음을 내다보고 살지 못하기 때문입니다.

라 내 곳간을 헐고 더 크게 짓고 내 모든 곡식과 물건을 거기 쌓아 두리라 [19]또 내가 내 영혼에게 이르되 영혼아 여러 해 쓸 물건을 많이 쌓아 두었으니 평안히 쉬고 먹고 마시고 즐거워하자 하리라 하되 [20]하나님은 이르시되 어리석은 자여 오늘 밤에 네 영혼을 도로 찾으리니 그러면 네 준비한 것이 누구의 것이 되겠느냐 하셨으니 진짜 지혜는 죽음을 보는 순간 생깁니다. 우리가 결국 죽는 존재라는 사실만 바로 알아도 인생은 달라집니다. 그렇기 때문에 죽음을 내다보지 못하면 어리석은 삶을 살 수밖에 없는 것입니다.

마산 어느 교회의 목사가 부목사로 섬긴 지 5년째 되던 해 담임목회를 나가기 위해 기도하기 시작했습니다. 그러던 어느 날 손등에 부스럼이 생긴 것을 발견했습니다. 종합병원에 가서 정밀검사를 받았는데 피부암이었습니다. 그래서 담임목회는커녕 부목사직도 내려놓고 항암치료를 받게 되었습니다.

그렇게 항암치료를 받던 어느 날, 충북 음성에 있는 교회에서 주일예배 때 설교를 해달라는 요청이 왔습니다. 그 교회를 담임하던 목사가 미국으로 유학을 떠나면서 후임자로 친구인 이 목사를 추천했던 것입니다. 그 교회 교인들은 담임목사가 추천한 목사가 온다고 해서 잔뜩 기대를 하고 있었습니다. 그러나 막상 주일이 되어 교회에 나타난 목사의 모습을 본 교인들은 크게 실망했습니다. 머리칼은 다 빠지고 뼈만 앙상하게 남은 암 환자였기 때문이었습니다.

그 목사가 주일 설교를 한 후, 교회에서는 다시 담임목사 청빙위원회가 열렸습니다. 그런데 그 자리에서 어느 교인이 오늘 설교한 목사를 담임으로 모시자는 의견을 냈습니다. 어떻게 암 환자이신 분을 담임목사로 모시자고 하느냐며 다들 깜짝 놀랐지만 그 교인은 이렇게 말했습니다.

"오늘 예배 때, 저는 이전에 경험하지 못했던 은혜를 받았습니다. 목사님이 비록 암 환자이시지만 우리가 한 주 설교를 듣고 장례를 치르더라도 우리 교회는 복 받은 것 아니겠습니까?"

결국 교회는 그 목사를 담임으로 모시기로 결정하고 청빙서류를 보냈습니다. 청빙서류를 받은 목사는 울었다고 합니다. 그리고 사모와 함께 기도원으로 들어가 금식기도를 했습니다.

그들은 그 교회에 갈 생각이 없었습니다. 자신들의 처지를 너무 잘 알고 있었기 때문입니다. 다만 그들은 암 환자인 자기를 담임목사로 청빙하겠다는 교인들의 마음이 너무 고마워서 그 교회에 정말 훌륭한 목회자를 보내 달라는 기도를 하고 싶었을 뿐입니다.

그런데 그들이 금식하며 기도하는 과정에서 하나님의 은혜로 암이 치유되는 역사가 일어났습니다. 그는 자신의 병이 치유된 것을 하나님의 계시로 여기고 감사하는 마음으로 교회의 청빙을 받아들였습니다.

죽음을 내다볼 때 중요한 것이 무엇인지 깨닫게 되는 것은 누구에게나 마찬가지입니다. 목사의 설교도 마지막이라고 생각할 때 많은 영감이 있습니다. 꼭 전해야 할 말씀, 정말 중요한 말씀이 무엇인지 깨닫기 때문입니다.

만약 당신의 생명이 유언장을 남길 시간밖에 없다면 어떤 말을 남기시겠습니까?

유언장을 가족들에게 남겨보세요.

유언장

년   월   일

사람들이 유언장을 쓸 때 가장 많이 쓰는 말은 두 가지라고 합니다. "미안해요, 용서해주세요."라는 말과 "사랑해요."라는 말이라고 합니다. 이것은 우리가 죽을 때가 되어서야 비로소 자신에게 가장 소중한 사람이 누구인지, 그 소중한 사람을 얼마나 소홀히 하고 살았는지 깨닫게 된다는 뜻이기도 합니다.

평소에 그렇게 고민하고 중요하게 여겼던 문제들은 정작 유언장을 쓸 때는 생각조차 나지 않는다고 합니다. 이것이 바로 우리가 중요하지도 않은 것들에 매여 시간과 열정을 허비하며 살고 있음을 보여주는 것이 아니겠습니까?

서울 용미리와 벽제 납골당에는 필기대가 있습니다. 그곳에는 사랑하는 사람을 먼저 떠나보낸 유족들의 애틋한 편지가 기록되어 있는데, 편지의 일부가 《눈물의 편지》라는 책으로 나왔습니다. 그 책에는 평소에 사랑하지 못했던 후회가 절절히 기록되어 있습니다.

"여보, … 당신이 내 곁에 없다는 것을 부인하고 또 부인하면서 당신을 부르다가 어느새 눈물이 고이곤 합니다. … 정말 외롭고 힘들 때 당신이 남긴 목소리를 들으며 펑펑 울지만, 나 아직도 시원하게 울지 못했어요. 언젠가는 목놓아 울고 싶어요. 여보, 나 직장에 나가요. 고통스럽고 힘들지만 잘 참아내고 있어요. 일하다가도 당신이 직장 다닐 때 어려운 사정을 왜 이해해주지 못했는지 후회해요. 눈물을 참느라 천장을 쳐다보고 참곤 해요. 하지만 아무리 힘들어도 열심히 살 테니 걱정 마세요."

"당신에 대한 미움 같은 것 이제는 다 없어졌어요. 당신을 미워했던 것, 하나님 앞에 모두 다 속죄하며 살아갈 거예요."

"당신이 떠나기 전 2개월, 그동안 내가 당신에게 했던 모진 말들 때문에 지금 내 마음은 병이 들었어요. 그러나 사실 나는 마음속 깊이 당신을 사랑했어요."

"여보, 나 죽으면 당신에게 가서 무릎 꿇고 빌 거야! 정말 미안해."

"지훈아, 정말 미안하다. 너의 생전에 따뜻하게 못해준 것이 못내 가슴에 걸리는구나. 네가 한 말, 아버지처럼 안 살겠다고 하던 너의 그 말, 영영 지워지지 않는구나."

"아빠, 내가 정말로 아빠에게 하고 싶은 말이 뭔 줄 알아? 아빠를 정말 사랑한다는 말이에요. 그래서 더 미안해요. 한 번도 이런 말 하지 못하고 그렇게 보내드려서 너무 미안해요. 아빠, 가끔 집에 오세요. 딱 한 번만 아빠 품에 안겨보고 싶어."

정말 소중하고 가치 있는 것을 죽음에 이르러서야 깨닫는 것이 얼마나 안타까운 일인지 모릅니다. 그리스도인들은 평소에 죽음을 내다보는 눈을 가져야 합니다. 그래야 나중에 후회하지 않는 삶을 살 수 있습니다. 이것이 소망의 눈을 뜨는 것입니다.

히브리서 9장 27절은 "한 번 죽는 것은 사람에게 정해진 것이요 그 후에는 심판이 있으리니"라고 말씀합니다. 여러분은 마땅히 다가올 죽음을 어떤 모습으로 맞이하겠습니까?

독일 신학자인 디트리히 본회퍼(Dietrich Bonhoeffer)는 세계대전 중에 독일의 수용소에서 나치에게 항거하다가 죽음을 맞았습니다. 어느 날 간수가 문을 두드리고 들어오는데 그는 직감적으로 이것이 자기의 마지막이라는 것을 알았습니다. 그는 벌떡 일어나 감방에 있던 자기의 동지들에게 이렇게 인사를 했습니다.

"동지 여러분! 이제 나에게는 죽음이 왔습니다. 그러나 기억하십시오. 이것은 마지막이 아니고 시작입니다. 주님께서 나를 위해서 예비하신 아버지의 집에서 만날 때까지 여러분! 안녕히 계십시오."

마지막 인사를 하고 감방을 나서는 그에게서 놀라운 평안과 기쁨이 넘쳐났습니다. 그 감옥에 있었던 사람들은 하나님을 신뢰하는 사람의 마지막 모습을 충격과 감동으로 보았습니다.

"내 사전에 불가능은 없다."라고 외쳤던 나폴레옹은 죽음 앞에서 조세핀이라는 여인을 찾았습니다. 조세핀은 나폴레옹을 사랑하는 척하며 다른 남자를 만나던 여인이었습니다. 그런데 나폴레옹은 그 여인을 불렀습니다. 만약 그 사실을 나폴레옹이 알았다면 얼마나 비참했겠습니까?

프랑스 철학자 볼테르는 하나님, 천국, 지옥 등 인간의 이성으로 이해할 수 없는 것은 존재하지 않는다고 주장했습니다. 그러나 그는 죽는 순간에 "나는 이제 지옥으로 간다."라며 소리치고 죽었습니다.

Q. 당신에게 죽음이 임박했을 때 당황하지 않고 침착하게 맞이할 수 있겠습니까?

02

9단원

천국을 바라보는 눈

> 천국은 마치 밭에 감추인 보화와 같으니
> 사람이 이를 발견한 후 숨겨 두고 기뻐하며 돌아가서
> 자기의 소유를 다 팔아 그 밭을 사느니라
> 마태복음 13장 44절

2과 핵심요약

① 예수님을 믿고 받은 가장 큰 복은 천국을 소유한 복이다.

② 예수님은 성도들에게 실제로 천국의 삶을 살게 하시는 분이다.

③ 예수님이 내 안에 계셔 나의 주님이 되시면 우리는 천국을 누리고 살게 된다.

④ 예수님의 임재를 사모하고 즐거워하는 사람은 천국을 사는 사람이다.

우리가 예수님을 믿고 받은 복 중에 가장 귀한 것은 천국을 소유한 복입니다. 그리스도인들에게 죽는 것이 복인 이유는 천국이 예비 되어 있기 때문입니다. 그러나 안타까운 사실은 천국에 대한 분명한 소망을 가지고 사는 사람이 많지 않다는 것입니다.

교회에 다니는 사람들에게 "천국 가기를 축복합니다."라고 말하면 모두 "아멘!" 합니다. 그러나 "지금 당장 천국 가기를 축복합니다."라고 말하면 당황하거나 심지어 불쾌하게 생각하는 사람들도 있습니다.

그러나 지금 살고 있는 집보다 더 크고 좋은 집으로 당장 이사하라고 한다면, 지금 당장 더 좋은 학교나 기업에 갈 수 있도록 해준다면 어떻습니까? 아마 다 복이라고 생각할 것입니다.

그런데 왜 지금 천국에 가라는 말을 저주같이 생각합니까? 실

제로는 천국에 대한 소망을 가지고 있지 않은 것입니다. 예수님께서는 천국을 소유한 사람의 심정을 마치 밭에 감추인 보화를 발견한 농부의 심정과 같다고 말씀하셨습니다.

> 천국은 마치 밭에 감추인 보화와 같으니 사람이 이를 발견한 후
> 숨겨 두고 기뻐하며 돌아가서 자기의 소유를 다 팔아 그 밭을 사느니라
>
> 마 13:44

농부는 자신의 재산을 팔아 보화가 감추어진 밭을 샀습니다. 자신의 재산을 다 팔았는데 그는 기뻐했다고 했습니다. 자신이 팔고 희생한 것과는 비교할 수 없는 보화를 얻게 되었기 때문입니다. 이 비유에서 말하는 소망의 핵심은 말할 수 없는 기쁨입니다. 세상 모든 것을 다 잃어도 여전히 기쁜 마음입니다. 아무리 힘들고 어려운 일이 있어도 인내할 수 있는 마음입니다.

세상 살기가 힘들어서 '천국가고 싶어요.' '빨리 죽고 싶어요.' 하는 것은 소망이 아닙니다. 자살이 죄라고 믿기에 죽여 달라고 구하는 소망은 교리를 믿는 것에 불과한 것입니다. 기쁨이 없기 때문입니다.

Q. 다음 질문을 읽고 답을 써보세요.

1. 당신은 죽으면 천국에 갈 확신이 있습니까?

----

2. 천국에 갈 확신 때문에 밭에 감춰진 보화를 발견한 농부처럼 기쁨이 있습니까?

....
....
....
....

저는 어려서부터 천국, 지옥에 대해 들었고 믿었습니다. 저는 죽으면 천국에 간다고 믿었습니다. 저는 그것이 천국 소망인 줄 알았습니다. 그런데 어느 날 밭에 감추인 보화를 발견한 농부의 비유를 묵상하는데 예수님께서 제게 물었습니다.

"너는 보화를 발견한 농부처럼 기쁘냐?"

생각해보니 저는 천국에 갈 것이라고는 믿었지만 솔직히 보화를 발견한 농부처럼 기쁨을 누리지는 못했습니다. 천국을 머리로만 믿었지 예수님과의 인격적인 관계 속에서 천국의 소망을 갖지 못했기 때문입니다.

허드슨 테일러 선교사에게는 어린 딸 그레이시가 있었습니다. 어느 날 우상을 만드는 어느 중국인을 전도하는데 딸이 진심으로 기도하는 모습을 보고 깊이 감동했다고 합니다. 그 중국인은 복음에 아무 관심도 보이지 않았지만, 어린 그레이시는 불쌍한 그 중국인에게 자비를 베풀고 아버지에게 설교할 힘을 달라고 하나님께 계속 기도했습니다. 그토록 감동적인 기도는 들어본 적이 없었습니다. 그런데 1867년 그레이시는 여덟 살에 세상을 떠났습니다. 그 후 허드슨 테일러는 영국 친구에게 편지를 보냈습니다.

"사랑하는 형제여, 주님이 그분의 품이라는 더 순수한 곳에서 꽃을 피우게 하시려고 우리 예쁜 그레이시를 데려갔네. 물론 마음이 너무 아프네. 하지만 소리 높여 찬양하세. 우리 예수님이 모든 것을 아름답게 마무리하셨네. 정원사가 오셔서 장미를 따가셨네."

허드슨 테일러는 딸을 잃은 슬픔 중에도 주님을 찬양했습니다. 천국에 대한 분명한 소망이 있었기 때문입니다.

예수님을 영접한 사람들은 밭에 감추인 보화를 발견한 농부와 같습니다. 그런데도 보화를 발견한 농부처럼 기뻐하고 인내하지 못하고 여전히 보이는 상황에 따라 반응합니다. 상황이 어려우면 근심하고 괴로워하며 답답해합니다.

히브리서 2장 15절에 예수님께서 오신 것은 "죽기를 무서워하므로 한평생 매여 종 노릇하는 모든 자들을 놓아 주려 하심"이라고 했습니다. 많은 사람이 죽기를 두려워하여 마귀에게 종처럼 매여 살고 있습니다. 그러나 하나님 나라가 있다는 것을 아는 순간 그렇게 살 사람은 아무도 없습니다. 소망의 눈이 열리면 근심, 괴로움, 답답함이 다 사라집니다. 가치 판단의 기준이 달라지고 새로운 시각으로 세상을 바라보게 됩니다.

Q. 하나님께서 왜 우리에게 천국의 소망을 주실까요?

세상을 다른 관점으로 살도록 하기 위해서

천국을 바라보는 눈이 열리면 세상을 바라보는 관점이 달라집니다. 거리를 걷다 보면 높고 굉장한 건물들이나 산이 눈에 들어옵니다. 그러나 비행기를 타고 높이 올라가 내려다보면 아무것도 아닙니다. 마찬가지로 천국의 시선으로 보면 큰 집에서 사는 것이나 작은 집에서 사는 것이 별 의미가 없습니다. 외모 때문에 우월감이나 열등감을 가질 필요도 없습니다.

얼마 전 어느 여 권사가 저에게 인사를 하는데 느낌이 이상했습니다. 분위기가 달라졌는데 그게 무엇인지 쉽게 알 수 없었습니다.

"목사님, 제 눈이 조금 이상해졌죠?"

자세히 보니 권사의 눈이 평소보다 커보였습니다. 쌍꺼풀 수술을 했던 것입니다. 그리고 변명하듯이 이렇게 말했습니다.

"다른 교우들이 저만 보면 항상 '눈 좀 뜨고 다니라.'고 놀려대서요."

저는 여 권사에게 "쌍꺼풀이 정말 시원하게 잘 나왔네요."라고 말할 수밖에 없었습니다. 큰맘 먹고 한 수술인데 어떻게 하겠습니까? 그러나 사실 제 마음은 달랐습니다. 저는 그 권사의 눈이 작다고 생각해본 적이 없었습니다. 적어도 제가 아는 한 우리 교회 안에서 그 권사의 가치와 매력은 눈 크기와 아무 상관이 없었습니다. 항상 교우들에게 웃음을 선사하고 온갖 궂은일에 발 벗고 나서는 인품이야말로 모든 교우가 사랑하고 아끼는 그만의 가치이고 매력이었습니다. 그런데 그는 자신의 그런 가치와 매력을 소중히 여기기보다는 남들보다 작은 눈에 대한 깊은 열등감에 사로잡혀 있었던 것입니다.

천국을 바라보는 눈이 열리면 잘 산다는 개념도 완전히 달라집니다. 세상 사람들은 돈이 많고, 좋은 직장에 다니면 잘 산다고 말합니다. 그러나 하나님께서는 예수님과 친밀한 관계 속에서 하나님 나라를 위하여 사는 자를 잘 산다고 하십니다. 예수님을 믿지 않아도 얼마든지 부자가 될 수 있습니다. 세상에서 성공한 것처럼 보일 수 있습니다. 그러나 마지막에 가장 고통스러운 지옥에 가야 한다면 세상에서 누린 부귀영화가 무슨 소용이 있겠습니까?

그런데 왜 예수를 믿는다고 말하는 사람들이 천국에 대한 소망이 희미할까요? 그 이유는 하나입니다. 예수님께서 아직도 나의 왕과 주님이 아니기 때문입니다.

천국은 꼭 죽어서 가는 곳이 아닙니다. 우리가 예수님을 영접하는 순간부터 하나님 나라 백성의 삶을 살기 시작하는 것입니다.

이 때부터 예수께서 비로소 전파하여 이르시되

회개하라 천국이 가까이 왔느니라 하시더라 마 4:17

예수님께서 "천국이 가까이 왔느니라" 하신 말씀은 하나님 나라가 그분 자신을 통하여 이 땅에 임하였다는 의미입니다. 예수님은 다른 선지자들처럼 단순히 천국에 대하여 알리러 오신 분이 아닙니다. 그분은 성도들로 하여금 실제로 천국의 삶을 살게 하시는 분입니다.

천국은 죽어야만 경험할 수 있는 곳이 아닙니다. 세상에 살 때는 지옥같이 살다가 가는 곳이 천국이 아닙니다. 예수님께서 내 안에 계신 것을 알고 예수님이 나의 왕과 주님이 되시면 우리 마음속에 하나님 나라가 임합니다. 왕이신 하나님의 통치가 임하게 되면 그때부터 우리는 천국을 맛보고 누리고 살게 됩니다. 그렇게 이 땅에서부터 천국을 맛보고 누리며 살다가 결국 완전한 천국에 가게 되는 것입니다.

짐 심발라 목사는 천국에 가고자 하는 사람들에게 이런 질문을 했습니다.

"우리가 이 땅에서 하나님의 임재를 경험하려고 애쓰지 않는데 왜 천국에 가려고 하는가? 우리가 지금 이곳에서 하나님의 임재를 즐거워하지 않는다면 천국은 우리에게 천국이 아니다. 이 땅에서 하나님을 애타게 찾지 않는 사람을 왜 하나님께서 천국에 보내시겠는가?"

삶의 모습을 보면 그 사람이 어디로 가는지 알 수 있습니다. 의와 평강과 기쁨과 사랑의 삶을 살고 있는 사람은 천국으로 가고 있는 사람입니다. 그것이 바로 천국의 속성이기 때문입니다. 지금 예수님의 임재를 사모하며 그분과의 교제를 즐거워하는 사람은 천국으로 가고 있는 사람입니다. 천국은 예수님의 영광스러운 교제가 영원히 지속되는 곳이기 때문입니다.

Q. 당신은 천국과 지옥, 어느 곳으로 가고 있는 것 같습니까? 당신의 마음과 삶에 비추어 판단해보세요.

03
9단원

흔들리지 않게 하는 소망

소망 중에 즐거워하며
환난 중에 참으며 기도에 항상 힘쓰며
로마서 12장 12절

3과 핵심요약

❶ 하나님께서는 천국에 대한 소망을 주심으로 유혹과 핍박 앞에서 흔들리지 않게 하신다.

❷ 천국에 대한 소망은 세상을 이기는 능력이다.

❸ 하나님의 자녀는 그리스도를 위하여 당하는 고난을 특권으로 생각한다.

❹ 천국 소망을 가지면 십자가는 영광이요, 기쁨이며 자랑이다.

그리스도인들은 하늘에 속한 사람들입니다. 보이는 현실 세계가 있지만 하나님께서는 현실 세계를 넘어 하나님 나라를 바라보며 살게 하셨습니다. 하나님께서 우리에게 천국에 대한 소망을 주시는 이유는 유혹과 핍박 앞에서 흔들리지 않도록 하기 위함입니다.

소망은 흔들리지 않음과 관련 있습니다. 이 세상이 전부가 아니니 어떤 일이 있어도 믿음의 길에 굳게 서라는 것입니다. 천국에 대한 소망이 없는 사람들은 마귀의 공격에 견딜 수 없습니다. 작은 유혹과 핍박도 견디지 못합니다. 그러나 천국 소망을 품은 사람은 그것을 이길 힘을 갖게 됩니다.

스데반 집사는 돌에 맞아 순교하는 순간 성령이 충만해져서 하나님의 영광과 예수님께서 하나님 우편에 서신 것을 보았습니다 (행 7:56). 천국의 영광을 본 그는 원수를 사랑하고 순교도 감당할 힘이 생겼습니다. 이처럼 천국에 대한 소망은 세상을 이기는 능력입니다.

주기철 목사를 고문하던 형사가 "너 때문에 모든 사람이 어려움을 겪고 교회가 불태워지는 것이 아니냐? 고집부리지 말고 무릎 꿇어 절하라! 성경에도 위에 있는 권세에 순복하라고 했다. 그런데 너는 왜 위에 있는 사람들의 명을 어기느냐?"라고 윽박질렀습니다. 그러자 주기철 목사는 "나는 이 나라의 법을 지킬 것입니다. 그러나 나는 이 땅의 시민이면서 하늘의 시민입니다. 먼저는 만주의 주시며 만유의 왕이신 하나님의 명령이 우선입니다. 하나님께서 하지 말라는 우상숭배는 하지 않을 것입니다. 모양이라도 내지 않을 것입니다. 그렇지만 이 땅의 백성이기도 하니 당신들의 법을 어긴 대가로 나를 죽이시오. 나는 죽음으로 당신들이 만든 법의 대가를 달게 받겠소!"라고 했다고 합니다.

Q. 빌립보서 1:29을 읽고 하나님께서 우리에게 주신 은혜를 쓰세요.
그리스도를 믿는 것과 그리스도를 위하여 고난 받는 것.

빌립보서 1:29
그리스도를 위하여 너희에게 은혜를 주신 것은 다만 그를 믿을 뿐 아니라 또한 그를 위하여 고난도 받게 하려 하심이라

하나님의 자녀에게는 한 가지 분명한 증거가 있는데 그것은 그리스도를 위하여 당하는 고난을 특권으로 생각한다는 것입니다.

하나님께서는 여러분에게 그리스도를 위한 특권,

> 즉 그리스도를 믿는 것뿐만 아니라, 또한 그리스도를 위하여 고난을 받는 특권도 주셨습니다. 빌 1:29, 새번역

외국인이 우리나라 군대에 가고 싶어도 갈 수 없듯이 그리스도를 위해 받는 고난도 아무에게나 주어지는 것이 아닙니다. 오직 하나님 나라 시민권을 가진 사람에게만 주어지는 것입니다. 당신은 그리스도를 위하여 당하는 고난이 특권으로 믿어집니까? 고난을 특권으로 생각할 수 있는 사람은 오직 하나님 나라에 대해 눈이 열린 사람뿐입니다. 실제로 초대교회 성도들은 엄청난 핍박을 받았지만 도리어 그것을 기쁘게 생각했습니다.

> 사도들은 그 이름을 위하여 능욕 받는 일에 합당한 자로 여기심을 기뻐하면서 공회 앞을 떠나니라 행 5:41

주님을 위한 고난도 특권이라고 생각하는 사람들은 자녀들에게도 그 복의 길을 가라고 격려할 수 있습니다. 세상의 부귀영화를 좇는 길보다 어렵더라도 사명의 길을 가라고 말해줄 수 있습니다. 내가 하나님 나라에 눈이 뜨인 사람인지는 그것을 보면 알 수 있습니다.

어느 선교사가 기독교를 박해하는 중동의 한 나라로 가게 되었습니다. 그는 선교하다가 순교할 각오를 하고 있었습니다. 하나님께 서도 기도 중에 "한국보다 더 아름다운 곳을 보여줄 것이다. 이

세상보다 더 아름다운 곳을 보여줄 것이다."라는 확증을 해주셨습니다. 자신은 순교할 각오가 되어 있었지만 열세 살 된 아들과 아홉 살 된 딸이 마음에 걸렸습니다. 그래서 순교할 상황에 대비해야겠다는 생각에 가정 예배 때마다 아이들에게 순교의 복에 대하여 계속 강조했습니다.

그러던 어느 날 예배가 끝난 후 큰아들이 불쑥 "아빠, 걱정하지 마. 하나님께서 아빠가 순교하게 해주실 거야!"라고 말했다고 합니다. 아들은 아빠가 그렇게 좋아하는(?) 순교를 하나님이 허락해 줄 것이라고 아빠를 격려하고 싶었던 것입니다.

우리는 자신은 고생해도 자녀들은 고생시키지 않으려는 마음을 가지고 있습니다. 그러나 그리스도를 위해 살면서 당하는 고난이 특권이라고 믿으면 그 길도 가도록 축복할 수 있습니다. 자녀에게 복의 길을 가게 해주고 싶은 것이 부모의 마음이기 때문입니다.

Q. 당신은 자녀가 오지의 선교사처럼 어려운 길을 가겠다고 하면 축복해 줄 수 있겠습니까? 당신의 솔직한 마음을 써보세요.

천국 소망의 메시지는 노인들보다 청년들을 위한 것입니다. 소망은 온전한 삶, 성결한 삶, 헌신의 삶을 살게 하는 능력입니다. 예수님을 따르며 고난도 당연하다고 믿으면, 그리스도인의 삶은 그 자체가 세상을 향한 메시지가 됩니다.

'정직하게 살다가 가난하게 된다면 하나님 나라에 가서 부요하게 살면 된다. 하나님 말씀을 따라 살다가 세상에서 실패하게 되었다면 하나님 나라에 가서 영광과 상급을 받으면 된다.'

그리스도인들이 이런 믿음의 자세로 살면 반드시 하나님께서 역사하십니다. 어두운 세상에 빛을 비추고, 무너져 있는 세상을 일으켜 세울 사람들이 됩니다. 이것이 그리스도인들이 인생에서 성공하는 참된 길입니다.

천국의 보화를 발견한 사람은 욕심이 없어집니다. 우리가 욕심 때문에 얼마나 많은 일을 그르치고 얼마나 많은 고통을 겪습니까? 욕심을 버리려고 노력도 해보지만 세상의 욕심은 노력한다고 없어지지 않습니다. 그러나 천국 소망을 품으면 욕심이 사라지게 됩니다. 밭에 감추인 보화를 발견한 농부가 자기 소유를 아낌없이 팔았던 것처럼 욕심을 내려놓을 수 있게 됩니다.

중국 여행을 다녀온 어느 목사의 글입니다.

"1991년도에 처음으로 중국을 방문했습니다. 그때는 중국이 이제 막 경제적으로 기지개를 켜기 시작하는 때 같아 보였습니다. 안내하시는 분이 중국도 많이 발전하고 있다는 것을 보여주고 싶어서 저희들을 의류와 가전제품을 판매하는 곳으로 안내해

주셨는데 그것이 그분의 실수였습니다. 많은 가전제품과 의류가 있었지만 하나도 욕심나는 것이 없었습니다. 왜냐하면 우리 한국이 몇 십 년을 앞서 있었기 때문입니다. 저는 벌써 그 백화점에 있는 것보다 훨씬 디자인과 성능이 좋은 것들을 가지고 있었기 때문에 욕심 없는 마음을 가질 수 있었습니다. 저는 그때 '내가 정말 구원의 확신을 가지고 하나님 나라의 삶을 산다면 이 땅에 사는 동안에도 욕심 없이 깨끗한 삶을 살 수 있겠구나.' 하는 생각을 하게 되었습니다."

천국 소망에 눈이 뜨여야 욕심 없이 살 수 있습니다. 천국을 바라보는 눈이 열려야 비로소 자기 유익을 구하지 않고 하나님 나라와 다른 사람의 유익을 구하는 삶을 살 수 있게 됩니다.

제가 철원에서 군목으로 근무할 때, 평생 잊을 수 없는 꿈을 꾼 적이 있습니다. 제가 죽어서 하나님 앞으로 걸어가는 꿈이었습니다. 저 혼자 걸어가는 길이었습니다. 저는 곧 하나님 앞에 서게 될 텐데 '하나님은 나를 어떻게 맞아주실까?' 하는 생각만 했습니다. 그때 소원은 오직 하나였습니다. 하나님이 안아주시면서 "수고하였다. 착하고 충성된 종아!"라고 하시는 그 한마디를 듣는 것이었습니다. 그 말씀만 들을 수 있다면 다른 어떤 것도 다 버릴 수 있을 것 같았습니다. 그렇게 안타까워하다가 깨어보니 꿈이었습니다. 그 후 "나의 유익을 위하여 살지 않겠습니다."라는 것이 저의 일평생 소원이 되었습니다. 그때 나의 유익을 구하며 살았던 것이 얼마나 두려운 일인가를 경험했기 때문입니다. 만약 그 경험이 없었다면 나의 유익을 포기하는 것이 어렵게 느껴졌을 것입니다. 그런데 나의 유익을 구하지 않기로 결단하자 모든 것이 분명해졌습니다. 하나님이 인도하시는 대로 순종하는 것에 대해 모든 갈등이 사라진 것입니다.

나는 죽고 예수로 사는 것이 어렵고, 왕 되신 주님께 완전히 순종하며 사는 것이 어렵게 느껴지는 사람은 소망의 눈을 뜨지 못했기 때문입니다. 천국의 소망을 가지면 십자가는 영광이요, 기쁨이며 자랑입니다. 십자가의 삶은 소망이 넘치는 삶입니다.

Q. 천국에 대한 소망이 당신의 삶에 어떤 변화를 가져왔는지 써보세요.

04

9단원

다가오는 하나님 나라

나라가 임하시오며 뜻이 하늘에서 이루어진 것 같이
땅에서도 이루어지이다
마태복음 6장 10절

4과 핵심요약

❶ 예수님께서 다시 오셔서 다스리시는 나라가 이 땅에 임한다.

❷ 하나님 나라를 보는 눈이 열려야 한다.

❸ 이 땅에 임하는 하나님 나라에 대한 소망이 분명한 사람은 반드시 사명을 깨닫는다.

❹ 하나님 나라를 바라보는 눈이 열리면 결코 세상에 안주하지 않는다.

우리가 죽고 난 뒤 가게 될 천국을 바라보는 눈을 여는 것도 중요하지만, 더 중요한 것은 결국 이 땅에 온전히 임하게 될 하나님 나라에 대해 눈이 열리는 것입니다. 하나님께서는 우리 영혼이 구원받는 순간 왜 우리를 바로 천국으로 데려가지 않으실까요? 예수님의 재림과 함께 임하게 될 하나님 나라 때문입니다.

그리스도인들이 예수님을 믿고 죽게 되면 예비 된 천국에 가게 됩니다. 그러나 하나님의 계획은 거기서 끝나지 않습니다. 예수님께서 다시 오셔서 온 세상을 다스리시며 영원히 왕 노릇하시는 나라가 임하게 될 것입니다. 그 나라를 바라볼 수 있어야 우리가 염세주의에 빠지지 않고 사명이 무엇인지 이해할 수 있게 됩니다.

천국 소망에도 미혹이 있습니다. 천국은 존재하고, 이 세상과 비교할 수 없을 정도로 좋은 곳입니다. 그렇다고 "나는 더 살고 싶지 않아. 죽는 것이 더 좋아. 빨리 천국에 가고 싶어." 하는 것은 진정한 의미에서의 천국 소망이 아닙니다.

누가복음 9장에 보면 예수님께서 어느 날 산에 올라가 놀라운 모습으로 변화되셔서 하늘에 있는 모세와 엘리야와 대화하시는 장면이 나옵니다. 주님과 함께 있던 베드로와 야고보와 요한도 하늘 문이 열리는 것을 보았습니다. 베드로는 자기도 모르게 초막 셋을 짓고 거기에 머무르자고 주님께 말했습니다. 이것이 천국을 본 사람의 자연스러운 반응입니다.

그러나 예수님께서는 다시 그들과 함께 산에서 내려오셨습니다. 산 아래는 귀신들과 괴로움 당하는 아버지와 가족이 기다리고 있었습니다. 주님은 그들을 고쳐주셨습니다. 이것이 예수님께서 우리에게 원하시는 것입니다.

빌립보서 1장 23-24절을 보면 사도 바울은 육신을 떠나 그리스도와 함께 거하기를 원했습니다. 지금 당장이라도 할 수만 있다면 천국에 가기를 소망했습니다. 천국이 얼마나 좋은 곳인지를 알았기 때문입니다. 그러나 사도 바울은 천국에 가는 것보다 더 유익한 것이 있음을 알았습니다. 이 땅에 살면서 땅 끝까지 모든 족속에게 복음을 전해야 할 선교 완성의 사명입니다. 그는 이 땅에 임할 하나님 나라를 바라보고 있었던 것입니다.

예수님이 제자들에게 기도를 가르쳐주셨습니다.

> 나라가 임하시오며 뜻이 하늘에서 이루어진 것 같이
> 땅에서도 이루어지이다 마 6:10

예수님께서는 하나님 나라가 이 땅에서 이루어지도록 기도하라고 말씀하셨습니다. 하지만 그리스도인들 중에 이 기도의 의미를 제대로 알고 있는 사람이 얼마나 될까요? 많은 사람이 이 세상에서 잘 살게 해주시기를 기도하지만 하나님 나라가 임하도록 기도하지는 않습니다. 그러나 하나님 나라를 바라보는 눈이 열리면 기도제목이 달라집니다.

누가복음 17:26-30

²⁶노아의 때에 된 것과 같이 인자의 때에도 그러하리라 ²⁷노아가 방주에 들어가던 날까지 사람들이 먹고 마시고 장가들고 시집가더니 홍수가 나서 그들을 다 멸망시켰으며 ²⁸또 롯의 때와 같으리니 사람들이 먹고 마시고 사고팔고 심고 집을 짓더니 ²⁹롯이 소돔에서 나가던 날에 하늘로부터 불과 유황이 비 오듯 하여 그들을 멸망시켰느니라 ³⁰인자가 나타나는 날에도 이러하리라

Q. 누가복음 17:26-30에서 예수님께서 다시 오실 때 이 땅에서 마주하게 될 현상에 대해 걱정하시는 것은 무엇입니까?

예수님의 다시 오심을 준비하지 못한 채 살고 있는 것.

예수님께서는 자신이 다시 오실 때 사람들이 준비되지 않은 채 살아갈 것을 말씀하셨습니다. 예수님은 특별히 그 시대 사람들이 저질렀던 죄에 대해 언급하지 않고 사람들의 일상생활에 대해 언급하셨음을 주목해야 합니다. 세상에는 온갖 심각한 죄들이 있습니다. 어쩌면 우리는 흉악한 죄는 짓지 않고 있는지 모릅니다. 그러나 우리 자신에게 있어서 더 큰 문제는 일상생활에 대한 태도입니다.

많은 사람이 마치 먹고, 마시고, 학교에 가고, 일하고, 집 사고, 차를 사고, 시집, 장가를 가려고 태어난 것처럼 삽니다. 세상의 삶에 빠져 그것이 유일한 목적이 되었고 그것 때문에 기뻐하거나 염려하며 살아갑니다. 일상생활에 매여 예수님께서 다시 오실 때

를 전혀 준비하지 못하고 사는 것입니다.

터키의 시인 나짐 히크메트가 《신과의 인터뷰》라는 책에서 인간에게 가장 놀라운 점이 무엇인지 묻고 있습니다.

"어린 시절이 지루하다고 서둘러 어른이 되는 것. 그러고는 다시 어린 시절로 되돌아가기를 갈망하는 것. 돈을 벌기 위해 건강을 잃어버리는 것. 그러고는 건강을 되찾기 위해 돈을 다 잃는 것. 미래를 염려하느라 현재를 놓쳐버리는 것. 그리하여 결국 현재에도 미래에도 살지 못하는 것. 결코 죽지 않을 것처럼 사는 것. 그러고는 결코 살아본 적이 없는 듯 무의미하게 죽는 것."

하나님을 믿는 우리가 이렇게 살고 있지는 않은지 점검해야 합니다.

Q. 요한계시록 11:15에서 마지막 때 어떤 일이 벌어질 것이라고 말씀하고 있습니까?

세상 나라가 우리 주와 그의 그리스도의 나라가 되어 그가 세세토록 왕 노릇하실 것.

요한계시록 11:15
일곱째 천사가 나팔을 불매 하늘에 큰 음성들이 나서 이르되 세상 나라가 우리 주와 그의 그리스도의 나라가 되어 그가 세세토록 왕 노릇 하시리로다 하니

성경에서는 분명히 하나님을 대적하는 세상 나라는 반드시 망하고 예수 그리스도가 다시 오셔서 영원히 왕 노릇하실 것이라고 예언합니다. 예수님께서 이 땅에 오심으로 하나님 나라는 이미 시

작되었습니다. 하나님 나라는 현재 진행 중입니다. 하나님 나라가 점점 다가오고 있습니다. 그리고 언젠가는 완전히 임할 것입니다.

> 또 내가 새 하늘과 새 땅을 보니 처음 하늘과 처음 땅이 없어졌고
> 바다도 다시 있지 않더라 또 내가 보매 거룩한 성 새 예루살렘이
> 하나님께로부터 하늘에서 내려오니 그 준비한 것이 신부가
> 남편을 위하여 단장한 것 같더라 계 21:1-2

하나님 나라가 임하면 온갖 더럽고 악한 일들이 이 지상에서 사라지게 됩니다. 비인간적인 일, 음란과 방탕, 모든 슬픔, 눈물, 질병, 아픔, 싸움, 죽음이 없어지게 됩니다. 대신 정의와 사랑이 온 세상에 충만하게 됩니다.

이사야 선지자는 그 세상을 가리켜 송아지와 사자가 함께 뒹굴며 놀고 어린아이가 뱀의 굴에 손을 넣어도 아무런 해가 없는 세상이라고 묘사합니다. 모든 칼과 창은 곡괭이와 삽자루로 바뀌는 날이 옵니다. 전쟁이 필요 없는 나라입니다.

우리가 바라보는 하나님 나라는 인류 역사 이래로 사람들이 도저히 상상할 수 없는 찬란하고 아름다운 나라입니다. 그렇기에 이 나라는 우리의 모든 것을 바쳐도 전혀 아깝지 않은 나라입니다.

하나님 나라가 임하는 것에 대한 소망이 분명한 사람은 반드시 사명을 깨닫게 됩니다. 그 나라를 바라보는 사람은 전도와 선교가 얼마나 중요한지 알게 됩니다. 하나님께서 연약한 우리를 통하

여 이런 나라를 이루신다는 것은 정말 놀라운 일입니다. 그러므로 이 나라를 바라보는 눈이 열리면 결코 세상에 안주하며 살 수 없게 됩니다.

스코틀랜드의 선교사였던 데이비드 리빙스턴은 말년에 잠비아의 깊은 밀림 속에서 연락이 끊어지고 말았습니다. 1871년 헨리 스탠리라는 탐험가가 리빙스턴을 찾아내기 위해 아프리카로 들어갔습니다. 1년 만에 겨우 밀림 속에서 병들어 앓고 있는 리빙스턴을 만났습니다. 식료품과 의약품이 거의 다 떨어진 채 심한 열병을 앓고 있었습니다. 스탠리는 그에게 간절히 권면했습니다.

"선교사님, 아프리카의 복음 사역을 위해서 30년 간 헌신해오셨으니까 이제 그만 하시고 저와 함께 본국으로 돌아가시는 것이 어떻겠습니까?"

그 말을 들은 리빙스턴은 아주 유명한 대답을 했습니다.

"아닙니다. 저에게 아프리카 선교 사역은 헌신이 아니고 오히려 하나님께서 제게 주신 큰 특권입니다. 저는 하나님께서 제게 맡기신 이 영광스러운 일을 생각할 때마다 가슴이 벅차서 견딜 수가 없습니다."

그로부터 약 1년이 지난 1873년 5월 1일, 우리가 잘 아는 대로 리빙스턴은 침대 곁에서 무릎을 꿇고 두 손을 깍지 낀 채 하나님께 기도하는 모습으로 고요히 숨을 거두었습니다.

어느 집사에게 "집사님의 사명에 대하여 생각해보셨습니까?"라고 물었습니다. 그는 "사명이요? 생각해본 적이 없는데요!"라고 말했습니다. 그 집사는 좋은 직장과 직위를 가지고 열심히 살고 있었습니다. 그리고 그 복이 하나님께로 온 것이라고 믿고 있었습니다. 그러나 자신의 사명에 대해서는 생각해보지 않았습니다. 하나님 나라를 바라보는 눈이 열리지 않았기 때문입니다.

Q. 당신의 사명이 무엇인지 알고 있습니까? 하나님 나라를 위하여 무엇을 준비하며 살고 있는지 구체적으로 써보세요.

----

05 소망은 사명이다

9단원

또한 모든 것을 해로 여김은 내 주 그리스도 예수를 아는
지식이 가장 고상하기 때문이라 내가 그를 위하여 모든 것을 잃어버리고
배설물로 여김은 그리스도를 얻고 그 안에서 발견되려 함이니
내가 가진 의는 율법에서 난 것이 아니요 오직 그리스도를 믿음으로
말미암은 것이니 곧 믿음으로 하나님께로부터 난 의라
빌립보서 3장 8-9절

5과 핵심요약

❶ 우리는 이 세상에 투입된 하나님 나라의 독립군이다.

❷ 하나님 나라의 영광을 보게 된 사람은 어려운 사명도 기꺼이 감당한다.

❸ 예수님 안에서 진짜 보화를 발견한 사람은 예수님 한 분으로 충분한 삶을 산다.

❹ 예수님이 우리 마음에 왕이 되시면 어떻게 살아야 할지 분명해진다.

일제강점기에 우리 민족의 한결같은 소망은 독립이었습니다. 지금 우리 믿는 자들의 한결같은 소망은 바로 하나님 나라가 임하는 것이어야 합니다. 그런 의미에서 본다면 우리는 이 세상에 투입된 하나님 나라의 독립군입니다. 세계 곳곳에 있는 모든 교회는 하나님 나라가 임하는 것을 준비하기 위해 세상에 투입된 독립군들이며 동지들입니다. 우리가 "김 집사님! 박 장로님!" 하는 호칭과 함께 "김 동지! 박 동지!" 하며 부를 수 있게 된다면 이 사실은 훨씬 더 실감날 것입니다.

하나님 나라에 대한 소망의 눈이 뜨이면 불평불만이 사라집니다. 때로는 하나님이 불공평하다고 생각을 하는 사람들이 있습니다. 그러나 소망의 눈이 뜨이면 생각이 완전히 달라집니다. 하나님 나라가 임할 때 어려운 환경에서 주님을 위해 일했던 사람들

이 좋은 환경에서 일했던 사람들보다 더 큰 상급을 얻을 것이 분명하기 때문입니다.

일제강점기에 함경도 나남이라는 도시에 여자 거지가 있었습니다. 그 여자는 여기저기서 밥을 빌어먹고 아이들이 돌을 던지며 놀려대도 실실 웃기만 했습니다. 사람들은 그 여자를 정신 나간 거지로 보았습니다. 그런데 일본이 패망하고 그 도시에 소련군이 진주했을 때, 그 여자가 소련군 장교의 군복을 입고 사람들 앞에 나타났습니다. 사실 그녀는 소련군이 그 도시의 상황을 정탐하기 위해 간첩으로 파견한 소련군 장교였던 것입니다. 그녀는 그동안 자신이 정신 나간 거지 행세를 하면서 얻어낸 정보를 바탕으로 도시의 지주나 관리들을 잡아들여 인민재판에 회부했습니다. 소련군 여자 장교는 자기에게 주어진 사명을 감당하기 위해 거지꼴을 하고 사람들의 조롱을 받는 일도 감내했던 것입니다.

소련군 장교라는 자부심 하나 때문에 거지 사명도 감당하는데, 하물며 하나님 나라의 영광을 보게 된 사람이 어려운 사명이라고 불평할 수 있겠습니까? 천국의 보화를 발견하고 하나님 나라가 점점 임하고 있다는 사실을 확신한다면 이렇게 고백하지 않을까 싶습니다.
"주님, 아무도 하지 않겠다는 일이 있다면 제가 하게 해주세요!"
"주님, 아무도 가지 않겠다는 곳이 있다면 저를 보내주세요!"

제가 마흔이 되기 전, 서울의 큰 교회에서 부흥회를 인도한 적이 있습니다. 사실 마흔도 안 된 젊은 목사가 그 교회에서 부흥회를 인도한다는 것은 격에 맞지 않는 일이었지만 감독의 말인지라 순종하는 마음으로 부흥회를 인도했습니다. 교회에서는 저를 위해 최고급 호텔을 숙소로 잡아주었습니다. 그 호텔은 마치 한적한 산속에 있는 고급 별장처럼 보였습니다. 객실은 유럽식으로 꾸며져 있었는데 방이 너무나 아름다워서 눈을 감고 잠을 자기가 아까울 정도였습니다. 그 호텔에 머물면서 '도대체 내가 뭐 길래 이런 호강을 하지?' 하는 생각이 들었습니다.

그때 갑자기 제 머릿속에 할아버지 생각이 떠올랐습니다. 저는 할아버지를 한 번도 뵌 적이 없습니다. 아버지 말씀에 따르면, 할아버지는 한국전쟁 전에 평양 사동교회를 담임하셨습니다. 그러다 전쟁이 터지자 가족들을 모두 남쪽으로 내려보내고 혼자 남아서 교회를 지키셨고 인민군들에게 끌려가 순교하셨다고 합니다.

저는 그것이 깨달아지는 순간 바닥에 무릎을 꿇었습니다. 할아버지는 평생 돌밭을 일구다가 순교하셨지만 그 상급을 제가 대신 누리고 있다는 사실을 깨달았기 때문입니다. 그날 이후 저는 돌밭 사명이 얼마나 귀한 것인지 알게 되었습니다. 그때까지 저는 소위 말하는 옥토 밭 목회자였습니다. 그러나 그날 이후로는 더 이상 옥토 밭만을 바라지 않게 되었습니다. 옥토 밭에서 호강을 누리다가 훗날 주님의 나라가 임할 때 받을 상급을 받지 못하게 된다면 그것은 참으로 어리석은 일이 될 것이기 때문입니다.

삶의 형편은 성도들마다 다 다릅니다. 어떤 사람은 3대 혹은 4대째 기독교 집안에서 태어나 부모님의 적극적인 지원과 보살핌 속에서 순탄하고 기쁘게 신앙생활을 하는 반면, 어떤 사람은 예수님을 믿기 위해 가족들의 온갖 핍박을 견뎌야 할 때도 있습니다. 교회 안에서 감당하는 사역 역시 마찬가지입니다. 어떤 사람은 모든 것이 갖추어진 상태에서 일을 시작하는 반면, 어떤 사람은 바닥부터 시작해야 할 때도 있습니다. 어떤 사람은 조금만 일을 해도 이름이 드러나고 사람들의 칭찬을 듣는 반면, 아무리 열심히 일을 해도 누구 하나 알아주지 않는 사람도 있습니다.

하나님 나라를 준비하는 사명은 형편이 좋은 사람도 형편이 어려운 사람도 상관없이 모두에게 주어진 것입니다. 그런데 모두가 편안하고 좋은 곳에서만 일하려고 한다면 누가 어렵고 힘든 사역지에서 일하겠습니까?

우리는 하나님 나라가 임해 주님 앞에 섰을 때 영광과 상급이 다르다는 사실을 기억해야 합니다. 사명이 어려울수록 하나님 나라에서 누릴 은혜는 더 크다는 것을 말입니다.

빌립보서 3:7-9
7 그러나 무엇이든지 내게 유익하던 것을 내가 그리스도를 위하여 다 해로 여길뿐더러 8 또한 모든 것을 해로 여김은 내 주 그리스도 예수를 아는 지식이 가장 고상하기 때문이라 내가 그를 위하여 모든 것을 잃어버리고 배설물로 여김은 그리스도를 얻고 9 그 안에서 발견되려 함이니 내가 가진 의는 율법에서 난 것이 아니요 오직 그리스도를 믿음으로 말미암은 것이니 곧 믿음으로 하나님께로부터 난 의라

Q. 빌립보서 3:7-9에서 사도 바울이 얻으려고 한 것과 버리려고 한 것은 무엇입니까?

그리스도를 얻기 위하여 유익하던 모든 것을 배설물처럼 버림.
_____
_____
_____

사도 바울은 어떻게 자신에게 유익하던 것을 배설물처럼 버릴 수 있었을까요? 삼층천에 올라가 본 경험 때문일 것입니다(고후 12:1-4). 그는 거기서 하나님 나라의 모든 비밀을 알았습니다. 하나님 나라가 이미 시작되었다는 것과 모든 족속에게 복음이 전파되고 그 끝에 주님이 재림하신다는 것을 알게 되었습니다. 그는 자신이 그 일에 부름 받았다는 사실을 알았습니다. 그렇기에 자신에게 유익한 모든 것을 배설물처럼 버리고 그 사역에 전 생애를 바칠 수 있었습니다.

하나님 나라에 대한 소망이 분명하지 않은 사람에게 헌신은 너무 어려운 일입니다. 예수님을 믿는 사람들이 "예수님 한 분이면 충분합니다. 모든 것을 다 배설물로 버립니다."라고 하지 못하는 이유는 예수님 안에서 진짜 보화를 발견하지 못했기 때문입니다.

저의 셋째 동생은 직업이 의사입니다. 실제로 큰 도움을 받은 것이 없어도 의사 동생을 두었다는 사실만으로도 마음이 든든했습니다. 그런데 어느 날 그 동생이 찾아와서 말했습니다.

"형님, 저 병원 그만 두고 선교사로 나갈래요."

두 달 후 동생은 미국에 있는 예수전도단 선교사 훈련 캠프에 참가하기 위해 떠나게 되었습니다. 동생은 미국으로 떠나기 전에 제게 기도를 받고 싶어 했습니다. 제가 동생의 머리에 손을 얹고 기도를 하는데 제 마음에 이런 의문이 떠올랐습니다.

'도대체 왜 동생이 이런 결심을 하게 되었을까?'

그때 주님이 제 마음에 이렇게 말씀하셨습니다.

"네 동생은 나의 나라를 보았다."

저는 그 음성을 듣고 마음이 뜨거워졌습니다. 저는 동생을 위해 뜨거운 눈물을 흘리며 기도했습니다.

"주님, 제 동생에게 주님의 나라를 보여주신 것을 감사합니다. 주님께서 보여주신 것으로 인해 앞으로 만나게 될 여러 가지 어려운 일들을 능히 이겨내게 해주십시오."

몇 달 후 저는 미국에 집회를 인도하러 갔다가 동생이 선교사 훈련을 받고 있는 캠프를 방문했습니다. 동생 가족은 컨테이너 박스에서 살고 있었습니다. 동생 가족과 함께 비좁은 공간에서 식사를 준비해서 먹고 있는데 전화가 걸려왔습니다. 전화 통화를 끝낸 동생이 자리에서 일어나면서 말했습니다.

"형님, 미안해요. 이웃 숙소에서 싱크대가 고장이 났나 봐요. 여기에서는 누구든지 한 가지씩 공동체를 위한 일을 해야 하는데 제가 맡은 것이 수리하는 일이에요. 지금 가 봐야 할 것 같네요."

동생은 그렇게 말하면서 몇 가지 공구를 챙겨들고 털털거리는 고물 트럭을 타고서 어디론가 떠났습니다. 세상 사람들의 눈으로 본다면 제 동생은 정상이 아닙니다. 그러나 기독교 역사에는 제 동생 같은 사람들이 헤아릴 수 없을 만큼 많습니다. 바로 이런 사람들이야말로 다가오는 하나님 나라의 일꾼들입니다.

우리의 삶은 하나님 나라에 대한 다음의 네 가지 경우 중 하나에 속합니다.

첫째, 앞으로 하나님 나라에 갈 것이라고 생각하며 살았다.

둘째, 하나님 나라와는 아무 상관없이 세상만 바라보고 살았다.

셋째, 하나님 나라 주변에서 빙빙 돌면서 살았다.

넷째, 하나님 나라 안에서 살고 있다.

이 대답은 예수님을 바로 믿고 살아왔는지를 점검해 줍니다. 당신은 어떻게 살고 있습니까? 예수님이 왕 노릇하시는 하나님 나라를 바라보는 눈이 열려야 합니다. 핵심은 예수님의 왕 되심입니다. 예수님이 우리 마음에 왕이 되시면 어떻게 살아야 할지가 분명해집니다. 예수님은 먼 미래에 만날 분이 아니라 항상 나와 함께 있는 분이기 때문입니다. 항상 예수님을 바라보고 사는 사람은 언제 하나님 앞에 서더라도 부끄러움이 없는 삶을 살게 될 것입니다.

Q. 당신이 지금 하나님 앞에 선다면 두려운 것은 없습니까? 하나님 앞에 선다고 생각하면 가장 문제가 되는 것이 무엇입니까?

9단원
소망으로 사는 사람

소그룹 나눔 | 인도자용

마음열기
(8분)

- 찬양 : 주여 지난밤 내 꿈에(490장), 주님 다시 오실 때까지
- 기도 : 미리 정해진 순서에 따라 모임을 위해 기도합니다.

과제점검
(2분)

- 출석체크, 예습, Q.T여부, 기도생활
- 성경암송 점검 – 마태복음 13:44

  천국은 마치 밭에 감추인 보화와 같으니 사람이 이를 발견한 후
  숨겨 두고 기뻐하며 돌아가서 자기의 소유를 다 팔아 그 밭을 사느니라

- 유언장 작성 점검, 1과에서 함께 나눌 것.

도입질문 및
각 과별 진행
(100분)

Q. 사소한 것을 붙잡았다가 정말 소중한 것을 잃어버린 경험이 있습니까?
　 다시 돌아가면 어떻게 하겠습니까? 나누어주세요.

01
죽음을
내다보는 눈

◐ 과제로 작성해 온 유언장을 반원들과 함께 나누십시오. 시간이 걸리더라도 모든 반원들이 작성해 온 유언장을 읽을 수 있도록 하십시오. 유언장을 다 읽은 후에 유언장을 작성할 때의 느낌을 간단히 나누는 것이 좋습니다.

유 언 장

핵심 요약

우리에게 무엇이 가장 소중한 것인지를 알게 되는 것은 죽음을 내다보게 될 때입니다. 진짜 지혜는 죽음을 보는 순간에 생깁니다. 우리가 결국 죽는 존재라는 사실만 알아도 인생은 달라집니다. 정말 소중하고 가치 있는 삶인데 죽음에 이르러서야 깨닫는 것이 얼마나 안타까운 일인지 모릅니다. 그리스도인들은 평소에 죽음을 내다보는 눈을 가져야 합니다. 이것이 소망의 눈을 뜨는 것입니다. 그래야 나중에 후회하지 않는 삶을 살 수 있습니다.

02 천국을 바라보는 눈

Q. 여러분은 죽으면 천국에 갈 확신이 있습니까?

Q. 천국에 갈 확신이 있다면 밭에 감춰진 보화를 발견한 농부처럼 기쁨이 있습니까?

Q. 여러분은 천국과 지옥 중에 어느 곳으로 가고 있는 것 같습니까? 여러분의 마음과 삶에 비추어 판단해보세요.

○ 천국을 바라보는 눈이 열렸는지를 점검하는 질문입니다. 천국에 갈 확신을 가지고 있다고 대답하는 사람이 그렇지 못한 사람보다 많을 것입니다. 그러나 중요한 것은 천국 갈 확신이 있다고 말하면서도 "세상을 다 얻은 것처럼 기쁘다."고 대답하는 사람은 극히 소수에 불과합니다. 그것은 천국을 바라보는 눈이 아직은 덜 열렸음을 말하는 것입니다. 질문을 함께 나눈 후에 그 사실을 설명하십시오.

핵심 요약 우리가 예수님을 믿고 받은 복 중에 가장 귀한 것은 천국을 소유한 복입니다. 죽는 것도 복된 이유가 천국이 예비되어 있기 때문입니다. 이 천국을 소망하는 눈이 열리면 근심하던 것, 괴로워하던 것, 답답해하던 것이 모두 다 사라지게 됩니다. 천국을 바라보는 눈이 열리면 세상을 바라보는 관점과 잘 산다는 개념이 완전히 달라집니다. 천국은 죽어서만 가는 곳이 아닙니다. 왕이신 하나님의 통치가 임하게 되면 이 땅에서 천국을 맛보고 누리며 살게 될 것입니다. 지금 예수님의 임재를 사모하며 그분과의 교제를 즐거워하는 사람은 천국으로 가고 있는 사람입니다.

03
흔들리지 않게 하는 소망

◐ 고난을 특권으로 생각할 수 있는지에 대한 질문입니다. 싱글인 경우, 부모님이나 형제의 경우로 대체해서 질문하십시오.

Q. 여러분은 자녀가 오지의 선교사처럼 어려운 길을 가겠다고 하면 축복해 줄 수 있겠습니까? 여러분의 솔직한 마음을 써보세요.

◐ 많은 그리스도인들이 세속적인 성공의 가치관에 물들어 있습니다.
이번 기회에 참된 성공이 무엇인지 이해시켜 줄 필요가 있습니다. 참된 성공의 기준을 꼭 짚어주시기 바랍니다.

Q. 천국에 대한 소망이 여러분의 삶에 어떤 변화를 가져왔는지 써보세요.

핵심 요약
하나님께서 우리에게 천국의 대한 소망을 주시는 이유는 유혹과 핍박에 흔들리지 않도록 하기 위함입니다. 뿐만 아니라 천국에 대한 소망은 세상을 이기는 능력입니다. 고난도 특권으로 여기는 사람은 하나님 나라에 대한 눈이 열린 사람입니다. 이 눈이 열리면 욕심이 사라져 자기 유익을 구하지 않고 하나님 나라와 다른 사람의 유익을 구하는 삶을 살게 됩니다. 천국 소망을 가진 이에게 십자가는 영광이고 기쁨이며 자랑입니다. 이런 삶이 소망이 넘치는 삶입니다.

04
다가오는 하나님 나라

Q. 여러분은 사명이 무엇인지 알고 있습니까? 하나님 나라를 위하여 무엇을 준비하며 살고 있는지 구체적으로 써보세요.

◐ 일상에 빠져 살지 말고 하나님 나라를 준비하는 사람(사명을 감당하는 사람)으로 살아야 한다는 것을 강조해 주십시오.

핵심 요약 우리가 죽고 난 뒤 가게 될 천국을 바라보는 눈이 열리는 것도 중요하지만 더 중요한 것은 완성될 하나님 나라에 대해 눈이 열리는 것입니다. 성경은 하나님을 대적하는 세상 나라는 반드시 망하고 예수 그리스도가 다시 오셔서 영원히 왕 노릇할 것이라고 예언합니다. 하나님 나라가 점점 다가오고 있습니다. 다가올 하나님 나라에 대해 소망이 분명한 사람은 반드시 사명을 깨닫게 됩니다. 하나님 나라를 바라보는 눈이 열리면 결코 세상에 안주하며 살 수 없습니다.

05
소망은 사명이다

◐ 하나님 나라에 대한 소망에 눈이 뜨이면 힘들고 어려운 사명도 감당할 수 있고, 세상의 것들에 집착하지 않을 수 있다는 것을 강조해주십시오.

Q. 여러분이 지금 하나님 앞에 선다면 두려운 것은 없습니까? 하나님 앞에 선다고 생각하면 가장 문제가 되는 것이 무엇입니까?

핵심 요약
우리는 이 세상에 투입된 하나님 나라의 독립군입니다. 하나님 나라가 임할 때 어려운 환경에서 주님을 위해 일했던 사람들이 좋은 환경에서 일했던 사람들보다 더 큰 상급을 얻게 됩니다. 하나님 나라에 대한 소망의 눈이 열리면 어려운 사명에도 불평불만하지 않습니다.

사도바울이 자신에게 유익했던 것을 배설물처럼 버릴 수 있었던 것은 하나님 나라의 모든 비밀을 알았기 때문입니다. 예수님이 우리 마음에 왕이 되시면 어떻게 살아야 할지 분명해집니다. 항상 예수님을 바라보고 사는 사람은 언제 하나님 앞에 서더라도 부끄러움 없는 삶을 살게 됩니다.

마무리
(10분)

1. 함께 기도하기

    • 개인 기도제목을 나눕니다.

    • 인도자가 단원 주제에 맞는 기도제목을 제시하고 개인 기도제목과 함께 기도합니다.

    • 인도자가 마무리 기도하고 주기도문으로 마칩니다.

2. 광고

    • 다음 모임에 대한 안내와 다음 주 공부할 단원을 짧게 소개합니다.

    • 성경암송 과제는 고린도전서 13:13 입니다.

    • 배우자나 가족에게 '사랑을 고백하기' 과제를 내줍니다.

    선물과 함께 마음에 있는 사랑을 고백하도록 합니다.

10
사랑으로 사는 사람

그런즉 믿음, 소망, 사랑,
이 세 가지는 항상 있을 것인데
그 중의 제일은 사랑이라

고린도전서 13:13

10단원 핵심영상강의
youtu.be/0h9fi69o0nQ

01 사랑이 제일인가? | 02 사랑의 열매로 구원을 점검하라 | 03 예수님의 사랑으로 사랑하라
04 사랑은 축복이다 | 05 교회 공동체와 사랑

01 사랑이 제일인가?

10단원

그런즉 믿음, 소망, 사랑, 이 세 가지는
항상 있을 것인데 그 중의 제일은 사랑이라
고린도전서 13장 13절

1과 핵심요약

❶ 사랑은 기독교의 핵심 가치이다.

❷ 옳고 그른 것을 따지는 것보다 더 중요한 것은 사랑으로 하나 되는 것이다.

❸ 언제나 서로 사랑하고 하나 되는 길을 생각해야 한다.

❹ 무엇이 예수님의 마음인지 생각하고 행동해야 한다.

초대교회 교부 터툴리안의 글에 보면 초대교인들은 종종 불신자들에게 전도할 때 "당신들은 그리스도인들처럼 사랑하는 사람들을 본 일이 있습니까?"라는 말로 전도를 시작했다고 합니다.

그러나 지금 우리가 이렇게 불신자들에게 전도할 수 있습니까? 요즘은 교회 다니는 사람들에 대한 세상 사람들의 인식이 좋지 않습니다. 교회 다니는 사람들은 말만 잘한다고 생각합니다. 심지어 교회를 싸우는 곳인 줄 압니다.

지하철을 타고 가다가 얼굴이 붉어진 일이 있었습니다. 두 명의 승객이 큰소리로 싸우고 있었는데 보다 못한 어느 할아버지가 그들을 향해 이렇게 호통을 치는 것이었습니다.

"왜 여기서 싸우는 거야? 여기가 교회인 줄 알아?"

세상 사람들만 교인들을 싫어하는 것이 아니라, 교회에 다니는 사람들조차 교인들을 무서워합니다. 교인들끼리도 마음을 열고 아픔과 고민을 이야기하기가 어렵습니다. 그리스도인들의 사랑에 심각한 문제가 생겼다는 말입니다.

교우들과 함께 수련회를 간 적이 있었습니다. 도착한 날 저녁에 세미나를 마치고 참석자들에게 숙소를 정해주었습니다. 그런데 일찍 잠드는 사람은 거의 없고 대부분의 사람들이 서로 대화하느라 잠을 자지 않는 것입니다. 무슨 대화인가 들어보았더니 대부분은 남의 말을 하고 있었습니다. 결국 일찍 자기는 틀렸다고 생각해서 아예 대화 주제를 정해주었습니다.
"교회 부흥과 소그룹 부흥을 위한 아이디어를 내세요."
그랬더니 5분도 안 되어 모두 불을 끄고 잠자리에 들었습니다. 이처럼 우리가 다른 사람 말하기를 좋아합니다.

사랑은 기독교의 핵심 가치입니다. 사도 바울은 사랑이 우리의 삶에서 차지하는 위치를 이렇게 말합니다.

> 그런즉 믿음, 소망, 사랑, 이 세 가지는 항상 있을 것인데
> 그 중의 제일은 사랑이라 고전 13:13

우리의 삶이나 신앙생활에 중요한 것이 많지만 그 중의 제일이 사랑입니다. 사랑이 없으면 아무것도 아닙니다. 당신은 사랑이 제

일이라고 믿고 사랑으로 살고 있습니까? 만약 그렇지 못하다면 예수님을 믿는 우리의 믿음에 심각한 문제가 있는 것입니다.

Q. 당신은 사랑이 제일이라고 여기며 살고 있습니까? 만약 아니라면 그 동안 제일로 여기며 살았던 것은 무엇입니까?

....
....
....
....
....

제가 목회를 해오면서 가장 부끄럽게 생각하는 것 중 하나는 성경적 기준으로 교회의 임원(제직)을 세우지 못했던 것입니다. 주님께서는 사랑을 제일로 여기셨는데 저는 그 사랑을 너무 가볍게 여겼습니다.

어떤 사람이 주일성수 잘하고, 십일조를 드리고, 교회 봉사를 잘하기에 중요한 직분을 맡겼습니다. 그리고 그들과 함께 교회를 세우고자 애를 썼지만 이상하게 예수님의 교회가 세워지지 않았습니다. 그토록 심사숙고해서 세운 이들이 교회를 일으키기는커녕 끊임없이 문제를 일으켰습니다. 시간이 흘러 깨닫게 된 것은 처음부터 임원을 세우는 기준이 잘못되었다는 것이었습니다.

Q. 빌립보서 4:2을 읽고 질문에 대답해보세요.

1. 유오디아와 순두게 두 사람 사이에는 어떤 문제가 있었을까요?
   갈등과 다툼이 있었을 것.

   ---

2. 교회 안에서 서로 불편한 관계에 있는 교우가 있습니까? 만약 있다면 왜 그런 문제가 생겼다고 생각합니까?

빌립보서 4:2
내가 유오디아를 권하고 순두게를 권하노니 주 안에서 같은 마음을 품으라

　유오디아와 순두게는 빌립보교회의 충성스러운 일꾼이며 지도자들이었습니다. 그러나 두 사람은 마음이 하나 되지 못하고 갈등 관계에 있었습니다. 그들은 교회 안에서 많은 일을 감당했지만 동시에 갈등과 분열의 중심에 있었습니다. 왜 교회 안에서 미움, 시기, 다툼, 분열의 문제가 생길까요? 사랑이 제일이라고 믿지 않기 때문입니다.

　우리는 무슨 일을 할 때에 옳고 그름을 매우 중요하게 따집니다. 그러나 옳고 그름을 따지는 것보다 더 중요한 것은 '사랑으로 하나 되었는가?' 입니다.

　우리는 항상 자신의 판단이 옳다고 착각합니다. 그러나 우리의 판단은 정확하지 않습니다. 처음에는 옳다고 생각했던 일들이 나

중에 잘못된 결과를 가져오는 경우도 너무나 많습니다. 그럼에도 사람들은 자신의 한계를 인정하지 않고 옳고 그름을 판단하고 끊임없이 따지기를 좋아하고 서로를 판단하기 때문에 인간관계가 깨지고 일을 그르치는 것입니다.

교회를 다니면 말씀에 대한 지식 때문에 옳고 그름을 분별하는 능력이 강해집니다. 그래서 옳고 그름을 분별하는 능력은 강한데 사랑이 없으면 무서운 사람이 되는 것입니다. 예수님을 믿는 사람들이 말만 잘한다는 비판을 받는 것입니다.

바리새인들은 율법에는 전문가들이었습니다. 그들은 율법에 따라 옳고 그름을 판단하며, 죄를 지은 사람을 가차없이 정죄했습니다. 그들의 율법에 대한 지식은 사람을 죽이는 무기가 되었습니다. 그들 안에 옳고 그름에 대한 판단만 있었지 정작 중요한 사랑은 없었기 때문입니다.

옳고 그른 것만 따지면 서로 죽이는 입장에 서게 됩니다. 그러므로 가정이나 교회나 직장에서 우리는 옳고 그름을 따지기보다 먼저 어떻게 하는 것이 서로 사랑으로 하나가 될 수 있을지를 생각해야 합니다. 먼저 예수님의 마음이 무엇인지 생각하고 행동해야 합니다.

어려서 집안이 너무 어려워서 창녀촌으로 팔려간 자매가 있었습니다. 그리고 그곳에서 자매는 어떤 청년과 사랑에 빠지게 되었습니다. 어느 날 그들은 자신들의 어둠을 스스로의 힘으로 거둬내기로 결심했습니다. 그래서 신변의 위험을 무릅쓰고 창녀촌을 탈

출해 아무도 자기들을 알아보지 못하는 도시로 가서 살았습니다.

자매가 창녀촌에서 지낼 때 가장 부러웠던 것은 주일에 온 가족이 함께 교회에 가는 모습이었습니다. 그래서 청년과 자매는 스스로 교회에 찾아가 등록을 했습니다. 그 후 부부는 누구도 그 이상 할 수 없을 만큼 충성스럽게 교회를 섬겼습니다. 시간이 흘러 부부는 모두 집사가 되었습니다. 부부는 자신들의 어두운 과거에도 불구하고 이처럼 행복한 삶을 허락하신 주님께 감사와 찬송을 드렸습니다.

그러나 세상에 비밀은 없는지 같은 교회에 다니는 어느 집사가 자매의 과거를 알게 되었습니다. 그는 신실해 보이는 자매가 그렇게 더러운 과거를 갖고 있다는 사실이 소름이 끼쳤습니다.

"정말 가증스러워! 어쩜 자기의 더러운 과거를 그토록 감쪽같이 속일 수 있을까?"

그는 다른 사람들에게 이 사실을 말하기 시작했습니다. 그렇게 퍼져나간 귓속말은 그들 부부만 모르는 공공연한 비밀이 되었습니다. 언제부터인가 이들 부부는 교인들의 태도가 달라졌음을 느꼈습니다. 전에는 그토록 친절하고 따뜻했던 교인들이 자기들만 나타나면 마치 벌레 보듯이 힐끔거리며 자리를 피했습니다. 아무도 말하지 않았지만 부부는 알 수 있었습니다. 모든 교인이 자기들의 과거를 알게 되었다는 사실을 말입니다. 그렇지만 그들은 계속 교인들에게 다가가려고 애를 썼습니다. 그러나 그럴수록 교인들은 그들을 피해 달아났습니다.

창녀촌보다 더 싸늘한 교회에서 그들 부부는 좌절하고 절망했습니다. 결국 어느 날 밤, 부부는 수면제를 나눠 먹고 영원히 깨어날 수 없는 잠을 청하고 말았습니다. 젊은 부부의 느닷없는 죽음 앞에서 담임목사는 가슴을 치며 울었습니다.

"하나님, 저는 제가 양떼를 치는 줄 알았는데 알고 보니 이리떼를 치고 있었습니다."

만약 이런 일이 내가 속한 교회에서 일어난다면 우리는 그 부부를 품어줄 수 있을까요? 사랑이 제일이라고 여긴다면 그렇게 할 수 있을 것입니다.

Q. 사랑 없는 마음 때문에 다른 사람에게 상처를 주거나 상처받은 경험이 있다면 써보세요.

02 사랑의 열매로 구원을 점검하라

10단원

> 우리는 형제를 사랑함으로 사망에서 옮겨
> 생명으로 들어간 줄을 알거니와
> 사랑하지 아니하는 자는 사망에 머물러 있느니라
> 요한일서 3:14

2과 핵심요약

❶ 사랑이 없으면 구원받은 것이 아니다.

❷ 참 믿음은 우리를 용서와 사랑의 사람으로 변화시킨다.

❸ 십자가 복음을 통해 믿음으로 변화된 사람의 가장 강력한 증거는 원수도 사랑하는 것이다.

❹ 십자가의 예수님만을 붙잡고 의지할 때 우리 안에 사랑의 열매가 맺어진다.

많은 그리스도인이 구원받는데 믿음은 필수라고 생각하지만 사랑은 선택의 문제라고 생각합니다. 예수님을 믿으면 천국 가는 것이 당연하고, 사랑하지 못한 것은 책망을 받는 정도라고 생각합니다.

이 세상에서는 좀 미워하고 싸워도 천국 가서는 사랑하며 살 것이라는 막연한 생각을 가지고 있습니다.

그러나 우리가 이 세상에서 살 때 세상 사람들처럼 살다가 죽을 때 하나님의 백성으로 변화되는 것이 아닙니다. 하나님 나라 백성은 이 땅에 살 때도 하나님 나라 백성입니다. 천국에서의 삶이 이 땅에서도 나타나야 하나님의 백성이라는 것입니다.

Q. 다음 성경 구절들을 읽고 우리의 구원을 가늠하는 기준이 무엇인지 찾아보세요.

1. 마태복음 5:22

   사랑과 용서.

2. 요한복음 13:34-35

   사랑.

3. 요한일서 3:14

   사랑.

4. 히브리서 12:14

   화평함과 거룩함.

마태복음 5:22

나는 너희에게 이르노니 형제에게 노하는 자마다 심판을 받게 되고 형제를 대하여 라가라 하는 자는 공회에 잡혀가게 되고 미련한 놈이라 하는 자는 지옥 불에 들어가게 되리라

요한복음 13:34-35

34 새 계명을 너희에게 주노니 서로 사랑하라 내가 너희를 사랑한 것 같이 너희도 서로 사랑하라 35 너희가 서로 사랑하면 이로써 모든 사람이 너희가 내 제자인 줄 알리라

요한일서 3:14

우리는 형제를 사랑함으로 사망에서 옮겨 생명으로 들어간 줄을 알거니와 사랑하지 아니하는 자는 사망에 머물러 있느니라

히브리서 12:14

모든 사람과 더불어 화평함과 거룩함을 따르라 이것이 없이는 아무도 주를 보지 못하리라

성경은 일관되게 우리의 구원이 사랑과 용서와 관련이 있다고 말씀하고 있습니다. 사랑이 없으면 구원받은 것이 아니라는 것입니다.

우리는 그동안 구원은 오직 믿음으로만 받는다고 알고 있었는데 구원받는 것이 믿음으로 부족하다는 말일까요? 구원은 분명히 믿음으로 받는 것이고 믿음이면 충분합니다. 그러나 중요한 것은 그 믿음의 진정성입니다.

이와 같이 행함이 없는 믿음은 그 자체가 죽은 것이라 약 2:17

야고보는 행함이 따르지 않는 믿음을 죽은 믿음이라고 불렀습니다. 진짜 믿음이 아니라는 뜻입니다. 사도 야고보가 말하는 행함은 단순히 선행을 의미하는 것이 아닙니다. 그가 예로 든 아브라함이 이삭을 바친 일이나 라합이 정탐꾼을 숨겨준 일 등은 선행과는 관계없는 일입니다. 하나님을 믿으니 그런 행함이 나온다는 말입니다.

특별히 야고보 시대에는 큰 핍박이 있었습니다. 예수님을 믿는다고 하면서도 핍박이 오니 주님을 부인하고 떠나는 사람들이 있었습니다. 왜 그들이 주님을 떠났습니까? 믿음이 있는 것처럼 보였지만 실상은 그들의 믿음이 죽은 믿음이었기 때문입니다. 그러나 진실로 예수님을 믿었던 사람들은 순교를 각오하고 믿음을 지켰습니다.

믿음과 행함은 결코 분리될 수 없습니다. 참 믿음은 우리를 용서와 사랑의 사람으로 변화시킵니다. 우리가 무엇을 믿고 있습니까? 예수님께서 십자가에 달려 죽으실 정도로 나를 사랑하신다는 것을 믿습니다. 사랑으로 충만하신 주님이 내 안에 오셨다는 것을 믿습니다. 그것을 정말 믿는다면 용서와 사랑의 사람이 되는 것이 마땅합니다.

십자가 복음을 믿고 변화된 사람의 가장 강력한 증거는 원수도 사랑하는 것입니다.

학교에서 교장 선생님으로 재직하시던 분이 있었습니다. 그는 어릴 때 형이 일본 사람에게 맞아 죽는 것을 본 후 일본 사람들을 평생 증오하며 살았습니다. 그런데 어느 날 하나님께서 그에게 물으셨습니다.

"일본 사람이 네게 지은 죄가 크냐? 네가 나에게 지은 죄가 크냐?"

성령 체험 후 그는 자기 죄를 보는 눈이 열려 있었습니다. 그는 "제가 하나님께 지은 죄가 큽니다."라고 대답했습니다. 주님께서 다시 물으셨습니다.

"나는 너를 위하여 독생자도 주었거늘 너는 왜 일본 사람을 용서할 수 없다고 하느냐?"

이 말씀에 그는 무릎을 꿇을 수밖에 없었습니다. 그리고 그동안 일본 사람들을 미워했던 것을 속죄하는 마음으로 교직을 떠나 일본 선교사로 헌신했습니다. 십자가 복음에 대한 믿음이 원수도 사랑할 수 있게 만든 것입니다.

Q. 요한계시록 2:1-5을 읽고 다음 질문에 답을 써보세요.

1. 예수님께서 에베소교회를 책망하신 한 가지 이유는 무엇입니까?
처음 사랑을 버린 것.

2. 당신이 하나님께 책망 받을 부분이 있다면 어떤 부분입니까?

요한계시록 2:1-5

1 에베소 교회의 사자에게 편지하라 오른손에 있는 일곱 별을 붙잡고 일곱 금 촛대 사이를 거니시는 이가 이르시되 2 내가 네 행위와 수고와 네 인내를 알고 또 악한 자들을 용납하지 아니한 것과 자칭 사도라 하되 아닌 자들을 시험하여 그의 거짓된 것을 네가 드러낸 것과 3 또 네가 참고 내 이름을 위하여 견디고 게으르지 아니한 것을 아노라 4 그러나 너를 책망할 것이 있나니 너의 처음 사랑을 버렸느니라 5 그러므로 어디서 떨어졌는지를 생각하고 회개하여 처음 행위를 가지라 만일 그리하지 아니하고 회개하지 아니하면 내가 네게 가서 네 촛대를 그 자리에서 옮기리라

초대교회나 지금이나 이단들 때문에 교회가 많은 어려움을 겪습니다. 거짓 교훈에 맞서 진리를 수호하는 것은 대단히 중요한 문제입니다. 에베소교회는 니골라당의 미혹으로부터 교회를 지켜냈습니다. 진리에 대한 올바른 지식이 있었다는 말입니다. 그 점에 대해서는 주님께 칭찬을 받았습니다. 그런데 문제는 에베소교회가 사랑을 잃어버린 것에 있었습니다. 사랑으로 충만했던 교회가 어느덧 차갑게 식어 있었던 것입니다. 예수님께서는 그들에게 처음 사랑을 회복하지 않으면 촛대를 옮기시겠다고 경고하셨습니다. 이것이 얼마나 무서운 경고인지 모릅니다. 아무리 이것저것을 다 갖추고 있어도 사랑을 잃어버리면 다 허사라는 것입니다.

지난 2005년 4월에 한국 교회를 대표하는 목사들이 모인 자리에서 한국 교회를 대표하는 한 분이 피를 토하는 공개 회개를 했습니다.

"해방 직후 신사참배 한 목사들을 두고 마귀당이라고 하고 밥도 같이 먹지 않았습니다. 처음의 뜻은 좋았지만 내가 잘났다는 교만이 커지고 판단만 하고 사랑은 흐려졌습니다. 평생 나 자신이 한없는 하나님의 은혜를 받고 살았으면서도 가장 무서운 교만의 죄를 가지고 함부로 입을 열어 정죄하고 저주했던 죄를 지었습니다. 하늘나라는 회개한 자만 간다고 했습니다. 이 교만했던 죄와 부족한 종이 바로 죽을 수 있도록 축복해 주길 바랍니다."

그는 목이 멘 채 고백을 마쳤습니다.

우리가 진실로 예수님을 믿는다면 사랑의 사람이 될 수밖에 없습니다. 그러므로 사랑이 안 되고, 용서가 안 된다면 우리의 믿음을 점검해야 합니다.

나는 포도나무요 너희는 가지라 그가 내 안에,
내가 그 안에 거하면 사람이 열매를 많이 맺나니
나를 떠나서는 너희가 아무 것도 할 수 없음이라 요 15:5

복음에 대한 지식은 있지만 사랑이 없는 사람이 많습니다. 십자가 복음을 지식으로만 알고 있기 때문입니다. 믿음의 핵심은 예수님과의 인격적인 관계입니다. 예수님은 포도나무요, 우리는 가지입니다. 예수님을 떠나서는 사랑도 할 수 없고 아무것도 할 수 없습니다. 가지가 포도나무에 붙어 있듯이 십자가의 예수님만을 붙잡고 의지하는 것이 믿음입니다. 우리가 그렇게 예수님을 바라보고 믿을 때 우리 안에 사랑의 열매가 맺어집니다.

한번은 큰 회사의 대표이사가 교회에 등록하기를 원한다는 말을 들었습니다. 그가 교회에 등록하기 전에 저와 상담을 하고 싶다고 해서 약속을 잡았습니다. 약속한 날 저녁에 약속 장소로 차를 운전해 가고 있는데 이상하게도 마음이 편하지가 않고 두려움이 밀려오는 것을 느꼈습니다. 저는 도대체 왜 그런 감정을 느끼는지 알 수 없었습니다. 그래서 주님께 물었습니다.

"주님, 혹시 제가 뭐 잘못한 거라도 있나요?"

그러자 갑자기 제 마음에 한 여 성도가 떠올랐습니다. 그는 교회에 나오기 시작한 지 얼마 되지 않았고, 그나마 교회에도 나오다 말다 하는 분이었습니다. 그녀는 시장에서 옷가게를 했는데 최근에 부도를 내고 경제사범 신세가 되어 구치소에 수감되어 있었습니다. 저는 전도사를 통해 그 소식을 들었지만 교회의 여러 가지 일로 너무 바빠서 면회를 가지 못했습니다.

순간 주님께서 책망하시는 것이 느껴졌습니다.

"너는 회사 대표이사를 만나는 일에는 시간을 그렇게 잘 내면서 그 여 성도를 면회 갈 시간은 없었느냐?"

마태복음 25장 41-43절 말씀이 생각났습니다.

"또 왼편에 있는 자들에게 이르시되 저주를 받은 자들아 나를 떠나 마귀와 그 사자들을 위하여 예비된 영원한 불에 들어가라 내가 주릴 때에 너희가 먹을 것을 주지 아니하였고 목마를 때에 마시게 하지 아니하였고 나그네 되었을 때에 영접하지 아니하였고 헐벗었을 때에 옷 입히지 아니하였고 병들었을 때와 옥에 갇혔을 때에 돌보지 아니하였느니라"

변명의 여지가 없었습니다. 저도 모르는 사이에 사람을 차별하고 있었음을 회개했습니다. 다음 날, 아침 일찍 그 여 성도가 수감되어 있는 구치소를 찾아갔습니다. 그는 저를 보자마자 펑펑 눈물을 쏟아내며 면회 시간이 다 가도록 한마디 말도 못하고 울기만 했습니다. 제가 그를 면회하고 온 지 며칠 안 되어 그는 집행유예로 풀려났습니다. 만약 제가 그날 그분을 찾아가지 않았다면 저는 평생 마음이 무거웠을 것입니다.

Q. 당신의 믿음은 사랑이라는 열매로 나타나고 있습니까? 사랑의 열매로 자신의 믿음을 점검해보세요.

03

10단원

예수님의 사랑으로 사랑하라

예수께서 이르시되 네 마음을 다하고 목숨을 다하고 뜻을 다하여
주 너의 하나님을 사랑하라 하셨으니 이것이 크고 첫째 되는 계명이요
둘째도 그와 같으니 네 이웃을 네 자신 같이 사랑하라 하셨으니
이 두 계명이 온 율법과 선지자의 강령이니라
마태복음 22장 37-40절

3과 핵심요약

❶ 예수님의 제자가 된 가장 큰 특징은 사랑이다.

❷ 그리스도인의 사랑의 핵심은 나는 죽고 예수로 사는 것이다.

❸ 사랑할 수 없는 내가 죽었음을 믿음으로 고백하고, 내 안에 계신 예수님의 사랑으로 사랑하는 것이다.

❹ 우리 안에 계신 예수님이 하시면 어떤 사람도 사랑하고 용서할 수 있다.

많은 사람이 사랑하고 용서하는 것을 힘들게 생각합니다. 강단에서 설교하는 목사가 "저는 십자가 복음을 믿기 어렵습니다."라고 말한다면 난리가 날 것입니다. 그러나 "저는 사랑하는 게 너무 어렵습니다. 미운 사람을 도저히 용서할 수가 없습니다."라고 고백하면 인간적이라고 생각합니다. 우리가 이렇게 사랑하지 못하는 것을 자연스럽게 용납하는 분위기 속에 살고 있습니다.

어느 선교사가 메일을 보내왔습니다.

"저를 위해서 기도 좀 많이 해주시기 바랍니다. 특별히 모든 사람을 더욱 깊이 사랑할 수 있도록 기도해 주시기 바랍니다. 제가 아직도 철이 덜든 것 같습니다. 제가 사역하는 이곳에는 어려운 일, 힘겨운 상황이 많이 생깁니다. 그런 일들 뒤에는 덫에 걸려 나

무에 매달린 짐승을 잡아먹지 못해 안달하며 나무 밑을 어슬렁 거리는 큰 짐승처럼 저를 괴롭히는 사람이 많습니다. 제가 저들을 미워하지 않는 정도의 믿음은 얻었습니다. 제게는 저들을 미워할 시간도 없을 뿐더러 그럴 마음이 생기지도 않습니다. 오히려 저들을 긍휼이 여기고 격려하고자 하는 마음이 앞섭니다. 그러나 더 너그럽게, 더 다정하게, 더 부드럽게 저들을 품어주고 격려해 주지 못하는 저를 발견하게 됩니다. 저를 더욱 안타깝게 하는 것은, 저들의 나를 향한 이유 없는 미움에 감동을 안겨 저들이 미움의 줄을 스스로 풀어놓을 정도로 나의 사랑이 큰 위력을 가지지 못한 것, 바로 그 사실이 안타까울 뿐입니다. 정말 큰 사랑, 무엇이나 다 녹여낼 수 있는 농익은 사랑을 가질 수 있도록 기도를 부탁드립니다. 제가 참 마음이 괴롭습니다."

인간적인 생각으로는 자신을 해하려 하는 사람을 미워하지 않는 것만 해도 대단한 일입니다. 그러나 하나님께서 우리에게 요구하신 사랑은 그 정도의 수준이 아닙니다.

Q. 마태복음 22:37-40을 읽고 예수님이 말씀하신 두 가지 큰 계명을 쓰세요.

마음을 다하고 목숨을 다하고 뜻을 다하여 하나님을 사랑하는 것과 이웃을 자신 같이 사랑하는 것.

마태복음 22:37-40
37예수께서 이르시되 네 마음을 다하고 목숨을 다하고 뜻을 다하여 주 너의 하나님을 사랑하라 하셨으니 38이것이 크고 첫째 되는 계명이요 39둘째도 그와 같으니 네 이웃을 네 자신 같이 사랑하라 하셨으니 40이 두 계명이 온 율법과 선지자의 강령이니라 예수님의 제자의 가장 큰 특징은 사랑입니다. 하나님을 사랑하고 다른 사람을 사랑하는 것입니다. 하나님을 사랑하되 목숨을 다하여 사랑하고, 다른 사람을 사랑하되 자신과 같이 사랑하는 것입니다. 그러나 많은 사람이 그렇게 사는 것은 어려운 일이라고 생각합니다. 왜 사랑하고 용서하는 것이 그토록 어렵게 느껴질까요? 그것은 우리 자신의 힘으로 사랑하려고 하기 때문입니다.

우리 힘으로는 주님이 원하시는 대로 사랑하고 용서할 수 없습니다. 예수님께서 왜 십자가를 지실 수밖에 없었는지를 생각하면 이해할 수 있습니다. 우리 힘으로 구원받을 수 없기 때문에 예수님께서 십자가를 지신 것입니다. 사랑과 용서도 마찬가지입니다. 구원을 우리 힘으로 받을 수 없듯이 사랑도 우리 힘으로 할 수 없습니다.

우리의 자아는 근본적으로 죄 덩어리이고 이기적입니다. 그렇게 병든 자아로는 결코 사랑하며 살 수 없습니다. 이것이 바로 사람들이 사랑을 노래하면서도 서로 상처를 주고 미움에 사로잡혀 사는 까닭입니다.

톨스토이는 《전쟁과 평화》, 《부활》 등 불후의 명작을 남긴 러시아의 대문호입니다. 그는 작품마다 기독교의 숭고한 사랑에 대하여 썼고 읽는 사람의 마음을 깊이 감동시켰지만 정작 자신은 아내와의 관계가 대단히 불행했습니다.

그렇다면 우리가 어떻게 사랑하고 용서할 수 있을까요?

Q. 스가랴 4:6은 예루살렘 성전건축과 관련된 내용입니다. 인간적으로는 불가능해 보이는 성전건축이 어떻게 이루어질 수 있다고 했습니까?

힘으로 되지 아니하며 능력으로 되지 아니하고 오직 하나님의 영으로 이루어짐.

스가랴 4:6
그가 내게 대답하여 이르되 여호와께서 스룹바벨에게 하신 말씀이 이러하니라 만군의 여호와께서 말씀하시되 이는 힘으로 되지 아니하며 능력으로 되지 아니하고 오직 나의 영으로 되느니라

그리스도인의 사랑의 핵심은 나는 죽고 예수로 사는 것입니다. 사랑할 수 없는 나는 죽었다는 사실을 믿음으로 고백하고 내 안에 계신 예수님의 사랑으로 사랑하는 것입니다. 우리 힘으로는 작은 상처를 준 사람조차 용서하고 사랑하지 못합니다.

그러나 예수님께서는 원수도 사랑하셨습니다. 자신을 십자가에 못 박은 사람들을 향해서도 "아버지 저들을 사하여 주옵소서"(눅 23:34)라고 기도하셨습니다. 우리의 힘과 능력으로 할 수 없지만 우리 안에 계신 예수님이 하시면 어떤 사람도 용서할 수 있게 된다는 말씀입니다.

하나님께서는 모세를 부르시고 이스라엘 백성을 애굽에서 인도하여 내라고 말씀하셨습니다. 그 말씀을 받았을 때 모세는 광야에서 양을 치는 목동에 불과했습니다. 자신의 처지를 잘 알고 있는 모세는 여러 가지 핑계를 대며 그 일을 할 수 없다고 버텼습니다. 그러나 하나님께서는 모세에게 '가라'고 말씀하셨습니다. 결국 하나님께서는 모세를 통해 그 일을 하셨습니다.

벳새다 광야에 오천 명의 사람이 예수님의 말씀을 듣기 위해

모여 있었습니다. 날이 어두워지자 제자들은 먹을 것을 구하러 마을로 가겠다고 했습니다. 그러자 예수님께서는 "너희가 먹을 것을 주어라"라고 말씀하셨습니다. 그러나 제자들이 가진 것이라고는 떡 다섯 개와 물고기 두 마리밖에 없었습니다. 제자들은 할 수 없다고 말했습니다. 자신들이 한다고 생각했기 때문입니다. 그러나 예수님께서는 떡 다섯 개와 물고기 두 마리로 오천 명을 먹이셨습니다.

이스라엘의 열두 정탐꾼이 가나안 땅을 정탐한 후 백성에게 보고를 했습니다. 열 명의 정탐꾼은 우리는 결코 가나안 땅에 들어갈 수 없을 것이라는 절망적인 보고를 했습니다. 자신들의 힘으로 가나안 땅을 정복해야 한다고 생각했기 때문입니다.

그러나 여호수아와 갈렙은 똑같은 상황을 보았지만 "올라가서 그 땅을 취하자."라고 했습니다. 하나님께서 자신들을 가나안 땅으로 들어가게 해주실 것을 믿었기 때문입니다.

사랑과 용서의 원리도 똑같습니다. 우리 힘으로는 사랑하고 용서할 수 없지만 우리 안에 계신 주님이 하시면 얼마든지 할 수 있습니다. 관건은 우리가 정말 '나는 죽었고 예수님이 하심을 믿는가?' 하는 것입니다.

내가 그리스도와 함께 십자가에 못 박혔나니 그런즉 이제는 내가 사는 것이 아니요 오직 내 안에 그리스도께서 사시는 것이라 이제 내가 육체 가운데 사는 것은 나를 사랑하사 나를 위하여 자기 자신을 버리신

하나님의 아들을 믿는 믿음 안에서 사는 것이라 갈 2:20

진정한 사랑은 내 안에 사랑의 왕으로 와 계신 예수님으로부터 나옵니다. 우리가 할 수 있는 것은 내가 예수님과 함께 죽었다는 진리를 믿고 고백하는 것뿐입니다. 그러면 예수님께서 역사하십니다. '나는 죽었습니다.'가 사랑입니다. 예수님 안에 거하는 것이 사랑입니다. 사랑은 노력하는 것이 아니라 이루어지는 것입니다. 나는 죽고 예수로 사는 사람이 바로 사랑으로 사는 사람입니다.

선한목자교회에는 남자들만의 모임인 〈믿음으로 사는 남자들〉이 있습니다. 그 모임의 남자들은 24시간 예수님을 바라보는 훈련을 하며 예수동행일기를 쓰고 있습니다.

　어느 날 한 권사가 예수동행일기를 쓰면서 자신의 가정에 일어난 변화를 간증했습니다.

　그의 장성한 아들이 좀처럼 신앙에 반응을 보이지 않아 큰 기도제목이었는데, 그 아들에게 아버지로서 상처를 심어준 것이 깨달아졌다고 했습니다. 아들이 어릴 때 잘되라는 마음으로 매를 들었던 일이 아들에게 깊은 상처가 되고 아버지와 벽을 쌓게 되었다는 사실을 깨닫게 된 것입니다. 5월 가정의 달을 맞아 아들에게 용서를 구하리라 주님께 약속하였는데 막상 아들에게 용서를 구하는 것이 쉽지 않아 미루고 미루다가 5월 30일이 되었습니다. 더 이상은 미룰 수 없어서 야구 중계를 보고 있는 아들에게 할 말이 있다고 TV를 끌 수 있겠느냐고 말했습니다. 그러고는 아들 앞에 무릎을 꿇고 눈물로 아버지의 잘못을 용서해달라고 고백했습니다. 아들은 용서를 구하는 아버지를 보며 놀라고 당황하면서도 함께 손잡고 울면서 기도하고 화해했다는 이야기였습니다.

그의 간증을 들으면서 조원들은 간증이 어떻게 끝날까 가슴이 조마조마했습니다. 그러다가 아들과 손을 잡고 서로 울면서 기도했다는 고백에 모든 조원이 박수를 치며 함께 기뻐했습니다.

이것이 사랑과 용서가 주는 감동입니다.

Q. 다음 질문을 읽고 답을 써보세요.

1. 당신은 다른 사람의 허물에 대하여 말하거나 불평한 적은 없습니까?

2. 아직도 도무지 용서하기 어려운 사람이 있습니까?

3. 만약 용서하기 어려운 사람이 있다면 "나는 죽었습니다."를 선포하고 용서와 사랑을 실천하기 바랍니다.

04 사랑은 축복이다
10단원

그러므로 무엇이든지 남에게 대접을 받고자 하는 대로
너희도 남을 대접하라 이것이 율법이요 선지자니라
마태복음 7장 12절

4과 핵심요약

❶ 사랑하며 살라는 말씀은 하나님의 축복 속에 살라는 말씀이다.

❷ 믿음의 역사가 사랑과 연결되어 있다.

❸ 하나님께 복을 받는 원리가 사랑과 연결되어 있다.

누가복음 17:1-6

¹예수께서 제자들에게 이르시되 실족하게 하는 것이 없을 수는 없으나 그렇게 하게 하는 자에게는 화로다 ²그가 이 작은 자 중의 하나를 실족하게 할진대 차라리 연자맷돌이 그 목에 매여 바다에 던져지는 것이 나

사랑하라는 말은 손해보고 살라는 말이 아닙니다. 사실 사랑하며 살라는 말씀은 하나님이 주시는 복 안에서 살라는 말씀입니다. 우리가 하나님의 자녀로서 받는 모든 복과 평안과 기도의 응답이 사실은 사랑과 연결되어 있기 때문입니다.

1. 믿음의 역사가 사랑과 연결되어 있습니다

Q. 누가복음 17:1-6을 읽고 다음 질문에 답을 쓰세요.

1. 예수님은 죄를 지은 사람에게 어떻게 하라고 말씀하셨습니까?(4절)

하루에 일곱 번 죄를 짓고 일곱 번 회개하거든 용서하라.

2. 이 말씀에 대한 제자들의 반응은 어떠했습니까?(5절)

주님께 "믿음을 더하소서"라고 했음.

3. 예수님은 제자들의 말을 듣고 뭐라고 말씀하셨습니까?(6절)

겨자씨 한 알만한 믿음이 있다면 뽕나무를 바다에 빠지게 할 수 있는 기적을 일으킬 수 있다.

4. 만약 당신에게 믿음의 능력이 있다면, 어디에 쓰고 싶습니까?

으리라 3너희는 스스로 조심하라 만일 네 형제가 죄를 범하거든 경고하고 회개하거든 용서하라 4만일 하루에 일곱 번이라도 네게 죄를 짓고 일곱 번 네게 돌아와 내가 회개하노라 하거든 너는 용서하라 하시더라 5사도들이 주께 여짜오되 우리에게 믿음을 더하소서 하니 6주께서 이르시되 너희에게 겨자씨 한 알만한 믿음이 있었더라면 이 뽕나무더러 뿌리가 뽑혀 바다에 심기어라 하였을 것이요 그것이 너희에게 순종하였으리라

    제자들이 하루에 일곱 번이라도 용서하라는 말씀에 "믿음을 더하소서!"라고 구했습니다. 그렇게 용서하려면 더 큰 믿음이 필요하다고 생각했기 때문일 것입니다. 그러나 예수님께서는 겨자씨만 한 믿음만 있어도 기적이 일어날 수 있다고 하셨습니다. 지금은 용서하기 위해 더 큰 믿음이 필요한 것이 아니라 들은 말씀에 순종이 필요한 때라고 말씀하신 것입니다.

    만약 당신에게 기적을 행할 수 있는 믿음이 있다면 그 기적을 영혼을 구원하고 용서하고 사랑하는 데 사용하겠습니까? 혹시 원수의 머리 위에 벼락을 내리게 하지는 않을까요? 엘리사는 자

기를 조롱하는 아이들 42명을 죽게 만들었습니다(왕하 2:23-24). 사랑이 없으면 믿음의 능력은 결코 바르게 나타날 수 없습니다.

한 장애인 선교단체에서 여 간사가 자기소개를 하는데 아주 인상적이었습니다. 자신에게는 날카로운 분석력과 분명한 판단력 그리고 깔끔하고 정확한 계산 능력이 있다고 했습니다. 한마디로 유능한 사람이라는 말입니다. 그리스도인이 어디서나 유능하다고 인정받는 것은 대단히 중요한 일입니다. 그러나 무엇보다도 가장 인상적인 소개는 그녀에게 모자란 듯 넉넉한 푼수 같은 웃음이 있다는 것이었습니다. 그러면서 만일 자신에게 날카로운 분석력, 분명한 판단력, 깔끔한 계산 능력만 있었다면 외롭고 소외된 이들이 도무지 위로받지 못했을 것이라고 웃으며 말했습니다. 그는 자신이 푼수 같은 웃음을 가지게 된 것은 예수님의 사랑을 체험한 이후라고 하였습니다.

당신에게도 푼수 같은 웃음이 있습니까?

마태복음 7:7-11

7 구하라 그리하면 너희에게 주실 것이요 찾으라 그리하면 찾아낼 것이요 문을 두드리라 그리하면 너희에게 열릴 것이니 8 구하는 이마다 받을 것이요 찾는 이는 찾아낼 것이요 두드리는 이에게는 열릴 것이니라 9 너희 중에 누가 아들이 떡을 달라 하는데 돌을 주며 10 생선을 달라 하는데 뱀을 줄 사람이 있겠느냐 11 너희가 악한 자라도 좋은 것으로 자식에게 줄 줄 알거든 하물며 하늘에 계신 너희 아버지께서 구하는 자에게 좋은 것으로 주시지 않겠느냐

2. 기도 응답의 역사가 사랑과 연결되어 있습니다

Q. 마태복음 7:7-11을 읽고 기도에 대한 예수님의 약속을 쓰세요.
구하면 주실 것이요 찾으면 찾아낼 것이요 문을 두드리라 열릴 것이다.

예수님께서는 구하면 반드시 얻고, 찾으면 반드시 찾을 것이고,

두드리면 열릴 것이라고 말씀하셨습니다. 그러나 우리는 열심히 구하고 찾고 두드리지만 응답받지 못할 때가 많습니다. 많은 사람이 기도해도 응답받지 못한다는 생각 때문에 기도의 좌절을 겪습니다. 우리가 기도에 응답을 받지 못하는 이유는 우리의 사랑에 문제가 있기 때문입니다.

그러므로 무엇이든지 남에게 대접을 받고자 하는 대로
너희도 남을 대접하라 이것이 율법이요 선지자니라 마 7:12

우리는 흔히 이 말씀을 황금률이라고 부릅니다. 그런데 이 말씀은 앞에 나오는 구하라, 찾으라, 두드리라는 말씀과 연결되어 있습니다. 하나님께서는 우리의 기도에 응답하시기 전에 우리가 다른 사람의 요구에 대해 어떻게 응답하는지를 보고 싶어 하십니다. 만약 우리가 다른 사람의 도움과 요구에 기꺼이 응답한다면 하나님께서도 기쁜 마음으로 우리 기도에 응답하실 것입니다. 그러나 많은 사람이 하나님께서 자신의 기도에 관심을 가져주시기를 바라지만 정작 자신은 다른 사람의 필요에는 관심을 갖지 않습니다.

직장에 다니는 사람이라면 대우 받기만 바라지 말고 회사를 생각하는 마음이 있어야 합니다. 사업을 한다면 이익을 얻을 생각만 하지 말고 고객이 정말 원하는 것을 주고 싶어 하는 마음을 가져야 합니다. 특별히 어려운 상황에 처한 사람을 만나면 그 사람의 어려움을 헤아리고 실제적인 도움을 줄 수 있어야 합니다.

우리가 하나님께 용서받는 것도 같은 원리입니다. 예수님께서는 우리에게 기도를 가르쳐주실 때 "우리가 우리에게 죄지은 자를 사하여 준 것같이 우리 죄를 사하여 주옵시고"라고 하셨습니다. 우리가 우리에게 죄지은 사람을 용서하지 않으면서 하나님께서 우리의 죄를 용서해 주시기를 기대할 수 없다는 말씀입니다.

3. 하나님께 복을 받는 원리가 사랑과 연결되어 있습니다

많은 사람이 인간관계에서 이해득실을 따지고 계산적으로 행동합니다. 그 이유는 하나님께서 복을 주시는 원리를 이해하지 못하기 때문입니다. 우리는 하나님으로부터 복을 받고 싶어 합니다. 그러나 복을 받으려면 먼저 다른 사람이 우리를 축복하는 은혜를 받아야 합니다. 야곱이 이것 때문에 에서와 다투었습니다. 하나님께서는 복을 주시기 전에 먼저 다른 사람으로 하여금 우리를 축복하게 하십니다.

민수기 6:23-27
23 아론과 그의 아들들에게 말하여 이르기를 너희는 이스라엘 자손을 위하여 이렇게 축복하여 이르되 24 여호와는 네게 복을 주시고 너를 지키시기를 원하며 25 여호와는 그의 얼굴을 네게 비추사 은혜 베푸시기를 원하며 26 여호와는 그 얼굴을 네게로 향하여 드사 평강 주시기를 원하노라 할지니라 하라 27 그들은 이같이 내 이름으

Q. 다음 성경 말씀을 읽고 답을 쓰세요.

1. 민수기 6:23-27에 누가 축복하며 기도하는 사람으로 나옵니까?

아론과 그의 아들들(제사장).

2. 마태복음 10:42에는 어떤 사람을 대접하면 상을 받는다고 말씀합니까?

작은 자.

3. 출애굽기 20:12은 누구에게 잘하면 복 받는다고 말씀합니까?

부모.

4. 누가복음 14:13-14은 누구에게 잘하면 복이 된다고 말씀합니까?

갚을 것이 없는 이.

부산에서 목회할 때의 일입니다. 어느 날 교회 로비가 시끄러워 나가보았더니 경찰관이 행려자 한 사람을 끌고나가고 있었습니다. 그는 욕을 섞어가면서 소리를 질렀습니다. "교회가 이래도 되냐? 도와달라고 온 사람을 경찰을 불러 끌어내는 것이 교회냐?"

그는 잔뜩 술이 취해 있었고, 교회 사무실에 와서 오랫동안 행패를 부렸습니다. 이런 일이 종종 있었습니다. 이렇게밖에는 할 수 없었던 교회 관리집사나 사무원들의 고충을 이해할 수 있었습니다. 그러나 그 행려자의 외침은 쉽게 제 귀에서 사라지지 않았습니다. '그래. 이것은 교회가 아니다! 교회는 예수님의 몸인데 예수님이라면 어떻게 하셨을까?' 그때 예수님이 하신 말씀이 떠올랐습니다. "지극히 작은 자 하나에게 한 것이 곧 내게 한 것이라"(마 25:40).

결국 이 일로 인하여 교회는 행려자 급식소를 시작했습니다. 식사를 하는 분들이 점점 늘어나서 200명이 넘게 매일 아침을 먹으러 오기도 했습니다. 그런데 오히려 이 일로 부산제일교회가 재정적인 복을 많이 받았습니다.

로 이스라엘 자손에게 축복할지니 내가 그들에게 복을 주리라

마태복음 10:42
또 누구든지 제자의 이름으로 이 작은 자 중 하나에게 냉수 한 그릇이라도 주는 자는 내가 진실로 너희에게 이르노니 그 사람이 결단코 상을 잃지 아니하리라 하시니라

출애굽기 20:12
네 부모를 공경하라 그리하면 네 하나님 여호와가 네게 준 땅에서 네 생명이 길리라

누가복음 14:13-14
13 잔치를 베풀거든 차라리 가난한 자들과 몸 불편한 자들과 저는 자들과 맹인들을 청하라 14 그리하면 그들이 갚을 것이 없으므로 네게 복이 되리니 이는 의인들의 부활시에 네가 갚음을 받겠음이라 하시더라

2004년 중국 코스타에 참석했을 때 한 자매가 상담을 요청해왔습니다. 하나님께서 외도로 어머니와 자신을 버리고 간 아버지를 용서하라는 마음을 주셔서 너무 괴롭다는 것입니다. 그뿐 아니라, 아버지를 찾아가서 사랑한다고 말하라고 하셨다는 것입니다. 자매는 눈물을 글썽이며 꼭 그렇게까지 해야 하느냐고 제게 물었습니다. 그때 주님이 주신 마음이 있었습니다.

"자매에게 용서하라는 메시지를 주신 것은 자매를 힘들게 하려는 것이 아니라 앞으로 만나게 될 형제와 사랑의 관계를 준비하라는 뜻입니다. 아버지를 용서하지 못하면 자매는 사랑하는 형제에게 말할 수 없는 고통이 될 것입니다."

그 자매는 통곡하며 울었지만 아버지를 용서하라는 하나님 말씀이 진정한 사랑임을 깨달았습니다.

Q. 당신에게 막혀있는 축복의 통로는 없습니까? 다음 질문을 읽고 답을 쓰세요.

1. 가족이나 친척들에게 소홀한 일은 없었습니까?

----

2. 어려운 처지에 있는 사람을 보고도 인색한 마음 때문에 도와주지 않았던 적은 없습니까?

3. 세상에서 자신의 권리만 주장하고 책임을 다하지 못한 일은 없습니까?

05 교회 공동체와 사랑

10단원

> 사랑하는 자들아 우리가 서로 사랑하자 사랑은 하나님께 속한 것이니
> 사랑하는 자마다 하나님으로부터 나서 하나님을 알고
> 요한일서 4장 7절

5과 핵심요약

❶ 사랑한다는 것은 나의 모든 것을 다 주어도 아깝지 않은 관계이다.

❷ 사랑으로 충만한 교회를 세우는 것이 교회의 사명이다.

❸ 염려, 근심, 두려움의 모든 짐을 예수님께 맡기고 오직 사랑만 하고 살라고 하신다.

❹ 하나님을 사랑하고 이웃을 사랑하며 사는 것이 우리가 붙잡아야 할 오직 한 가지이다.

교회를 다니는 사람들은 서로 친하게만 되어도 쉽게 사랑한다는 말을 합니다. 그러나 친한 것과 사랑한다는 것은 다릅니다. 사랑한다는 것은 나의 모든 것을 다 주어도 아깝지 않은 관계를 뜻합니다.

Q. 다음 질문을 읽고 답을 써보세요.

1. 만약 당신이 실패해서 온 가족이 거리로 나앉게 된다면, 우리 교우들 중에서 당신 가족을 자기 집으로 초청해 주거나 또 부담없이 들어갈 수 있는 가정이 얼마나 될까요?

_____

_____

_____

2. 당신은 길거리에 나앉을 처지가 된 교우가 있다면 당신의 집으로 맞아들일 수 있겠습니까?

．..
．..
．..
．..

우리가 세상에서 예수님의 말씀대로 살지 못하는 가장 큰 원인 중 하나는 교우들이 서로 사랑하지 못하기 때문입니다. 만약 세상에서 실패했을 때 교회에 나를 기꺼이 도와줄 사람이 있다면 우리는 이 세상에서 하나님 말씀대로 살 용기가 생길 것입니다. 그러나 불행하게도 우리는 교우들이 참된 사랑을 베풀어줄 것이라는 확신이 없습니다. 또한 누군가 우리에게 도움의 손을 내민다 하더라도 부담없이 그 손을 잡을 용기도 갖고 있지 않습니다. 그래서 하나님 말씀대로 살지도 못하고 하나님의 역사를 경험하지도 못하는 것입니다.

제가 목회하던 교회에 여러 해 동안 정직하게 사업을 해온 분이 있었습니다. 그는 누가 보아도 정말 예수 믿는 사람답게 살았습니다. 어느 날, 밤늦게 그 권사가 저를 찾아왔습니다. 이야기인즉, 사업이 부도 직전이라는 것이었습니다. 아무리 애를 써도 회생 가능성이 없어 절박한 상황에서 저에게 기도를 부탁하러 온 것입니다. 저는 권사에게 제가 기도하는 것은 물론이고 다른 교우들에게도 알려서 합심기도를 요청하겠다고 말했습니다. 그랬더니 권사는 고개를 힘없이 저으며 다른 교우들에게는 알리지 않았으면 좋겠다고 말했습니다. 방을 나가면서까지 다시 한 번 저에게 다짐을 받았습니다.

"목사님, 절대로 다른 교우들에게는 말씀하지 마세요. 그러면 저 교회에 못 나올지도 몰라요."

많은 성도가 교회 공동체의 후원을 받지 못한 채 살아갑니다. 오늘의 교회는 세상에서 약하고 실패한 사람들에게 사랑을 베풀어주지 못하고 있습니다. 세상의 모임과 크게 다르다는 것을 느끼지 못합니다. 그럼에도 하나님께서 우리를 교회라는 공동체로 모이게 하신 까닭은 서로 사랑하며 살게 하기 위해서입니다. 사랑으로 충만한 교회를 세우는 것이 교회의 사명입니다.

존 웨슬리는 변화되기 이전에 영혼의 안식을 갈구하다가 마침내 요크서 골짜기에서 혼자 살기로 결심했습니다. 그러나 그의 어머니는 "하나님은 네가 할 더 좋은 일을 계획하고 계실 것이다."라며 말렸습니다. 웨슬리는 진지한 사람에게 조언을 구하기 위해서 긴 여행을 떠났습니다. 그가 찾은 사람은 "성경은 혼자만의 신앙에 대해서는 언급하지 않습니다."라고 충고해 주었습니다. 그 말을 듣고 웨슬리는 방향을 바꾸어 교회를 살리는 일에 헌신하여 영국과 기독교 역사에 소중한 발자취를 남겼습니다.

마지막 때에 참 교회의 증거는 '참 사랑이 있는가?' 하는 것입니다. 주님께서 마지막 때를 말씀하시면서 기사와 능력이 나타나는 곳에도 가짜가 있을 것이라고 말씀하셨습니다. 그러므로 마지막이 가까워올수록 능력보다는 사랑이 있는가를 봐야 합니다. 지하 무덤에 살았던 로마 그리스도인들은 사랑의 힘으로 견뎠습니다. 공산당 박해에도 불구하고 중국의 가정 교회가 계속 부흥했던 이유도 그리스도인들이 서로를 뜨겁게 사랑했기 때문입니다.

많은 사람이 사랑하라는 말을 '희생'하고 살라, '바보'같이 살라는 말로 오해합니다. 하나님께서는 우리에게 그저 사랑하라고 하시지 않았습니다. 그랬다면 사랑하라는 것이 무거운 짐이 되었을 것입니다. 그러나 사랑하며 살라는 것은 복 중의 복입니다. 염려, 근심, 두려움의 모든 짐을 예수님께 다 맡기고 오직 사랑만 하고 살라는 것이기 때문입니다.

2006년 가을, 미국에서 부흥회를 마치고 한국으로 오는 비행기에 탑승했습니다. '이제 한국에 가는 구나.'라고 생각하는데 갑자기 가슴을 칼로 찌르는 듯 통증이 느껴졌습니다. 숨쉬기가 어려울 정도였습니다.

그 당시 교회는 과도한 건축 부채로 인해 매주 결제해야 하는 이자가 쌓여가고 있어서 이대로 가다가는 부도 상태를 맞이할 지경이었지만, 오래전에 약속해 놓은 집회를 취소할 수 없어서 그냥 맡겨놓고 집회를 인도하러 떠났습니다. 먼 이국에서의 짧은 한 주였지만 선한목자교회 담임목사라는 자리를 잠시 내려놓고 있다가 다시 그 짐을 지려고 하니 쇼크가 온 것입니다. 그 순간 가슴을 움켜잡고 신음하며 고백하였습니다.

"예수님, 저는 죽었습니다. 제 안에 사시는 분은 예수님이십니다."

이 고백을 몇 번을 반복하였을 때, 순간 가슴의 통증이 사라지기 시작하였습니다. 살았다! 하는 생각이 들면서 숨을 쉴 수 있었습니다. 그때, 교회의 부도 위기가 해결될 것이라고 믿어졌습니다. 아무 근거가 없는 믿음이었습니다. 마음이 평안해지기 시작했습니다. 하나님은 제게 교회를 책임지라고 하지 않으셨습니다. 교회는 예수님이 이끄시고 책임지신다는 것을 깨닫게 하셨습니다.

그때 갑자기 '나는 무엇을 해야 하지?' 하는 궁금증이 생겼습니다. 그래서 주님께 물었습니다. "그러면 담임목사인 저는 무엇을 해야 합니까?"

순간, 즉각 응답이 왔습니다.

"사랑하는 것이지!"

주님은 너무나 간단하게 대답하셨습니다.

그렇습니다. 제가 할 일은 하나님께서 저를 사랑하셨듯이 교역자들을 사랑하고, 장로님들을 사랑하고, 교인들을 사랑하는 것뿐이었습니다. 하나님의 명령은 오직 하나 "내가 너를 사랑한 것 같이 너희도 서로 사랑하라"는 것입니다.

저는 비행기 좌석에서 정말 많이 울었습니다. 그때 저의 마음에 하나님이 하실 일에 대한 놀라운 기대가 일어났습니다. 교회에 빨리 가보고 싶은 마음이 들었습니다.

1998년 7월의 어느 화요일, 도둑이 드는 꿈을 꾸었습니다. 두 명의 도둑이 들었는데 다행히도 쫓아냈습니다. 그런데 그 주간 토요일 새벽, 교회 사무실에 실제 도둑이 들었습니다. 돈 얼마와 교회 비디오를 훔쳐갔습니다. 번뜩 제 마음에 행려자들을 위한 아침 급식이 생각났습니다. 증거도 없으면서 그들 중에 한 사람이 저지른 일이 아닐까 의심이 가는 것이었습니다. 마음이 몹시 무거운 채로 새벽기도회를 마친 후, 개인기도 시간에 갑자기 꿈이 생각났습니다. '현실에서는 도둑을 쫓아내지 못했는데 왜 도둑을 쫓아내는 꿈을 꾸었을까' 하고 생각을 해보았습니다. 그때 갑자기 '더 큰 도둑이 있구나!' 하는 것이 깨달아졌습니다. 그것은 제 마음의 도둑이었습니다. 도둑이 제 안에 있는 사랑과 기쁨과 감사를 훔쳐가려고 한 것입니다.

"잃어버린 것이 무엇이냐? 비디오냐? 감사와 사랑이냐?"

그때 깨달아졌습니다. '좀도둑은 갔지만, 큰 도둑은 아직 남아 있었구나!' 깨닫는 은혜를 주신 하나님께 오히려 감사했습니다. 사람이 다치지 않아서 감사하다는 마음이 들었습니다. 그리고 아침 급식소에 오는 분들을 사랑하는 마음만은 도둑맞지 말아야겠다고 다짐하며 기도를 마치고 내려오는데, 식사를 하러 아침 일찍 오신 행려자 한 분이 인사를 하면서 이렇게 말했습니다.

"교회 오느라 비에 젖었는데 목사님, 양말 있으면 한 켤레만 부탁합니다."

저는 신고 있던 양말을 벗어드렸습니다. 그리고 보니 오시는 행려자 대부분의 발이 다 젖어 계시기에 교우들에게 양말을 급히 모아 오게 하여 나누어드렸습니다. 하나님께서 미리 깨닫게 하셔서 재물보다 더 귀한 감사와 사랑을 잃지 않게 하셨습니다.

많은 사람이 재산이나 명예, 건강을 잃어버릴까 얼마나 노심초사하며 사는지 모릅니다. 그러나 가장 소중한 사랑을 잃어버릴까 신경 쓰는 사람은 많지 않습니다. 모든 것을 잃어도 사랑은 잃지 말아야 합니다.

사랑하는 자들아 우리가 서로 사랑하자 요일 4:7

얼마나 가슴 설레는 말씀인지 모릅니다. 예수님을 믿는 사람들이 붙잡아야 할 것은 오직 한 가지입니다. 하나님을 사랑하고 이웃을 사랑하며 사는 것입니다. 사랑하며 사는 것이 행복 중의 행복입니다.

Q. 우리의 교회가 사랑으로 충만한 공동체가 되기 위해 우리가 할 일은 무엇일까요? 구체적으로 실천할 수 있는 것을 쓰세요.

10단원
사랑으로 사는 사람

소그룹
나눔 | 인도자용

마음열기
(6분)
- 찬양 : 그 크신 하나님의 사랑(304장), 사랑합니다, 나의 예수님
- 기도 : 미리 정해진 순서에 따라 기도

과제점검
(10분)
- 출석체크, 예습, Q.T여부, 기도생활
- 성경암송 점검 – 고린도전서 13:13

  그런즉 믿음, 소망, 사랑, 이 세 가지는 항상 있을 것인데

  그 중의 제일은 사랑이라

- '사랑고백하기' 과제를 했는지, 그리고 어떤 일이 있었는지

  간단히 나눕니다.

도입질문 및
각 과별 진행
(94분)
Q. 배우자나 가족에게 사랑고백을 해보셨습니까? 반응이 어떠했습니까?

본인의 마음은 어떠했습니까?

01
사랑이 제일인가?

Q. 여러분은 사랑이 제일이라고 여기며 살고 있습니까? 만약 아니라면 그동안 제일로 여기며 살았던 것은 무엇입니까?

◐ 사랑이 제일인 줄 알면서 그렇게 살지 못한 자신을 돌아볼 수 있도록 도와줍니다.

Q. 사랑 없는 마음 때문에 다른 사람에게 상처를 주거나 상처받은 경험이 있다면 써보세요.

◐ 상처를 주고받으면 사랑으로 하나 되기 어렵다는 것을 깨닫도록 안내합니다. 그 때 '예수님이라면 어떻게 하셨을까?' 생각해보도록 인도하십시오.

핵심 요약

사랑은 기독교의 핵심 가치입니다. 사랑이 없으면 아무것도 아닙니다. 그런데 왜 교회 안에서 미움, 시기, 다툼, 분열 등의 문제가 생기는 것일까요? 사실은 사랑이 제일이라고 믿지 않기 때문입니다. 우리는 무슨 일을 할 때에 옳고 그른 것을 매우 중요하게 따집니다. 그러나 옳고 그른 것을 따지는 것보다 더 중요한 것은 '사랑으로 하나가 되었는가?' 입니다. 무엇이 예수님의 마음인지 생각하고 행동해야 합니다.

02
사랑의 열매로 구원을 점검하라

◐ 사랑이 구원의 조건이 아니라 구원의 결과요 증거라는 사실을 깨닫게 해주어야 합니다. '내가 구원받았는지 어떻게 알 수 있는가?' 이 질문에 대한 대답은 '내 안에 사랑이 있는가?' 하는 것입니다. 이 과를 마치면서 '여러분은 구원받은 사람으로서 어떤 증거를 가지고 있습니까?'라는 질문을 반원들 모두에게 하셔도 좋습니다.

Q. 여러분의 믿음은 사랑이라는 열매로 나타나고 있습니까? 사랑의 열매로 자신의 믿음을 점검해보세요.

핵심 요약 성경은 일관되게 우리의 구원이 사랑과 용서와 관계되어 있다고 말합니다. 사랑이 없으면 구원받은 것이 아니라는 것입니다. 참 믿음은 우리를 용서와 사랑의 사람으로 변화시킵니다. 십자가 복음을 통하여 믿음으로 변화된 사람의 가장 강력한 증거는 원수도 사랑하는 것입니다. 예수님을 떠나서는 사랑할 수 없고 아무것도 할 수 없습니다. 예수님을 바라보고 믿을 때 우리 안에 사랑의 열매가 맺어지게 됩니다.

03
예수님의 사랑으로 사랑하라

Q. 여러분은 다른 사람의 허물에 대하여 말하거나 불평한 적은 없습니까?

Q. 아직도 도무지 용서하기 어려운 사람이 있습니까?

◐ 만약 용납하기 어려운 사람이 있다면 하나님께서 자신의 마음에 사랑을 부어주시도록 기도하고 사랑을 실천해 보도록 요청하십시오. 그리고 '마음에 어떤 변화가 일어났는지, 그 사람과의 관계에 어떤 변화가 일어났는지 다음 시간에 나누어보자!' 하고 요청하십시오. 그러나 숙제라는 느낌을 받게 해서는 안 됩니다.

Q. 만약 용서하기 어려운 사람이 있다면 "나는 죽었습니다."를 선포하고 용서와 사랑을 실천하기 바랍니다.

핵심 요약 예수님의 제자가 된 가장 큰 특징은 사랑입니다. 하나님을 사랑하고 다른 사람을 사랑하는 것입니다. 그런데 왜 사랑하고 용서하는 것이 어렵게 느껴질까요? 우리 자신의 힘으로 사랑하려고 하기 때문입니다. 그리스도인의 사랑의 핵심은 '나는 죽고 예수로 사는 것'입니다. 사랑할 수 없는 나는 '죽었다'는 사실을 믿음으로 고백하고 내 안에 계신 '예수님의 사랑으로 사랑하는 것'입니다. 진정한 사랑은 내 안에 사랑의 왕으로 와 계신 예수님으로부터 나옵니다. 사랑은 노력하는 것이 아니라 되어지는 것입니다.

04
사랑은 축복이다

Q. 여러분에게 막혀있는 축복의 통로는 없습니까? 다음 질문을 읽고 답을 쓰세요.

1. 가족이나 친척들에게 소홀한 일은 없었습니까?

2. 어려운 처지에 있는 사람을 보고도 인색한 마음 때문에 도와주지 않았던 적은 없습니까?

3. 세상에서 자신의 권리만 주장하고 책임을 다하지 못한 일은 없습니까?

핵심 요약 사랑하라는 말은 손해보고 살라는 말이 아닙니다. 사실 '사랑하며 살라.'는 말씀은 하나님의 복 안에 살라는 말씀입니다. 사랑이 없으면 믿음의 능력은 결코 바르게 나타나지 않습니다. 우리가 기도에 응답받지 못하는 이유도 우리의 사랑에 문제가 있기 때문입니다. 하나님께 복 받는 원리는 먼저 다른 사람을 사랑하며 섬기는 데 있습니다.

05 교회 공동체와 사랑

Q. 만약 여러분이 실패해서 온 가족이 거리로 나앉게 된다면, 우리 교우들 중에서 여러분 가족을 자기 집으로 초청해 주거나 또 부담없이 들어갈 수 있는 가정이 얼마나 될까요?

Q. 여러분은 길거리에 나앉을 처지가 된 교우가 있다면 여러분의 집으로 맞아들일 수 있겠습니까?

Q. 우리의 교회가 사랑으로 충만한 공동체가 되기 위해 우리가 할 일은 무엇일까요? 구체적으로 실천할 수 있는 것을 쓰세요.

핵심 요약 사랑한다는 것은 나의 모든 것을 다주어도 아깝지 않는 관계입니다. 하나님께서 우리를 교회라는 공동체로 모이게 하신 까닭은 서로 사랑하며 살도록 하기 위해서입니다. 사랑으로 충만한 교회를 세우는 것이 교회의 사명입니다. 염려, 근심, 두려움의 모든 짐을 예수님께 맡기고 오직 사랑만 하며 살아야 합니다. 하나님을 사랑하고 이웃을 사랑하며 사는 것이 행복 중의 행복입니다.

마무리
(10분)

1. 함께 기도하기

    - 개인 기도제목을 나눕니다.

    - 인도자가 단원 주제에 맞는 기도제목을 제시하고 개인 기도제목과 함께 기도합니다.

    - 인도자가 마무리 기도하고 주기도문으로 마칩니다.

2. 광고

    - 다음 모임에 대한 안내와 다음 주 공부할 단원을 짧게 소개합니다.

    - 성경암송 과제는 <u>에베소서 6:10-11</u> 입니다.

    - 교재 뒷면에 나와 있는 간증문 작성 가이드를 참조하여 간증문을 준비하도록 안내합니다.

11
영적전쟁에서 승리하라

끝으로 너희가 주 안에서와
그 힘의 능력으로 강건하여지고
마귀의 간계를 능히 대적하기 위하여
하나님의 전신갑주를 입으라

에베소서 6:10-11

11단원 핵심영상강의
youtu.be/AOJRE9P7wOg

01 마귀의 실체는 무엇인가? | 02 영적전쟁이란 무엇인가? | 03 영적전쟁은 어디서 일어나는가?
04 영적전쟁에서 승리하는 길 | 05 하나님의 전신갑주를 입으라

01 마귀의 실체는 무엇인가?

11단원

> 너희는 너희 아비 마귀에게서 났으니 너희 아비의 욕심대로
> 너희도 행하고자 하느니라 그는 처음부터 살인한 자요
> 진리가 그 속에 없으므로 진리에 서지 못하고 거짓을 말할 때마다
> 제 것으로 말하나니 이는 그가 거짓말쟁이요 거짓의 아비가 되었음이라
> 요한복음 8장 44절

11과 핵심요약
① 마귀는 타락한 천사이다.
② 마귀는 참소하는 자이다.
③ 마귀는 거짓의 아비이다.
④ 마귀는 그의 사자들을 통해 역사한다.

우리의 삶을 정말 괴롭게 만드는 것은 돈이나 건강, 인간관계의 문제가 아닙니다. 보다 더 근본적인 문제가 있는데 영적인 문제입니다. 우리가 사는 세상에는 성령께서도 역사하시지만 악한 영도 역사하고 있습니다. 예수님께서 우리에게 실재인 것처럼 마귀 역시 실재입니다. 그러므로 마귀에 대해 무지해서도 안 되고 마귀의 역사를 무시해서도 안 됩니다.

한 집사가 제자훈련의 영적전쟁에 대해 공부한 후, 저에게 찾아와서 간곡히 부탁했습니다.

"목사님, 이번 영적전쟁에서 저는 좀 빼주시면 좋겠습니다. 집안 사정도 안 좋고, 몸도 아프고, 남편의 직장도 어렵습니다. 영적전쟁을 할 여유가 없습니다. 형편이 좋아지면 하겠습니다."

그의 심정이 이해는 되지만 영적전쟁은 이처럼 우리가 선택하는 것이 아닙니다. 성도가 피곤하고 힘든 것이 곧 영적전쟁에서 지고 있다는 증거인 것입니다. 그렇기 때문에 상황이 어려울수록 더욱 영적전쟁에 힘써야 합니다.

많은 그리스도인이 영적전쟁이나 믿음의 훈련 같은 말을 싫어합니다. 싸움이나 훈련이 없으면 평안하고 기쁨이 충만한 신앙생활을 할 수 있을까요? 마귀가 없다면 그럴 수도 있을지 모릅니다. 그러나 마귀가 존재하는 한 영적전쟁이나 믿음의 훈련은 선택이 아닌 필수입니다.

마귀와의 영적인 전쟁에서 승리하려면 먼저 마귀가 어떤 존재인지를 분명하게 알아야 합니다. 마귀는 어떤 존재일까요?

1. 마귀는 타락한 천사입니다

Q. 에스겔 28:12-17은 일반적으로 천사의 타락에 대한 말씀으로 해석합니다. 질문을 읽고 답을 쓰세요.

1. 하나님께서 말씀하신 '너'(마귀)는 원래 어떤 모습이었습니까?(12절)
   완전한 도장이었고 지혜가 충족하며 온전히 아름다웠음.

2. 그가 지음을 받을 때 어떤 일이 있었습니까?(13절)
   그를 위하여 소고와 비파가 준비되었음.

에스겔 28:12-17
12 인자야 두로 왕을 위하여 슬픈 노래를 지어 그에게 이르기를 주 여호와의 말씀에 너는 완전한 도장이었고 지혜가 충족하며 온전히 아름다웠도다 13 네가 옛적에 하나님의 동산 에덴에 있어서 각종 보석 곧 홍보석과 황보석과 금강석과 황옥과 홍마노와 창옥과 청보석과 남보석과 홍옥과 황금으로 단장하였음이여 네가 지음을 받던 날에 너를 위하여 소고와 비파가 준비되었도다 14 너는 기

름 부음을 받고 지키는 그룹임이여 내가 너를 세우매 네가 하나님의 성산에 있어서 불타는 돌들 사이에 왕래하였도다 15 네가 지음을 받던 날로부터 네 모든 길에 완전하더니 마침내 네게서 불의가 드러났도다 16 네 무역이 많으므로 네 가운데에 강포가 가득하여 네가 범죄하였도다 너 지키는 그룹아 그러므로 내가 너를 더럽게 여겨 하나님의 산에서 쫓아냈고 불타는 돌들 사이에서 멸하였도다 17 네가 아름다우므로 마음이 교만하였으며 네가 영화로우므로 네 지혜를 더럽혔음이여 내가 너를 땅에 던져 왕들 앞에 두어 그들의 구경거리가 되게 하였도다

3. 그는 원래 무엇을 하는 자였습니까?(14절)

기름 부음을 받고 지키는 그룹이었음.

4. 완전하던 그에게 무엇이 드러났습니까?(15절)

마침내 불의가 드러났음.

5. 그는 결국 어떻게 되었습니까?(16-17절)

하나님의 산에서 쫓겨나 땅에 던져져 왕들 앞에 구경거리가 됨.

마귀는 원래 하나님께 지음을 받은 천사 중 하나였음을 알 수 있습니다. 그는 원래 선한 존재로 지음을 받았고, 다른 피조물들보다 탁월하고 아름다운 존재로 지음 받았습니다. 그는 지키는 그룹으로 기름 부음 받았습니다. 그룹들의 역할은 하나님을 찬양하고 예배하는 것이었습니다. 그러나 그는 하나님과 같이 되고 싶은 교만한 마음을 품었습니다(사 14:13-14). 예배를 드리고 인도해야 할 천사가 예배를 받고 싶어 했습니다. 그는 하나님께 반역을 일으켰고 결국 실패하여 하나님 앞에서 쫓겨나게 되었습니다.

마귀의 다른 이름은 "이 세상 임금"입니다(요 12:31). 마귀는 하나님 앞에서 쫓겨나 세상에서 왕 노릇하며 모든 악한 일의 배후에서 역사하고 있습니다. 세상에 악하고 불의한 일들이 넘쳐나는 것은 마귀가 세상을 지배하고 있기 때문입니다.

2. 마귀는 참소하는 자입니다

Q. 요한계시록 12:10에서 마귀는 무엇을 하는 자라고 말씀합니까?
우리를 하나님 앞에서 밤낮 참소하던 자.

> **요한계시록 12:10**
> 내가 또 들으니 하늘에 큰 음성이 있어 이르되 이제 우리 하나님의 구원과 능력과 나라와 또 그의 그리스도의 권세가 나타났으니 우리 형제들을 참소하던 자 곧 우리 하나님 앞에서 밤낮 참소하던 자가 쫓겨났고

마귀는 하나님 앞에서 끊임없이 참소하는 자입니다. 그리스도인도 죄를 지을 수 있지만 보혈의 은총을 힘입어 하나님 앞에서 회개하고 용서의 확신을 가지고 살아야 합니다.

그러나 마귀는 우리 마음에 끊임없이 정죄 의식을 심어줍니다. 하나님은 우리를 더 이상 정죄하시지 않는데도 마귀는 우리를 정죄 의식에 사로잡혀 괴로워하게 하고 십자가를 붙들지 못하게 만듭니다. 하나님의 자녀이면서도 하나님의 자녀로서의 삶을 전혀 누리지 못하게 만드는 것입니다.

3. 마귀는 거짓의 아비입니다

Q. 요한복음 8:44에서는 마귀를 어떤 자라고 합니까?
거짓말쟁이요 거짓의 아비.

> **요한복음 8:44**
> 너희는 너희 아비 마귀에게서 났으니 너희 아비의 욕심대로 너희도 행하고자 하느니라 그는 처음부터 살인한 자요 진리가 그 속에 없으므로 진리에 서지 못하고 거짓을 말할 때마다 제 것으로 말하나니 이는 그가 거짓말쟁이요 거짓의 아비가 되었음이라

세상에는 거짓이 넘쳐납니다. 거짓의 아비인 마귀가 사람들의 마음을 지배하고 있기 때문입니다. 그리스도인들 중에도 거짓말

을 가볍게 생각하는 사람들이 있습니다. 배후에서 역사하는 마귀의 악한 역사를 모르고 있기 때문입니다. 사도행전에 나오는 아나니아와 삽비라도 성령을 속이고 땅값을 감추었다가 죽고 말았습니다.

특히 마귀는 사람들에게 고통과 불행을 운명처럼 받아들이게 만드는 거짓된 생각을 심어주고 있습니다. 어렵고 힘든 일을 만나면 "내가 전생에 무슨 잘못을 해서…"라고 말하는 사람들이 있습니다. 이러한 운명론은 하나님께서 허락하시는 복된 미래를 맞이하지 못하도록 만드는 마귀의 전형적인 역사입니다.

예수회 출신 선교사 판토하(Didace De Pantoja) 신부가 쓴 《칠극》(The seven Victories)에 다음과 같은 내용이 나옵니다.

"불교의 가르침을 요약하자면 영원한 이전부터 영원한 뒷날까지 사람과 모든 짐승은 돌고 돌며 바뀌고 바뀐다는 것이다. 즉, 전 세상에서는 짐승이었던 것이 지금 세상에서는 사람이 되기도 하고, 지금 세상에서는 사람으로 산다고 해도 다음 세상에서는 어쩌면 짐승이 될 수도 있다는 말인 것이다.

사실 이 윤회사상은 악한 일을 하려는 이들과 착한 일을 하지 않으려는 이들을 권고하려고 한 것이다. 그러나 의도했던 바와는 다르게 웃지 못할 결과를 가져왔다. 인도의 소를 보라. 인도인들은 소는 어여삐 여기고 길러주지만 사람들은 몹시 학대한다. 사람들이 가난으로 고생하면서 먹지 못하고 입지 못해 구걸을 해도 마음 아파하거나 관심을 주지 않는다.

이들은 세상의 어려운 일을 만나더라도 오직 '전생에서 좋지 않은 일을 해서 지금 그것에 대한 징계를 받는 것이다.'라고 말할 뿐이다. 곧 눈앞에 드러나는 명확한 죄악을 모두 내버려두고 돌아보지 않으며 그것들을 고치거나 바로잡지도 않는다. 이것이야말로 악마의 계책이 아니겠는가?"

4. 마귀는 그의 사자들을 통해 역사합니다

큰 용이 내쫓기니 옛 뱀 곧 마귀라고도 하고 사탄이라고도 하며
온 천하를 꾀는 자라 그가 땅으로 내쫓기니 그의 사자들도
그와 함께 내쫓기니라 계 12:9

마귀가 범죄하고 타락할 때 혼자 타락한 것이 아닙니다. 다른 천사들과 함께 반역을 저지르고 타락하였는데 마귀와 함께 타락한 천사들을 귀신이라고 부릅니다. 타락한 천사들의 우두머리를 마귀 또는 사탄이라 부르고 그와 함께 타락한 천사들을 귀신이라고 부르는 것입니다. 다른 종교나 어떤 이단에서는 귀신을 죽은 자의 영이라고 가르치지만 이것은 하나님이 받으셔야 할 경배와 섬김을 가로채려는 마귀의 속임수입니다. 제사 역시 사실상 조상의 이름으로 귀신이 섬김을 받는 것입니다. 성경은 분명히 이방인의 제사는 귀신에게 하는 것이라고 말씀하고 있습니다(고전 10:20).

이처럼 마귀는 조직 체계를 가지고 하나님을 대적하며 사람들

을 미혹하려고 역사합니다. 그러나 성경은 마귀와 귀신의 실체를 분명히 드러내고 있고, 교회는 그들과 대적하여 싸울 수 있는 유일한 곳입니다.

Q. 마귀의 실체에 대하여 정리해서 써보세요.

02 영적전쟁이란 무엇인가?

11단원

> 또 내가 네게 이르노니 너는 베드로라 내가 이 반석 위에
> 내 교회를 세우리니 음부의 권세가 이기지 못하리라
> 마태복음 16장 18절

2과 핵심요약

❶ 외적인 영적전쟁은 이 땅에 도래하는 하나님 나라를 방해하는 마귀의 공격에 대해 주 예수 그리스도의 이름으로 대적하고 싸우는 것이다.

❷ 영적전쟁의 실상은 성도들이 복음의 능력으로 사탄의 나라를 공격하는 것이고 사탄은 자신의 나라를 빼앗기지 않기 위해 견고한 대문으로 막고 있는 것이다.

❸ 내적인 영적전쟁은 우리가 옛 성품에 매여 살도록 공격하는 마귀와 싸우는 것이다.

❹ 새 사람의 삶을 방해하는 마귀의 역사에 대적하기 위해 나는 죽고 예수로 사는 복음 위에 더욱 견고하게 서야 한다.

예수님께서는 자신이 이 땅에 오신 목적을 마귀의 일을 멸하려 하심이라고 하셨습니다(요일 3:8). 예수님의 십자가와 부활을 통해서 이미 죄와 사망으로 역사하던 마귀의 권세는 꺾였습니다. 또한 예수님께서 다시 오실 때 마귀는 완전한 심판을 받게 될 것입니다. 그때까지 교회와 그리스도인들은 남은 전쟁을 하게 되는데, 두 가지 차원에서 마귀와 영적인 전쟁을 하게 됩니다.

1. 마귀와의 외적인 전쟁입니다

외적인 전쟁은 복음이 전해져서 사람들이 구원받고, 하나님 나라가 이 땅에 이루어지는 것을 방해하는 마귀의 공격에 대해 주 예수 그리스도의 이름으로 대적하고 싸우는 것을 의미합니다. 마

귀는 사람들이 예수 그리스도의 복음을 통해 하나님께로 돌아오는 것을 원치 않습니다. 그래서 복음이 전파되고 교회가 세워지는 일을 방해하려고 애를 씁니다. 전도나 선교 현장에 나가 보면 이것을 방해하려는 세력이 있다는 것을 금방 알게 됩니다. 마귀와의 싸움에서 우리가 주의해야 할 것은 이 싸움을 두려워해서는 안 된다는 것입니다.

Q. 마태복음 16:18에서 교회를 향한 예수님의 약속은 무엇입니까?
음부의 권세가 이기지 못하리라.

마태복음 16:18
또 내가 네게 이르노니 너는 베드로라 내가 이 반석 위에 내 교회를 세우리니 음부의 권세가 이기지 못하리라

"음부의 권세가 이기지 못하리라"는 말씀은 사탄의 왕국 대문이 교회의 공격을 이기지 못하리라는 의미입니다. 우리는 그동안 영적전쟁에 대해 생각할 때, 마귀가 교회와 그리스도인들을 공격하고 우리는 그것을 막아내는 것으로 생각해왔습니다. 그러나 실상은 그와 정반대입니다. 우리가 복음의 능력으로 사탄의 나라를 공격하는 것이고, 사탄은 자신의 나라를 빼앗기지 않기 위해 견고한 대문으로 막고 있는 것입니다. 그러나 사탄의 왕국 대문이 아무리 견고해도 교회의 공격을 견딜 수 없다는 말씀입니다. 이것이 우리가 마귀와의 싸움을 두려워할 필요가 없는 이유입니다.

시댁 식구의 핍박을 심하게 받는 한 집사가 있었습니다. 그는 명

절만 되면 시댁에 가는 것이 두려워 몸이 아프기까지 했습니다. 어느 날, 이 문제를 놓고 작정 기도하는 중에 "시댁을 사로잡고 있는 마귀도 너로 인하여 괴로운 것을 명심하라!"는 말씀을 들었습니다. 그 말씀을 들은 후 그는 더 이상 시댁에 가는 것이 두렵지 않았습니다. 시댁 문을 열고 들어갈 때 속으로 이렇게 말했다고 합니다.

'마귀야, 괴롭지? 내가 또 왔단다. 나는 이제 절대로 뒤로 물러나지 않을 거야!'

그렇게 생각하니 통쾌한 마음이 들었습니다. 그의 얼굴 표정이 바뀌고 시댁에 가는 발걸음이 잦아졌습니다. 자주 찾아뵙고 다정하게 시어머니를 살펴드리니 시어머니의 사랑을 받게 되었습니다. 결국 시간이 지나서 시어머니가 교회에 나오게 되었습니다.

사도행전 19:15
악귀가 대답하여 이르되 내가 예수도 알고 바울도 알거니와 너희는 누구냐 하며

Q. 사도행전 19:15에서 악귀가 누구를 알고 있었습니까?
예수님과 바울.

사도 바울은 천국에서 뿐만 아니라 지옥에서도 유명한 사람이었습니다. 사도 바울은 하나님께 인정을 받는 사람이었을 뿐만 아니라 귀신들도 그를 인정했습니다. 복음을 부끄러워하지 않고 항상 구원의 복음을 전파하는 삶을 살았기 때문입니다. 우리도 바울처럼 어느 곳에 있든지 복음의 능력으로 사탄의 왕국 대문을 흔드는 자로서의 삶을 살아야 합니다.

2. 마귀와의 내적인 전쟁입니다

우리가 예수님을 믿고 거듭나면 이름만 하나님의 자녀가 되는 것이 아닙니다. 실제로 성령께서 우리 안에 오셔서 예수님의 성품으로 살도록 역사하십니다. 마귀는 이 과정에서 옛 성품에 매여 살도록 우리를 공격하는데, 이것이 마귀와의 내적인 전쟁입니다.

십자가의 진리를 믿고 나는 죽었다고 생각했는데 이상하게 옛 성질이 더 강하게 일어납니다. 나는 죽었다고 고백할수록 옛사람이 더 강력하게 일어나는 것처럼 느껴집니다. 사람들을 용서하고 사랑하려고 할수록 반대와 좌절을 경험하게 됩니다. 그러나 이런 일이 일어나는 사실을 이상하게 생각해서는 안 됩니다. 그것은 나는 죽고 예수로 사는 사람이 되는 것을 방해하는 마귀의 역사가 있다는 뜻이기 때문입니다.

마귀의 목적은 우리를 고통스럽게 하는 것이 아닙니다. 많은 사람이 건강을 잃거나 가정에 문제가 생기거나 세상에서 실패하는 것을 두려워합니다. 그러나 마귀가 진짜 노리는 것은 우리를 고통스럽게 하는 정도가 아니라 우리가 이미 하나님께 받은 은혜와 복을 누리지 못하게 하는 것입니다.

사도 바울은 우리가 마귀와 영적전쟁을 해야 하는 이유를 이렇게 밝힙니다.

> 그러므로 하나님의 전신갑주를 취하라 이는 악한 날에
> 너희가 능히 대적하고 모든 일을 행한 후에 서기 위함이라 엡 6:13

여기서 '선다'는 말은 의심이나 두려움 없이 구원받은 성도의 복된 삶을 살아가는 것을 말합니다. 그러나 마귀는 우리가 이처럼 복된 삶을 살지 못하도록 계속 넘어뜨리려고 한다는 것입니다. 그러므로 우리가 예수님의 사람으로 살아가기를 원한다면 먼저 마귀의 공격에 넘어진 사람인지 아닌지를 점검해야 합니다.

하나님께서는 "누구든지 그리스도 안에 있으면 이전 것은 다 지나가고 새로운 피조물"이 되었다고 말씀하셨습니다(고후 5:17). 생각이나 삶이 바뀌는 정도가 아니라 새 사람이 되는 역사가 일어났습니다. 하지만 많은 그리스도인이 예수님을 믿어도 성질은 안 바뀐다고 생각합니다. 이것이 마귀에게 속아 넘어진 상태인 것입니다.

우리는 예수 그리스도의 십자가로 말미암아 모든 죄에서 사함을 받았다고 믿습니다. 그러나 정말 속죄의 은혜를 누리고 사는지는 우리가 용서하고 사랑하는지를 보고 알 수 있습니다. 십자가의 은혜로 죄 사함 받았다고 고백하면서도 여전히 다른 사람을 정죄하고 미워한다면 마귀의 공격에 넘어진 것입니다.

우리는 예수님께서 우리 안에 오셨다고 믿습니다. 우리가 그 은혜를 누리고 사는 사람인지를 아는 척도는 행복한지를 보고 알 수 있습니다. 예수님께서 언제나 함께 계심을 믿는지는 은밀한 죄가 사라졌는지를 보면 알 수 있습니다. 예수님께서 함께 계시다고 고백하면서도 여전히 불행하다고 느끼고, 죄 가운데 산다면 마귀의 공격에 넘어진 것입니다.

하나님께서는 독생자를 주시기까지 우리를 사랑하셨습니다.

그것을 정말 믿는지는 더 이상 염려하지 않고, 두려워하지 않게 되었는지를 확인해야 합니다. 염려와 두려움 속에 살고 있다면 마귀의 공격에 넘어진 것입니다.

마귀가 노리는 것은 우리를 이름뿐인 그리스도인으로 만드는 것입니다. 겉으로는 하나님을 시인하지만 삶으로는 하나님을 부인하는 사람으로 만드는 것입니다.

> 그들이 하나님을 시인하나 행위로는 부인하니 가증한 자요
> 복종하지 아니하는 자요 모든 선한 일을 버리는 자니라 딛 1:16

나는 죽고 예수로 살려고 할 때 반드시 마귀가 방해할 것이라는 사실을 깨달아야 합니다. 마귀가 옛 성품으로 강하게 역사할 때 좌절할 것이 아니라 나는 죽고 예수로 산다는 진리를 결론 삼고 그 진리 위에 더욱 견고하게 서야 합니다.

주님을 바라보는 삶을 통해 삶의 변화를 경험하신 분이 보내신 메일입니다.

"목사님, 저의 삶에 많은 변화가 생겼습니다. 가장 큰 변화는 예수님이 내 안에 오셨고, 예수님이 나의 주인, 나의 생명 되셨다는 고백을 계속하면서 끊어지게 된 죄가 있습니다. 그것은 바로 음란이었습니다. 교회에서 오랫동안 사역해왔음에도 불구하고 음란의 죄는 참 끊기 힘들었습니다. 그러나 목사님의 설교를 들으면

서 예수님은 내 안에 오셨고, 성령께서 나와 늘 함께하신다는 믿음을 갖게 되고 그 믿음을 계속 고백하면서 정말 음란의 죄가 끊어졌습니다. 이것은 저에게 정말 놀라운 변화입니다. 결코 이길 수 없었던 죄였습니다. 다시는 죄를 짓지 않으려고 결심하고 넘어지고 결심하고 넘어지기를 수없이 반복하였습니다. 그런데 예수님을 믿는 믿음의 눈이 뜨이고 나서는 음란이 더 이상 저에게 큰 유혹거리가 되지 않았습니다. 정말 주님이 하셨습니다."

Q. 당신은 하나님께서 주신 복된 자리에 서 있습니까? 마귀의 공격에 넘어지지는 않았는지 다음 내용을 점검해보세요.

1. 그리스도 안에서 새로운 피조물이 되었다고 믿으니 옛 성품이 다 지나갔습니까?

2. 예수님의 속죄의 은혜를 믿으니 이제 다른 사람을 용서하고 사랑하며 살게 되었습니까?

3. 내 안에 오신 예수님을 믿으니 염려와 근심이 떠나가고 행복합니까?

4. 예수님이 나와 항상 함께 계시다는 것을 믿으니 은밀한 죄가 사라졌습니까?

03
11단원

영적전쟁은 어디서 일어나는가?

> 또 우리 형제들이 어린 양의 피와
> 자기들이 증언하는 말씀으로써 그를 이겼으니
> 그들은 죽기까지 자기들의 생명을 아끼지 아니하였도다
> 요한계시록 12장 11절

3과 핵심요약
❶ 우리의 생각, 마음, 입술에서 영적전쟁이 일어난다.
❷ 생각의 파수꾼을 세워야 한다.
❸ 옛사람이 예수님과 함께 이미 죽었음을 믿고 "나는 죽었습니다."를 고백함으로 우리 마음을 지켜야 한다.
❹ 성도들의 감사와 찬양은 마귀에게 쏘는 영적 미사일이다.

요한복음 13:2
마귀가 벌써 시몬의 아들 가룟 유다의 마음에 예수를 팔려는 생각을 넣었더라

마귀는 우리가 예수님의 성품으로 사는 것을 방해하려고 강력하게 역사하고 있습니다. 마귀가 어떤 경로를 통하여 우리를 넘어지게 하는지 알아야 마귀와의 영적전쟁에서 승리할 수 있습니다. 마귀와의 영적전쟁이 어디에서 일어날까요?

1. 우리의 생각에서 영적전쟁이 일어납니다

Q. 요한복음 13:2에서 마귀는 가룟 유다에게 어떻게 역사합니까?

　　예수님을 팔려는 생각을 넣어줌.

많은 사람이 나타나는 행동을 중요하게 생각합니다. 그러나 그것보다 더 중요한 것은 생각인데, 생각에서 행동이 나오기 때문입니다. 그래서 마귀는 생각을 중요하게 여기고 생각을 공격 대상으로 삼습니다.

마귀는 가룟 유다에게 예수님을 팔 생각을 넣어주었고 그 생각은 결국 실행되었습니다. 이처럼 마귀는 우리에게 비판하는 마음, 미운 생각, 악한 생각, 불신, 낙심, 두려움, 열등감, 죄책감 등의 생각을 심어줍니다. 그러므로 생각의 파수꾼을 세우지 않으면 마귀의 공격에 무너질 수밖에 없다는 사실을 깨달아야 합니다.

어떤 분이 고민을 상담해 왔습니다. 인터넷에서 하나님을 비방하고 모욕하는 글을 보면서 자기도 모르게 하나님을 욕하고 대적하는 생각이 떠올라 너무 괴롭다는 것이었습니다. 그는 자신이 원치 않는 생각을 하느니 차라리 죽는 게 낫겠다는 생각도 든다고 했습니다. 그는 하나님을 모욕하는 생각이 자신의 것이라고 생각했습니다. 그러나 만약 이런 생각이 떠오른다면 그것을 자신의 생각으로 여겨서는 안 됩니다. 그것은 분명히 마귀가 주는 생각입니다. 저는 그에게 마귀가 주는 생각에 휘둘리지 말고 그 생각이 떠나갈 때까지 예수님의 이름으로 대적하도록 조언했습니다.

2. 우리의 마음에서 영적전쟁이 일어납니다

요한복음 13:2, 27
²마귀가 벌써 시몬의 아들 가룟 유다의 마음에 예수를 팔려는 생각을 넣었더라 ²⁷조각을 받은 후 곧 사탄이 그 속에 들어간지라 이에 예수께서 유다에게 이르시되 네가 하는 일을 속히 하라 하시니

잠언 4:23
모든 지킬 만한 것 중에 더욱 네 마음을 지키라 생명의 근원이 이에서 남이니라

Q. 다음 질문을 읽고 답을 쓰세요.

1. 요한복음 13:2과 27의 차이점은 무엇입니까?

    마귀가 처음에는 가룟 유다의 생각을 통해 역사했으나 나중에는 가룟 유다 속으로 들어감.

2. 잠언 4:23에서 우리가 가장 중요하게 지켜야 할 것은 무엇입니까?

    마음.

　　마귀가 생각에서 역사하는 것과 마음에서 역사하는 것은 차이가 있습니다. 마귀는 맨 처음 생각을 통해 역사합니다. 우리는 마귀가 주는 생각을 분별하고 대적하면 그것을 얼마든지 떨쳐버릴 수 있습니다. 그러나 마음을 지키지 못하고 마귀가 주는 생각을 품고 살면 그것이 마음에 진을 치게 됩니다. 가룟 유다가 예수님을 팔아넘길 생각을 버리지 않으니까 결국 마귀가 그 마음을 지배했습니다.

　　우리의 마음에 생길 수 있는 마귀의 진은 습관적인 죄, 혈기, 두려움, 낙심, 우울증, 교만, 열등감, 분열, 분노 같은 것들입니다.

　　어느 개그맨이 《하지 말라는 것은 다 재미있다》라는 제목의 책을 썼습니다. 개그맨다운 제목이지만 우리에게 전해주는 메시지가

있다는 생각이 듭니다. 당연히 해야 할 일이 즐거워야 합니다. 그런데 마땅히 해야 할 일은 즐겁지 않고 하지 말아야 할 일만 재미가 있습니다. 봐야 할 것은 보지 않고, 보지 말아야 할 것에 눈이 갑니다. 가야 할 곳은 가지 않고, 가지 말아야 할 곳에 발길이 갑니다. 다른 사람을 축복하거나 사랑하지 못하고, 비판하고 미워하기를 좋아합니다. 기도하고 말씀을 묵상하는 습관은 갖기 어려워도 음란, 음주, 도박 같은 것에는 쉽게 빠져듭니다. 왜 이런 현상이 나타날까요? 악한 영에게 마음을 빼앗겼기 때문입니다.

그러면 우리가 어떻게 마귀의 견고한 진을 파할 수 있을까요? 마귀가 마음에 견고한 진으로 자리 잡게 되면 자기 힘으로는 그것을 떨쳐버릴 수 없습니다. 마귀의 견고한 진을 파할 수 있는 능력은 오직 예수님의 십자가뿐입니다. 나는 죽고 예수로 사는 십자가의 진리를 믿음으로 붙잡아야 합니다.

마귀는 죽지 않은 옛사람을 통해서 우리 마음을 지배하려고 합니다. 그러나 우리 옛사람이 이미 예수님과 함께 죽었다는 사실을 믿고 "나는 죽었습니다."라고 고백하면 마귀는 우리 마음을 지배할 힘을 잃게 됩니다.

제자훈련 세미나에 참석했던 분이 선한목자교회 홈페이지에 참가 후기를 올렸습니다.

"이번 세미나에 참석해서 주님께 고백했습니다. '주님, 곧 개봉

할 트랜스포머 3편을 보지 않겠습니다.' 그동안 제 마음은 주님 한 분만으로 충분하지 않았습니다. 웃기는 고백 같지만 트랜스포머 시리즈를 영화관에서 보고 난 후 지금까지 주님의 재림보다 더 간절히 트랜스포머 다음 편이 나오길 기다렸습니다. 지금 제게는 그 어느 것보다 가장 큰 내려놓음이 이 영화를 보지 않는 것입니다. 뿐만 아니라 이제 주님이 원치 않는 모든 것을 영원히 내려놓겠다고 결단합니다. 사탄에게 귀 기울여 더 이상 내 마음과 영혼이 상처받고, 주님의 마음을 아프게 하고, 주님의 임재하심이 떠나는 최악의 삶을 계속 반복하며 살고 싶지 않습니다. 내 안에 주님이 사시기에 이제 사탄이 유혹하는 목소리, 정욕과 쾌락을 추구하는 목소리를 무시하겠습니다. 주님이 내 안에 계시고 말씀하시고 인도하신다는 사실을 믿기에 주님께 귀 기울이며 순종하겠습니다. 주님이 내 안에서 마음껏 행하실 수 있도록 주님을 믿고 24시간 주님을 바라보겠습니다. 나는 죽었고 주님이 사신다는 사실을 믿습니다."

Q. 당신 마음 안에 자리 잡은 견고한 진은 무엇입니까?

---

3. 우리의 입술에서 영적전쟁이 일어납니다

Q. 시편 141:3에서 시편 기자가 기도한 것은 무엇입니까?
입술의 파수꾼을 세우시고 입술의 문을 지키소서.

시편 141:3
여호와여 내 입에 파수꾼을 세우시고 내 입술의 문을 지키소서

침이 입속에 있을 때 그것을 더럽다고 생각하는 사람은 없습니다. 그러나 그 침이 입 밖으로 나오면 자기 침이라고 해도 더럽다고 느낍니다. 우리의 말이 꼭 그와 같습니다. 어떤 생각이 우리 안에서 맴도는 것과 그것이 말로 튀어나왔을 때가 다릅니다. 생각으로 머물러 있을 때보다 말을 통해서 고백되면 더 큰 영적인 권세를 갖게 됩니다. 그래서 마귀는 생각을 통해 역사할 뿐만 아니라 우리로 하여금 자신이 원하는 말을 하도록 역사합니다. 믿음 없는 말, 불평하고 원망하는 말, 비난하고 저주하는 말 등을 하게 만듭니다. 이런 말들 때문에 우리가 더러워지게 되고 결국 악한 삶의 열매를 맺게 됩니다.

> 죽고 사는 것이 혀의 힘에 달렸나니 혀를 쓰기 좋아하는 자는 혀의 열매를 먹으리라 잠 18:21

어느 집사와 상담을 한 적이 있습니다. 그는 형편이 어려워서 그런지 "죽겠다"는 말을 입에 달고 있었습니다. 저는 그에게 권면했습니다.

"집사님이 말한 대로 된다면 정말 끔찍한 일입니다. 이제 하나님께서 집사님의 말한 그대로 하신다고 하면 무슨 말을 하겠는지를 생각해보고 그 말만 한번 해보세요."

이 말을 듣고 그는 한동안 말이 없었습니다. 그러다가 서서히 "하나님, 감사합니다. 하나님, 고쳐주실 것을 믿습니다. 하나님, 우리 가정을 화목하게 만들어주셨습니다. 남편을 주신 것도 감사합니다. 약한 몸으로 힘들게 낳았지만 이제는 아이를 안아서 일으킬 수도 없습니다. 건강한 아이 주신 것도 감사합니다."라고 고백하기 시작했습니다.

주님을 정말 믿으면 우리의 입에서 나오는 말이 달라집니다.

또 우리 형제들이 어린 양의 피와 자기들이 증언하는 말씀으로써
그를 이겼으니 그들은 죽기까지 자기들의 생명을 아끼지 아니하였도다
계 12:11

마지막 때 성도들이 마귀와 싸워서 이기는 권세가 어린 양의 피와 증언하는 말씀에 있다고 했습니다. 우리가 하는 말이 마귀를 기쁘게 할 수도 있고 마귀에게 괴로움을 줄 수도 있습니다. "안 된다!", "죽겠다!", "왜 이렇게 조금밖에 안 모였지?" 등은 모두 마귀가 좋아하고 기뻐하는 말들입니다. 그러나 환경이 아무리 어렵고 힘들어도 믿음의 말을 해야 합니다. 하나님이 기뻐하시고 역사하실 수 있는 말을 해야 합니다. 성도들의 감사와 찬양은 마

귀에게 쏘는 영적 미사일과 같습니다. 우리가 감사하고 찬양하는 말로 하나님을 시인하고 고백하면 마귀는 즉시 떠나갈 수밖에 없습니다.

Q. 당신의 말이 그대로 이루어진다고 믿는다면 지금 어떤 말을 하겠습니까? 마귀가 어떤 말을 가장 싫어할지 써보세요.

04 영적전쟁에서 승리하는 길

11단원

> 그런즉 너희는 하나님께 복종할지어다
> 마귀를 대적하라 그리하면 너희를 피하리라
> 야고보서 4장 7절

4과 핵심요약

❶ 우리가 싸워야 할 대상은 사람이 아닌 배후에서 역사하는 악한 영들이다.
❷ 우리가 악한 영과 싸우려면 죄 사함과 치유를 받아야 한다.
❸ 24시간 예수님을 바라봄으로써 우리 마음을 지켜야 한다.
❹ 우리 마음에서 일어나는 작은 싸움을 중요하게 여겨야 한다.
❺ 하나님께서 우리에게 주신 권세를 사용해야 한다.
❻ 반대정신으로 살아야 한다.

에베소서 6:12
우리의 씨름은 혈과 육을 상대하는 것이 아니요 통치자들과

마귀는 교회와 그리스도인들의 믿음을 무너뜨리기 위해 여러 가지 통로로 공격을 합니다. 우리가 교회에 다닌다는 사실 때문에 무조건 영적전쟁에서 승리할 수 있는 것은 아닙니다. 마귀와 믿음으로 싸우고 승리하는 방법을 배워야 합니다. 어떻게 해야 영적전쟁에서 승리할까요?

1. 싸움의 대상을 바로 알아야 합니다

Q. 에베소서 6:12에서 우리가 싸워야 할 대상은 누구입니까?
　　통치자들과 권세들과 이 어둠의 세상 주관자들과 하늘에 있는 악의 영들.

사람들과의 관계 속에서 살아가다 보면 관계가 깨어지고 갈등이 생기는 일을 경험합니다. 그런 일이 생기는 이유는 배후에 마귀가 역사하고 있기 때문입니다. 그런데 이 사실을 깨닫지 못해서 사람과 싸우다가 서로 상처받는 일이 얼마나 많은지 모릅니다. 우리가 싸워야 할 대상은 사람이 아니라 배후에서 역사하는 악한 영들입니다.

> 권세들과 이 어둠의 세상 주관자들과 하늘에 있는 악의 영들을 상대함이라

어느 집사가 직장의 영적 분위기가 너무 나빠서 직장을 옮겨달라고 오랫동안 기도했습니다. 그런데 부흥회를 통해 은혜를 받고 새로운 다짐을 하게 되었습니다. 하나님으로부터 "너는 직장 안에서 역사하는 악한 영을 대적하지 않고, 왜 직장 상사만 비난하고 직장을 옮기려고만 하느냐?"는 책망을 들었기 때문이라고 했습니다. 그래서 이제는 기도와 말씀, 사랑으로 직장을 지배하고 있는 악한 영들과 싸울 것을 다짐했다고 했습니다.

2. 우리 자신이 죄 사함과 치유를 받아야 합니다

전장에서 군인도 상해를 입으면 적과 싸울 수 없습니다. 마찬가지로 그리스도의 군사들도 싸울 수 없도록 하는 두 가지 요소가 있습니다. 하나는 죄의 문제이고, 또 하나는 마음의 상처입니다.

마귀는 죄를 통하여 사람들을 종으로 사로잡습니다. 그러나 골로새서 2장 15절은 "통치자들과 권세들을 무력화하여 드러내어 구경거리로 삼으시고 십자가로 그들을 이기셨느니라"고 말씀하셨

습니다. 십자가를 통해 우리를 종으로 삼았던 마귀가 완전히 무장해제 되었다는 말씀입니다.

예수님을 믿은 후에도 마귀는 끊임없이 죄를 통해 우리를 넘어뜨리려고 합니다. 말하자면 최후의 발악인 셈입니다. 그러나 우리 주님의 십자가가 정확하게 선포되는 곳에서 사탄의 권세는 꺾입니다. 십자가를 의지하여 회개하면 마귀의 권세는 무력화됩니다. 마귀에게는 회개하는 자를 사로잡을 권한이 없기 때문입니다.

이사야 53장 1-5절을 보면, 예수님께서는 십자가에서 우리의 허물과 죄만 담당하신 것이 아니라 우리가 받을 멸시와 외로움, 슬픔까지 다 담당하셨다고 했습니다. 그 결과 우리는 나음을 얻었습니다. 우리가 이 진리를 믿음으로 붙잡을 때 마음의 치유가 일어나고 영적전쟁에서 승리하는 힘을 갖게 되는 것입니다.

한 목사님의 간증입니다. 그의 어린 시절은 가난과 부모님의 불화로 행복하지 않았습니다. 그는 자신이 버려진 존재라는 생각을 하게 되었습니다. 모든 것을 포기하고 그냥 되는 대로 살기로 마음먹었습니다. 그는 세상에서 말하는 깡패 같은 학생이 되었습니다. 그렇게 고3 시절을 지내던 중에 친구의 권면으로 교회 수련회에 참석하게 되었습니다. 그런데 찬양 가사 한 구절이 그의 눈을 눈물로 가득하게 만들었습니다. '예수님은 십자가에서 고통을 당하심으로 버림받고 외면 당하셨습니다. 나를 위해 마치 짓밟힌 장미꽃처럼 죽으셨습니다.'라는 내용의 가사였습니다.

그에게는 이것이 예수님께서 그의 귀에 대고 "아들아, 내가 너를 안다. 네가 당한 고난은 내가 다 보았다. 내가 너의 죄를 씻기 위해서 네가 당한 고난보다 더 무거운 십자가로 이미 고통 받았다. 내가 너를 위해 죽었다."라는 말씀으로 들렸습니다. 그는 그 순간 자신의 짓밟힌 인생의 의미를 깨달았습니다. 버려진 돌과 같은 삶을 통해 자신을 위해 짓밟히신 주님의 은혜를 깨달았던 것입니다. 그 후에 그는 예수님을 위해 사는 자가 되겠다는 꿈을 품게 되었습니다.

Q. 당신이 십자가의 은혜를 누림으로 회복되고 치유되어야 할 부분은 무엇입니까?

_____
_____
_____

3. 무엇보다 마음을 지켜야 합니다

적을 공격하고 방어하는 성이 무너지면 적군에게 점령당할 수밖에 없습니다. 마찬가지로 우리가 마음을 지키지 않으면 마귀의 공격에 마음을 빼앗길 수밖에 없게 됩니다. 예수님을 믿는다고 하면서도 온갖 두려움과 염려, 은밀한 죄에 사로잡혀 사는 이유가 바로 그것 때문입니다.

마귀의 공격으로부터 마음을 지키는 방법은 24시간 주님을 바라보는 것입니다. 예수님을 영접하면 예수님께서 우리 안에 오십니다. 그러나 예수님께서 우리 안에 오셨다는 것과 우리가 예수님을 바라보고 사는 것은 다른 이야기입니다.

영국의 중보 기도자인 리즈 하월즈가 세운 웨일즈 성경학교에 성령 충만의 역사가 임하였습니다. 모인 사람들은 다 성령의 임재를 느꼈고 통렬한 회개의 역사가 일어났습니다. 그들이 가장 마음 아파했던 것은 주께서 "참으로 너의 몸 안에 살고 있는 것이 누구냐?"라고 다그쳐 물으실 때였습니다. 그 질문에 감히 아무도 대답하지 못하고 울고 또 울었습니다. 모두 자기 안에 예수님이 사시는 줄 알았습니다. 그러나 주님의 빛으로 보니 자기 안에 정욕, 교만, 이기심들이 가득했던 것입니다.

우리가 늘 바라보고 사는 것이 우리의 주인입니다. 우리가 아침에 일어나서 잠자리에 들 때까지 주님을 바라보면 마귀가 공격할 틈을 얻지 못합니다. 빛이 있는 곳에 어찌 어둠이 함께 있겠습니까? 24시간 예수님을 바라봄으로써 주님이 우리 마음의 주인이 되시면 마귀는 우리 마음을 만지지도 못합니다.

4. 작은 싸움을 중요하게 여겨야 합니다

거대한 댐도 개미가 뚫은 구멍을 통해 무너진다고 했습니다. 이것이 우리 마음에서 일어나는 작은 싸움을 소홀히 생각해서는 안 되는 이유입니다. 마귀가 주는 나쁜 생각을 우리가 자꾸 품으면 마음이 굳어지게 됩니다. 작은 죄를 허용하면 더 큰 죄를 짓게 됩니다. 알코올이나 약물 중독, 인터넷이나 게임 중독에 빠진 사람들을 보십시오. 처음부터 중독에 빠진 사람은 없습니다.

또한 작은 싸움에서 이기는 법을 배우면 큰 싸움에서도 이길 수 있습니다. 금방 아무 일도 일어나지 않는 것처럼 보여도 계속해서 주님을 바라보면 삶이 변화되는 능력을 경험하게 됩니다. 영적인 눈으로 바라보면 주님을 바라보는 것 자체가 악한 영과의 싸움입니다.

'깨진 유리창 법칙'이 있습니다. 빈집이 있는데 유리창이 하나 깨졌습니다. 빈집이니까 누가 유리창을 갈겠습니까? 그러면 얼마 지나지 않아 그 집은 완전히 폐허가 되어버립니다. 우리 가정이 온전한 가정이 되려면 깨진 유리창이 생길 때 즉시 갈아 끼워야 합니다. 그래야 집이 온전히 유지됩니다. 부부 사이에, 부모와 자녀 사이에 작은 문제가 생기면 즉시 대책을 세워야 합니다. 깨진 유리창을 그대로 두면 빈집이라고 광고하는 꼴입니다. 우리 집에 와서 마음껏 놀라고 마귀를 초청하는 것이나 마찬가지입니다. '우리 가정이 무슨 문제가 있음에도 다 그렇게 사는 거지 뭐. 문제없는 집이 어디 있겠어?' 하면 안 됩니다. 마귀에게 완전히 속는 것입니다.

5. 하나님께서 우리에게 주신 권세를 사용해야 합니다

마귀는 강력한 능력을 가지고 있기 때문에 우리 힘으로는 결코 이길 수 없습니다. 그러나 예수님이 우리 안에 계시고, 우리에게는 예수 이름의 권세가 있습니다. 성경은 분명히 우리가 마귀를 대적하면 마귀가 피할 것이라고 했습니다(약 4:7).

적진을 파하려면 가지고 있는 무기의 위력을 믿고 그 무기를 사용해야 합니다. 마찬가지로 우리도 예수 이름의 권세를 믿고 의지하여 그 권세를 사용해야 합니다. 마귀가 역사하는 곳에 입을 열어 "내가 예수님의 이름으로 명하노니 악한 영은 떠나가라."고 담대히 명령해야 합니다. 그러면 마귀는 그 명령에 복종할 수밖에 없습니다. 예수님이 명령하시는 것과 같기 때문입니다.

6. 반대 정신으로 살아야 합니다

로마서 12:17-21
17아무에게도 악을 악으로 갚지 말고 모든 사람 앞에서 선한 일을 도모하라 18할 수 있거든 너희로서는 모든 사람과 더불어 화목하라 19내 사랑하는 자들아 너희가 친히 원수를 갚지 말고 하나님의 진노하심에 맡기라 기록되었으되 원수 갚는 것이 내게 있으니 내가 갚으리라고 주께서 말씀하시니라 20네 원수가 주리거든 먹이고 목마르거든 마시게 하라 그리함으로 네가 숯불을 그 머리에 쌓아 놓으리라 21악에게 지지 말고 선으로 악을 이기라

Q. 로마서 12:17-21을 읽고 다음 질문에 답을 쓰세요.

1. 악한 일을 만났을 때 어떻게 하라고 했습니까?(17절)

악을 악으로 갚지 말고 선한 일을 도모하라.

2. 원수가 주리고 목마르면 어떻게 하라고 했습니까?(20절)

주리거든 먹이고, 목마르거든 마시게 하라.

마귀는 우리가 서로 비판하고, 미워하며, 싸우고, 거짓말하고, 탐욕스럽고, 교만한 것을 기뻐합니다. 이런 것들은 마귀에게 좋은 양식과도 같습니다. 만약 우리 안에 마귀가 좋아하는 것들이 가득하면 마귀는 결코 우리를 떠나려고 하지 않습니다.

마귀와 싸우려면 마귀가 좋아하는 양식을 끊고 마귀가 싫어하고 괴로워하는 것으로 싸움을 해야 합니다. 마귀는 악한 영이기 때문에 반대편에 있는 선을 가장 싫어합니다. 악한 영과는 선으로 싸워야 이길 수 있습니다. 나를 비판하는 사람이 있다면 그를 축복함으로써 싸워야 하고 나를 시기하고 미워하는 사람이 있다면 용서와 사랑으로 싸워야 이길 수 있습니다. 거짓에는 정직으로 맞서야 하고 탐욕에는 베풂으로, 교만은 겸손으로 싸워야 마귀와의 싸움에서 이길 수 있습니다.

Q. 그동안 당신에게 피해를 주고 힘들게 하는 사람에게 어떻게 대했습니까? 앞으로는 그런 사람이 있다면 어떻게 대하겠습니까?

05
11단원

하나님의
전신갑주를 입으라

마귀의 간계를 능히 대적하기 위하여
하나님의 전신갑주를 입으라
에베소서 6장 11절

5과 핵심요약

❶ 하나님의 전신갑주는 우리와 함께하시는 예수님이다.

❷ 진리의 말씀을 통해 예수님을 믿는 사람을 마귀가 해할 수 없다.

❸ 우리의 의가 되시는 예수님을 24시간 바라볼 때 마귀는 우리를 결코 무너뜨릴 수 없다.

❹ 예수님이 함께 계심이 정말 믿어지면 어떤 상황에도 평안할 수 있다.

❺ 마귀의 불화살을 막아내는 믿음은 우리가 계속해서 예수님을 바라볼 때 생긴다.

❻ 구원의 투구를 쓴다는 것은 항상 예수님을 생각하는 것이다.

❼ 순종을 통하여 말씀이 삶에서 경험되어지면 그 말씀은 마귀의 심장을 찌르는 강력한 무기가 된다.

마귀는 구원받은 성도가 누리는 복된 자리에서 우리를 넘어뜨리기 위해 온갖 방법으로 시험합니다. 그러나 하나님께서는 마귀와의 영적전쟁에서 승리할 수 있는 전신갑주를 우리에게 주셨습니다.

하나님의 전신갑주는 우리와 함께하시는 예수님입니다. 우리가 마귀와의 시험에서 이기는 길은 예수님 안에 거하는 것입니다. 시험을 이기려고 몸부림치지 않아도 예수님 안에 거하면 얼마든지 시험을 이길 수 있습니다. 우리가 예수님 안에 거하는 순간 영적전쟁은 우리와 마귀의 싸움이 아니라 예수님과 마귀의 싸움이 되기 때문입니다.

Q. 에베소서 6:14-17을 읽고 빈칸에 맞는 단어를 써넣으세요.

그런즉 서서 (진리)로 너희 (허리띠)를 띠고
(의)의 (호심경)을 붙이고 (평안)의 (복음)이 준비한 것으로 신을 신고 모든 것 위에 (믿음)의 (방패)를 가지고 이로써 능히 악한 자의 모든 불화살을 소멸하고 (구원)의 (투구)와 (성령)의 (검) 곧 하나님의 말씀을 가지라

에베소서 6:14-17
14그런즉 서서 진리로 너희 허리띠를 띠고 의의 호심경을 붙이고 15평안의 복음이 준비한 것으로 신을 신고 16모든 것 위에 믿음의 방패를 가지고 이로써 능히 악한 자의 모든 불화살을 소멸하고 17구원의 투구와 성령의 검 곧 하나님의 말씀을 가지라

하나님의 전신갑주는 무엇을 의미하는지 자세히 살펴보겠습니다.

하나님의 전신갑주 1 : 진리의 허리띠

진리의 허리띠는 영적 무장의 첫 단계이며 모든 영적 무장의 기본입니다. 그런데 우리가 기억해야 할 것은 진리란 바로 예수님이라는 사실입니다.

> 예수께서 이르시되 내가 곧 길이요 진리요 생명이니
> 나로 말미암지 않고는 아버지께로 올 자가 없느니라 요 14:6

"진리로 허리띠를 따라."는 것은 체험이나 감정에 의지하여 예수님을 믿지 말라는 의미입니다. 예수님을 믿을 때 두 가지 유형의 사람이 있습니다. 체험에 의지하여 예수님을 믿는 사람과 진리에 근거하여 예수님을 믿는 사람입니다.

많은 그리스도인이 체험에 의지하여 예수님을 믿습니다. 체험은 분명히 확신을 주고 사람들의 마음을 뜨겁게 만듭니다. 삶에 기적이 일어나고 모든 일이 잘되면 예수님께서 함께 계신 것 같고 하나님이 나를 사랑하시는 것처럼 느낄 수 있습니다. 그러나 문제는 환경이 힘들어지고 뜨거운 감정이 식어지면 확신도 흔들린다는 점입니다.

마귀는 인간의 감정의 약점을 이용하여 우리를 속입니다. 그러므로 체험이나 감정에 의지하여 예수님을 믿는 사람은 마귀의 시험에 넘어질 수밖에 없습니다. 그러나 진리의 말씀을 통해 예수님을 믿으면 환경이 변하고 감정의 기복이 있더라도 예수님께서 언제나 나와 함께하심을 믿을 수 있습니다. 진리의 말씀을 통해 예수님을 알고 있는 사람은 마귀가 어떻게 해볼 도리가 없습니다. 진실을 알고 있는 사람이 거짓말을 하는 사람 앞에서 당당한 것과 마찬가지 원리입니다.

선한목자교회는 새가족 등록을 하면 누구나 10주 동안 일대일로 새가족 양육을 받게 합니다. 처음에는 거부감을 갖는 분도 있지만 10주 과정을 마치면 큰 은혜를 받았다고 고백합니다. 처음 예수님을 믿는 사람은 물론이고, 이미 예수님을 영접한 후에 나름대로 신앙생활을 해오던 분들이 양육을 받고 나면 신앙의 틀이 잡힌 것 같다는 고백을 많이 합니다. 체험이 아니라 말씀을 통하여 진리로 무장된 것을 느끼기 때문입니다.

하나님의 전신갑주 2 : 의의 호심경

　마귀는 죄를 통해 우리를 지배하려고 합니다. 마귀는 우리가 죄를 짓도록 유혹하고 죄를 지으면 죄책감에 사로잡히게 만듭니다. 그 죄책감을 통해 구원받은 성도가 마땅히 누려야 할 자유와 평안과 기쁨을 다 빼앗아갑니다.

　죄를 통해 역사하는 마귀를 이길 수 있는 길은 예수님을 바라보는 것입니다. 예수님께서 우리의 의가 되셨기 때문입니다.

> 너희는 하나님으로부터 나서 그리스도 예수 안에 있고
> 예수는 하나님으로부터 나와서 우리에게
> 지혜와 의로움과 거룩함과 구원함이 되셨으니 고전 1:30

　우리의 의로는 마귀의 시험을 이길 수 없습니다. 죄를 짓지 않으려고 노력해도 결국 넘어질 수밖에 없습니다. 그러나 우리의 의가 되시는 예수님을 24시간 바라볼 때 마귀는 결코 우리를 죄로 무너뜨릴 수 없습니다.

하나님의 전신갑주 3 : 평안의 복음의 신

　마귀의 주요 공격 목표는 구원받은 성도가 누리는 평안을 빼앗는 것입니다. 마귀는 두려움과 염려라는 무기로 우리를 공격합니다. 그러나 그리스도인에 관한 진리는 예수님께서 우리 안에 오셨

고 우리에게 평안을 주신다는 사실입니다.

> 평안을 너희에게 끼치노니 곧 나의 평안을 너희에게 주노라
> 내가 너희에게 주는 것은 세상이 주는 것과 같지 아니하니라
> 너희는 마음에 근심하지도 말고 두려워하지도 말라 요 14:27

예수님이 함께 계시다는 사실이 정말 믿어지면 어떤 상황에도 평안을 잃지 않습니다. 그것이 예수님을 바라보고 사는 자가 누리는 복입니다.

하나님의 전신갑주 4 : 믿음의 방패

마귀는 우리의 믿음을 무너뜨리기 위해 공격합니다. 믿음이 무너지면 모든 것이 무너지는 것과 같기 때문입니다. 마귀는 우리에게 '하나님이 계시다면 왜 이런 일이 생기는 것일까?', '하나님이 정말 나를 사랑하시는 것일까?'라는 의심들을 심어줍니다.

휴전선에 가면 남북한 양측이 모두 대형 스피커 시설을 해놓고 선전방송을 합니다. 북한에서 하는 대남방송을 들어보면 말도 안 되는 선전을 합니다. 누가 그런 말을 귀담아들을까 싶습니다. 그런데 이해가 안 되는 것은 이 방송을 듣고 월북하는 군인들이 있다는 사실입니다. 평소에는 거짓말처럼 들리던 방송 내용이 큰 사고를 냈거나, 군 생활이 힘들거나, 애인이 변심했거나, 집안에

어려운 일이 있을 때는 솔깃하게 들리기 때문이라고 합니다.

마귀의 불화살을 막아낼 수 있는 믿음은 그냥 생기지 않습니다. 온전한 믿음은 우리가 계속해서 예수님을 바라볼 때 생기는 것입니다. 예수님께서는 믿음의 대상이시기도 하지만 우리 안에서 믿음을 일으키시는 분이기 때문입니다(히 12:2).

초대교회 성도들은 예수님을 믿는다는 한 가지 이유 때문에 모진 핍박을 당했습니다. 환경을 보면 하나님의 살아 계심과 사랑을 의심할 만한 상황이었습니다. 그러나 그들은 핍박과 두려움이라는 마귀의 불화살을 믿음의 방패로 막아 승리했습니다. 그들이 그런 믿음을 가질 수 있었던 것은 환경이나 감정에 의존하지 않고 진리 가운데 예수님을 바라보았기 때문입니다.

Q. 당신에게 가장 믿어지지 않지만 성경에서 믿으라고 하는 진리는 무엇입니까?

하나님의 전신갑주 5 : 구원의 투구

마귀는 우리의 머리, 곧 생각을 공격합니다. 마귀는 우리 안에 온갖 더럽고 악하고 세상적인 생각들을 심어줍니다. 왜 구원받은 하나님의 백성이 죄에 무너질까요? 왜 하나님의 자녀이면서도 세상 사람들처럼 살고 있을까요? 구원받은 사람의 생각을 지키지 못하기 때문입니다.

구원의 투구를 쓰는 것은 예수님을 생각하는 것입니다. 우리가 항상 예수님을 생각하면서 살면 우리의 생각과 마음이 완전히 바꾸어지는 것을 경험하게 됩니다.

미국에 사는 교포 한 분이 간이식을 했는데 갑자기 멕시코 음식이 먹고 싶다고 하더랍니다. 멕시코 사람의 간을 이식받았던 것입니다. 얼마나 신기한 일입니까? 간 이식이 식성이 바꾼 것입니다. 간을 이식한 것도 이와 같다면 예수님의 마음을 품으면 어떻게 되겠습니까? 삶이 완전히 달라집니다. 예수님을 믿는 우리는 다 심장이식을 하고 사는 사람들입니다.

하나님의 전신갑주 6 : 성령의 검

우리는 마귀의 공격을 방어할 뿐 아니라 마귀를 공격할 수 있는 무기도 가지고 있습니다. 바로 하나님 말씀입니다. 예수님께서도 40일을 금식하신 후에 광야에서 사탄에게 시험을 받으실 때 말씀으로 이기셨습니다.

그러나 무기를 가지고 있다고 무기를 잘 사용한다는 보장은 없습니다. 평소에 무기 사용하는 방법을 익히지 않으면 실제 상황에서 무기를 가지고도 제대로 쓸 수가 없습니다. 마찬가지로 성경 말씀으로 마귀를 이기려면 우리가 말씀을 많이 읽어서 잘 알 뿐만 아니라 순종을 통하여 말씀이 경험되어져야 합니다. 그러면 그 말씀은 마귀의 심장을 찌르는 강력한 무기가 됩니다.

Q. 만약 당신에게 영적인 위기가 닥친다면 어떤 말씀으로 그 위기를 극복할 수 있을까요?

Q. 만약 당신에게 영적인 위기가 닥칠 때 붙드는 말씀, 혹은 앞으로 붙들고 싶은 말씀이 있다면 나누어주세요.

11단원
영적전쟁에서 승리하라

소그룹 나눔 | 인도자용

마음열기
(8분)
- 찬양 : 마귀들과 싸울지라(348장), 세상의 유혹 시험이
- 기도 : 미리 정해진 순서에 따라 모임을 위해 기도합니다.

과제점검
(2분)
- 출석체크, 예습, Q.T여부, 기도생활
- 성경암송 점검 - 에베소서 6:10-11

  끝으로 너희가 주 안에서와 그 힘의 능력으로 강건하여지고

  마귀의 간계를 능히 대적하기 위하여 하나님의 전신갑주를 입으라

도입질문 및
각 과별 진행
(100분)
Q. 어떤 일에 대해서 영적인 문제라고 생각되었던 경험을 나누어주세요.

01
마귀의 실체는 무엇인가?

Q. 마귀의 실체에 대하여 정리해서 써보세요.

○ 영적전쟁의 대상인 마귀의 실체를 아는 것은 매우 중요한 일입니다. 몇 사람에게 질문에 답하게 하시고, 좀 전에 배웠던 마귀의 실체 다섯 가지를 반원들과 함께 다음과 같은 형식으로 읽으십시오.

인도자 : "마귀는 어떤 존재입니까?"
반　원 : "타락한 천사입니다."
인도자 : "마귀는 어떤 존재입니까?"
반　원 : "참소하는 자입니다."

핵심 요약　우리가 사는 세상에는 성령께서도 역사하시지만 악한 영도 역사합니다. 마귀가 존재하는 한 영적전쟁이나 믿음의 훈련은 필수입니다. 그렇다면 마귀는 어떤 존재일까요? 마귀는 타락한 천사입니다. 타락한 천사로 세상에서 왕 노릇을 합니다. 마귀는 참소하는 자입니다. 마귀는 끊임없이 정죄 의식을 심어줍니다. 마귀는 거짓의 아비입니다. 마귀는 언제나 거짓된 생각을 심어줍니다. 마귀는 그의 사자들을 통해서 역사합니다. 마귀가 범죄하고 타락할 때 혼자 타락한 것이 아닙니다. 다른 천사들과 함께 반역을 저지르고 타락하였는데 마귀와 함께 타락한 천사들을 귀신이라고 부릅니다.

02
영적전쟁이란 무엇인가?

◐ 질문에 대답하게 한 후에 하나님과 멀어지게 하려는 어떤 것이, 단순한 문제가 아니라 마귀의 역사라는 것과 영적으로 싸워 해결해야 할 문제라는 것을 짚어주십시오.

Q. 여러분은 하나님께서 주신 복된 자리에 서 있습니까? 마귀의 공격에 넘어지지는 않았는지 다음 내용을 점검해보세요.

1. 그리스도 안에서 새로운 피조물이 되었다고 믿으니 옛 성품이 다 지나갔습니까?

2. 예수님의 속죄의 은혜를 믿으니 이제 다른 사람을 용서하고 사랑하며 살게 되었습니까?

3. 내 안에 오신 예수님을 믿으니 염려와 근심이 떠나가고 행복합니까?

4. 예수님이 나와 항상 함께 계시다는 것을 믿으니 은밀한 죄가 사라졌습니까?

핵심 요약	그리스도인들은 두 가지 차원에서 마귀와 영적인 전쟁을 하게 됩니다. 첫째, 마귀와의 외적인 전쟁입니다. 외적인 전쟁은 복음 전하는 것을 방해하는 마귀의 공격을 예수님의 이름으로 대적하고 싸우는 것입니다. 둘째, 마귀와의 내적인 전쟁입니다. 마귀는 예수님을 믿고 구원받은 우리를 다시 옛 성품에 매여 살도록 공격합니다. 나는 죽고 예수로 살려고 할 때 반드시 그것을 방해하는 마귀의 역사가 있음을 기억하고, 반드시 복음의 진리 위에 든든히 서 있어야 합니다.

03
영적전쟁은 어디서 일어나는가?

◐ 마귀가 주는 생각이 우리 마음속에 견고한 진으로 자리 잡게 된다는 것을 설명하고, 성령의 도우심으로 승리할 수 있음을 강조하십시오.

Q. 여러분 마음 안에 자리 잡은 견고한 진은 무엇입니까?

◐ 마귀와의 내적인 전쟁이 생각과 마음뿐만 아니라 입술에서도 벌어지고 있음을 설명해주십시오.

Q. 여러분의 말이 그대로 이루어진다고 믿는다면 지금 어떤 말을 하겠습니까? 마귀가 어떤 말을 가장 싫어할지 써보세요.

핵심 요약 영적전쟁은 첫째, 우리의 생각에서 일어납니다. 행동보다 중요한 것이 생각입니다. 생각에서 행동이 나오기 때문에 마귀는 생각을 공격 대상으로 삼습니다. 둘째는 우리의 마음에서 일어납니다. 생각이 내 안에 계속 머물면 마음에 진을 치게 됩니다. 마귀의 진은 습관적인 죄, 혈기, 두려움과 낙심, 열등감, 분노 등입니다. 이길 힘은 믿음으로 십자가의 진리를 붙잡고 "나는 죽었습니다."라고 고백하면 마귀는 우리의 마음을 지배할 힘을 잃게 됩니다. 셋째, 우리의 입술에서 일어납니다. 마귀는 생각과 함께 입술을 통해 믿음 없는 말을 하게 합니다. 불평, 불만을 말하게 합니다. 성도들의 감사와 찬양은 마귀에게 쏘는 영적 미사일과 같습니다. 어떤 상황에서도 믿음의 말을 해야 합니다.

04 영적전쟁에서 승리하는 길

Q. 여러분이 십자가의 은혜를 누림으로 회복되고 치유되어야 할 부분은 무엇입니까?

◐ 죄의 문제가 해결되지 않고, 마음속에 상처가 있으면 마귀와 영적인 전쟁에서 승리할 수 없습니다. 십자가의 보혈을 의지하여 마음이 치유되었음을 고백하는 시간을 갖도록 인도하십시오.

Q. 그동안 여러분에게 피해를 주고 힘들게 하는 사람들에게 어떻게 대했습니까? 앞으로 그런 사람이 있다면 어떻게 대하겠습니까?

◐ 악을 악으로 대하지 말고 선으로 악을 이겨야 하며, 용서하고 사랑하는 것이 영적으로 승리는 것임을 강조해 주십시오.

핵심요약 우리가 영적전쟁에서 이기기 위해서는 첫째, 싸움이 대상을 바로 알아야 합니다. 그 대상은 사람의 배후에서 역사하는 악한 영들입니다. 둘째, 우리 자신이 죄 사함과 치유를 받아야 합니다. 마귀는 우리의 약한 부분인 죄와 상처를 통해 우리를 넘어뜨리려고 하기 때문입니다. 셋째는 무엇보다 마음을 지켜야 합니다. 마음을 지키는 길은 24시간 주님을 바라보는 것입니다. 넷째는 작은 싸움도 중요하게 여겨야 합니다. 마귀가 주는 나쁜 생각을 우리가 계속 품고 있으면 마음이 굳어지고 작은 죄를 허용하면 더 큰 죄를 짓게 됩니다. 다섯째는 하나님께서 우리에게 주신 권세를 사용해야 합니다. 마귀는 우리 힘으로 이길 수 없습니다. 예수님의 이름에 권세가 있음을 믿고 나아가야 합니다. 여섯째는 반대 정신으로 살아야 합니다. 마귀와 싸우려면 마귀가 좋아하는 것을 끊고, 마귀가 싫어하고 괴로워하는 것으로 싸움을 해야 합니다.

05
하나님의 전신갑주를 입으라

○ 믿음은 환경이나 감정에 의지 하지 않고 예수님을 계속 바라볼 때 생기는 것임을 강조하십시오.

Q. 여러분에게 가장 믿어지지 않지만 성경에서 믿으라고 하는 진리는 무엇입니까?

○ 평소에 기억하고 따르는 말씀을 나누도록 하고, 그런 말씀이 없다면 이번 기회를 통하여 말씀을 붙잡는 시간이 되도록 권면하십시오.

Q. 만약 여러분에게 영적인 위기가 닥친다면 어떤 말씀으로 그 위기를 극복할 수 있을까요?

핵심요약
하나님의 전신갑주는 우리와 함께하시는 예수님입니다. 우리가 마귀와의 시험에서 이기는 길은 예수님 안에 거하는 것입니다. 진리이신 예수님을 붙잡아야 합니다. 체험이 아닌 진리로 믿어야 시험에 넘어지지 않습니다. 죄를 짓지 않으려고 노력하는 것이 아니라 의로우신 예수님을 바라봐야 합니다. 주님이 주시는 마음은 평안입니다. 주님이 함께하시면 어떤 형편에도 평안할 수 있습니다. 우리가 예수님을 계속해서 바라볼 때 불화살도 막을 수 있는 믿음이 생깁니다. 구원의 투구를 쓰는 것은 예수님을 생각하는 것입니다. 우리는 마귀를 공격할 무기를 가지고 있는데 그것이 말씀입니다. 말씀에 순종하면 강력한 검이 마귀의 심장을 찌르게 됩니다.

마무리
(10분)

1. 함께 기도하기

   • 개인 기도제목을 나눕니다.

   • 인도자가 단원 주제에 맞는 기도제목을 제시하고 개인 기도제목과 함께 기도합니다.

   • 인도자가 마무리 기도하고 주기도문으로 마칩니다.

2. 광고

   • 다음 모임에 대한 안내와 다음 주 공부할 단원을 짧게 소개합니다.

   • 성경암송 과제는 마태복음 28:18-20 입니다.

   • 간증문 작성 가이드를 참조하여 간증문을 준비하도록 다시 한 번 안내합니다.

   • 12단원은 전도에 대한 내용으로, 주변에 믿지 않는 사람에게 복음을 전하도록 과제를 내주십시오.

12

전도자의 사명

그러므로 너희는 가서 모든 민족을 제자로 삼아
아버지와 아들과 성령의 이름으로 세례를 베풀고
내가 너희에게 분부한 모든 것을 가르쳐 지키게 하라
볼지어다 내가 세상 끝날까지
너희와 항상 함께 있으리라 하시니라

마태복음 28:19-20

12단원 핵심영상강의
youtu.be/M5B1g812KlY

01 전도, 정말 어려운 것인가? | 02 전도자의 영적 상태 | 03 불신자의 영적 상태
04 전도와 영적전쟁 | 05 당신은 한국 선교사이다

01 전도, 정말 어려운 것인가?

12단원

> 오직 성령이 너희에게 임하시면 너희가 권능을 받고 예루살렘과 온 유대와 사마리아와 땅 끝까지 이르러 내 증인이 되리라 하시니라
> 사도행전 1장 8절

1과 핵심요약
❶ 모든 그리스도인은 전도자이다.
❷ 전도란 우리가 복음 그 자체이신 예수님과 동행하며 사는 것을 전하는 것이다.
❸ 예수님과 인격적인 관계를 맺고 사는 사람에게 전도는 자연스러운 일이다.
❹ 복음 전도를 통해 예수님을 인격적으로 만난 사람은 영혼이 살아나고 삶이 달라진다.

당신은 전도자라는 단어가 어떤 사람을 가리키는 말인지 생각해 보았습니까? 어떤 사람은 전도자라는 말에 '아줌마 전도왕', '진돗개 전도왕', '고구마 전도왕'처럼 전도에 특별한 은사가 있는 사람을 연상할지도 모릅니다. 그러나 전도자는 전도에 은사가 있는 몇몇 사람을 의미하는 것이 아니라 모든 그리스도인을 지칭하는 말입니다. 모든 그리스도인은 전도자입니다.

초대교회는 매우 어려운 여건에서 기적적인 성장을 했습니다. 예수님을 믿는다는 이유만으로 엄청난 핍박과 경제적인 손실을 감수해야만 했습니다. 그럼에도 놀라운 것은 그 어려운 여건 속에서도 복음이 무섭게 전파되었다는 것입니다.

이런 추세로 가면 정말 땅 끝까지 복음이 전해지는 것은 시간

문제일 것 같았습니다. 그런데 문제가 생겼습니다. 콘스탄티누스 황제가 기독교를 로마 국교로 선포한 후에 모든 로마 시민은 전도할 필요 없이 거의 자동적으로 교인이 되었습니다. 그들은 진정한 회개와 예수 그리스도에 대한 분명한 신앙고백도 없이 세례를 받고 교인이 되었습니다.

더 심각한 일은 세상에서의 귀족이 교회 안에서도 높은 지위를 얻게 된 것입니다. 그들은 세상의 자랑을 결코 버리지 않았고 버리려고도 하지 않았습니다. 교회는 막강한 재력과 권세를 가졌으나 하나님의 능력은 사라져 버리고 말았습니다. 그런 사람들이 복음을 전할 수 없는 것은 당연한 일이었습니다. 그래서 그들은 전도란 특별히 훈련받은 어떤 사람들이 하는 것이라는 생각을 교회 안에 심어놓았습니다. 그런 생각이 교회 안에 자리 잡게 되면서 교회는 곧 암흑시대로 접어들고 말았습니다.

Q. 디모데후서 4:1-5을 읽고 다음 질문에 대답하세요.

1. 사도 바울은 어떤 마음 자세로 전도하라고 권면합니까?(2, 5절)

    때를 얻든지 못 얻든지 항상 힘쓰라.

    고난을 받으며 전도자의 일을 하라.

2. 당신의 전도를 통하여 지금까지 몇 사람이 예수님께 인도함을 받았습니까?

디모데후서 4:1-5

1 하나님 앞과 살아 있는 자와 죽은 자를 심판하실 그리스도 예수 앞에서 그가 나타나실 것과 그의 나라를 두고 엄히 명하노니 2 너는 말씀을 전파하라 때를 얻든지 못 얻든지 항상 힘쓰라 범사에 오래 참음과 가르침으로 경책하며 경계하며 권하라 3 때가 이르리니 사람이 바른 교훈을 받지 아니하며 귀가 가려워서 자기의 사욕을 따를 스승을 많이 두고 4 또 그 귀를 진리에서 돌이켜 허탄한 이야기를 따르리라 5 그러나 너는 모든 일에 신중하여 고난을 받으며 전도자의 일을 하며 네 직무를 다하라

전도는 예수님께서 제자들을 부르신 목적이고, 예수님께서 승천하시기 전에 제자들에게 마지막으로 명령하신 일입니다. 전도는 때를 얻든지 못 얻든지 힘써 감당해야 하는 그리스도인의 사명입니다. 그러나 교회를 오래 다닌 사람일수록 대체로 전도하기를 어려워하는 것 같습니다. 거짓에 속고 있는 것입니다.

전도하는 데 여러 가지 장애물이 있지만 전도의 가장 큰 걸림돌은 전도가 어렵다고 생각하는 고정관념입니다. 예수님께서 우리를 부르신 전도자의 삶을 살기 위해서는 이 고정관념부터 깨야 합니다.

전도가 어렵지 않다면 전도하는 게 쉽다는 말일까요? 나는 죽고 예수로 사는 사람에게 전도는 쉬운 일입니다. 만약 우리가 전도를 어렵게 느끼고 있다면 그것은 예수님으로 살고 있지 않다는 말입니다.

전도는 유창한 말로 불신자들을 설득하는 것이 아닙니다. 전도는 우리가 복음 그 자체이신 예수님과 동행하며 사는 것을 전하는 것입니다. 효과적인 전도를 위해서는 전도 훈련을 받을 필요가 있지만 예수님과 인격적인 관계를 맺고 사는 사람에게 전도는 매우 자연스러운 일입니다.

> 오직 성령이 너희에게 임하시면 너희가 권능을 받고 예루살렘과 온 유대와 사마리아와 땅 끝까지 이르러 내 증인이 되리라 하시니라
>
> 행 1:8

예수님께서는 성령이 임하시면 "내 증인이 되리라"고 말씀하셨습니다. 증인은 보고 듣고 경험한 것을 있는 그대로 말하는 사람입니다. 만약 우리가 큰 사고의 위험에서 벗어날 수 있었다면 그 사실을 다른 사람에게 말하는 것이 어렵겠습니까? 마찬가지로 예수님을 통해서 죄에서 구원을 받았다면, 천국과 지옥을 알게 되었다면, 예수님과 친밀하게 교제하고 있다면, 예수님 한 분으로 너무 행복하다면, 이 사실을 다른 사람에게 전하지 않는 것이 오히려 이상한 일입니다. 만약 우리가 천국과 지옥을 실제로 믿는다면 욕을 먹고 뺨을 맞는 한이 있어도 "제발 부탁인데 지옥은 가지 말아야 합니다."라고 말하게 되지 않을까요?

Q. 만약 당신이 천국과 지옥이 있음을 분명히 알았다면 누구에게 그 사실을 알려 주겠습니까?

전도는 우리가 예수님 안에서 누리고 사는 감격을 증거 하는 것일 뿐만 아니라 우리와 함께 계시는 예수님을 만나는 길이기도 합니다.

그러므로 너희는 가서 모든 민족을 제자로 삼아 아버지와 아들과 성령의 이름으로 세례를 베풀고 내가 너희에게 분부한 모든 것을 가르쳐 지키게 하라 볼지어다 내가 세상 끝날까지 너희와 항상 함께 있으리라 하시니라 마 28:19-20

"내가 세상 끝날까지 너희와 항상 함께 있으리라" 하신 예수님의 말씀은 모든 그리스도인에게 주어진 약속이지만 특별히 복음을 전하는 사람들에게 주신 약속입니다. 예수님께서는 늘 우리와 함께 계시지만 복음을 전하는 현장에서 그 진리를 더 분명하게 깨닫게 된다는 말입니다.

전도는 다른 사람에게 예수님을 만나게 함으로 그 영혼이 살게 하는 것인 동시에 우리 영혼이 사는 길입니다. 복음 전도를 통하여 예수님을 인격적으로 만나면 우리 영혼이 살아나고 삶이 달라집니다.

이것이 아직은 전도가 어렵게 느껴지더라도 우리가 억지로라도 전도 현장으로 나가야 하는 이유입니다.

누가복음 10:3, 7-20
3 갈지어다 내가 너희를 보냄이 어린 양을 이리 가운데로 보냄과 같도다 17 칠십 인이 기뻐하며 돌아와 이르되 주여 주의 이름이면 귀신들도 우리에게 항복하더이다 18 예수께서 이르시되 사탄이 하늘로부터 번개 같이 떨어지는 것을 내가 보았노라 19 내가 너희에게 뱀과 전갈을 밟으며 원수의 모든 능력을 제어할 권능을 주었으니 너희를 해칠 자가 결코 없으리라 20 그러나 귀신들이 너희에게 항복하는 것으로 기뻐하지 말고 너희 이름이 하늘에 기록된 것으로 기뻐하라 하시니라

Q. 누가복음 10:3, 17-20 말씀에서 어떤 변화를 읽을 수 있습니까?
예수님께서 제자들을 보내실 때는 양을 이리 가운데 보내는 것 같았으나 전도를 통하여 능력이 나타나는 것을 보고 제자들이 기뻐하게 되었음.

전도에 열정을 가지고 있는 어느 목사가 있었습니다. 그는 항상 전도하는 일에 관심이 많지만 특히 심령이 답답할 때 전도하러 나간다고 합니다. 설교 준비가 잘 안 되고 마음이 답답하면 확성기를 들고 거리로 나가서 "주 예수를 믿으십시오."라고 외치며 전도를 한다는 것입니다. 그렇게 전도하면 지나가는 사람들에게 욕을 먹는 일도 많지만, 집으로 돌아올 때는 성령으로 충만해져 있는 자신을 발견한다고 합니다. 전도하고 돌아오면 풀리지 않던 설교에 영감도 얻고, 기도회를 인도해도 불이 임했다는 느낌을 받는다는 것입니다. 전도를 통해서 영적인 힘을 얻는 것입니다.

제가 신학대학 3학년 재학 중이던 어느 봄에 4학년 선배의 권유로 병원 전도를 간 적이 있었습니다. 서대문 사거리에 있는 적십자병원이었습니다. 저는 그날 전도를 처음 나갔음에도 불구하고 3학년이라는 이유로 조장이 되었습니다. 그리고 1학년 여학생과 짝이 되어 병동 하나를 배정받았습니다. 복음을 전하는 방법도 모르고 특별히 병원 전도는 어떻게 하는 것인지도 몰랐던 저는 얼마나 마음이 어려웠는지 모릅니다. 그러나 옆에 있는 여학생 때문에 도망도 가지 못하고 결국 한 병동을 다 돌았습니다. 그날 저는 다시는 전도하러 나오지 않으리라고 속으로 다짐을 하고 또 다짐을 했습니다. 그런데 다음 날 4학년 선배가 제게 찾아와서 제가 만장일치로 병원 전도대 총무로 뽑혔다고 축하하는 것이었습니다. 아마 저와 짝이 된 여학생이 제가 환자들의 반응이 차가운데도 끝까지 포기하지 않고 병동을 다 돌았던 것을 전도의 사명감이 투철한 신학생으로 오해하고 보고를 했던 모양이었습니다.

내성적이라 자기표현이 부족했던 저는 그날부터 병원 전도대에 붙잡혔습니다. 그때부터 곤혹스러운 학교생활이 시작되었습니다. 전도 나가는 수요일에는 아침 밥맛도 없었습니다. 전도대원을 피해 도망 다니느라 점심도 굶고 도서관에 숨어있기도 했습니다. 산부인과 병동에 가서 임산부를 붙잡고 중환자로 착각해서 하나님께 병을 고쳐서 건강하게 해달라고 입에 침을 튀겨가며 기도했던 일은 지금도 등에 땀이 나게 하는 기억입니다.

그러나 그때의 전도대 활동을 통하여 저는 복음의 역사와 기도의 역사를 처음 체험했습니다. 저 같은 자의 기도와 전도를 통해서도 병이 낫고 예수님을 믿는 역사가 일어나는 것을 보고 저는 충격을 받았습니다. 그것은 제 진로를 교수에서 목회로 바꾸는 계기가 되었습니다.

Q. 당신은 실제로 전도를 한 경험이 있습니까? 전도할 때 어떤 일이 일어났습니까?

02 전도자의 영적 상태

12단원

> 세 번째 이르시되 요한의 아들 시몬아 네가 나를 사랑하느냐 하시니
> 주께서 세 번째 네가 나를 사랑하느냐 하시므로 베드로가
> 근심하여 이르되 주님 모든 것을 아시오매 내가 주님을 사랑하는 줄을
> 주님께서 아시나이다 예수께서 이르시되 내 양을 먹이라
> 요한복음 21장 17절

2과 핵심요약

❶ 전도는 우리의 영적 상태를 점검해 주는 시금석이다.

❷ 전도는 우리가 주님을 진정으로 사랑하는 사람인지 진단해 준다.

❸ 전도는 우리가 영적으로 떠돌고 있지는 않은지 진단해 주는 표지이다.

❹ 전도를 통해 내가 하나님의 은혜의 통로 역할을 잘 감당하고 있는지 진단할 수 있다.

우리는 끊임없이 자신의 영적 상태를 점검하며 살아야 합니다. 그것이 영적인 건강을 유지하는 길입니다. 자신의 영적 상태를 점검하는 여러 방법이 있지만 그중 하나가 바로 전도입니다. 전도는 우리의 영적 상태를 점검해 주는 시금석과도 같습니다.

첫 목회지에 부임 후 얼마 되지 않아서 주일예배 후 축호전도를 나가기로 했습니다. 그런데 주일에 대부분의 교인은 예배가 끝난 후 점심도 먹지 않고 바로 가버렸습니다. 결혼식, 친척 방문, 몸이 아프다는 등의 이유로 일찍 집으로 간 것입니다. 결국 그 주일에는 전도를 하지 못하고 다음 주일로 미루었습니다. 그런데 그다음 주일에도 교인들의 개인적인 바쁜 일은 계속되었습니다. 결국 축호전도에 참여한 교우들은 몇 명 되지 않았습니다. 그래서 그

다음 주일에는 미리 조를 짜서 모든 직분자들이 의무적으로 전도를 나가게 했습니다. 그날 예배 후에 한 교우가 제 방에 찾아와서 이렇게 말했습니다.

"목사님, 저는 누가 길거리에서 어깨띠를 하고 전도지를 나누어주거나, 집집마다 전도하러 다니는 것을 보면 몸에 두드러기가 날 정도로 싫었습니다. 그런데 오늘은 제가 그렇게 하고 나가야 한다니 저는 정말 못하겠습니다. 그러니 제발 저를 살려주세요."

이와 같은 영적인 형편에 있는 사람들이 얼마나 많은지 모릅니다.

그렇다면 전도를 통하여 어떤 영적 상태를 점검할 수 있을까요?

1. 나는 주님을 진정으로 사랑하는가?

Q. 요한복음 21:15-18을 읽고 답을 쓰세요.

1. 예수님께서 자신을 부인했던 베드로에게 하신 질문은 무엇입니까?
   네가 이 사람들보다 나를 더 사랑하느냐.

2. 그때 베드로는 무엇이라 대답했습니까?
   그러하나이다 내가 주님을 사랑하는 줄 주님께서 아시나이다.

3. 그때 예수님께서는 베드로에게 어떤 당부를 하셨습니까?
   내 양을 먹이라. 내 양을 치라.

요한복음 21:15-18

15 그들이 조반 먹은 후에 예수께서 시몬 베드로에게 이르시되 요한의 아들 시몬아 네가 이 사람들보다 나를 더 사랑하느냐 하시니 이르되 주님 그러하나이다 내가 주님을 사랑하는 줄 주님께서 아시나이다 이르시되 내 어린 양을 먹이라 하시고 16 또 두 번째 이르시되 요한의 아들 시몬아 네가 나를 사랑하느냐 하시니 이르되 주님 그러하나이다 내가 주님을 사랑하는 줄 주님께서 아시나이다 이르시되 내 양을 치라 하시고 17 세 번째 이르시되 요한의 아

들 시몬아 네가 나를 사랑하느냐 하시니 주께서 세 번째 네가 나를 사랑하느냐 하시므로 베드로가 근심하여 이르되 주님 모든 것을 아시오매 내가 주님을 사랑하는 줄을 주님께서 아시나이다 예수께서 이르시되 내 양을 먹이라 ¹⁸내가 진실로 진실로 네게 이르노니 네가 젊어서는 스스로 띠 띠고 원하는 곳으로 다녔거니와 늙어서는 네 팔을 벌리리니 남이 네게 띠 띠우고 원하지 아니하는 곳으로 데려가리라

4. 예수님께서 베드로의 대답을 들으시고 하신 말씀의 뜻은 무엇일까요?

예수님을 사랑한다면 사람들에게 말씀을 가르치고 양육하라는 것.

예수님께서는 베드로에게 나를 사랑하느냐고 물으시고, 사랑한다고 고백했더니 "내 양을 먹이라"고 말씀하셨습니다. 예수님을 사랑한다면 잃은 양을 찾아 먹이고 돌봐야 한다는 뜻입니다.

누군가를 사랑한다면 사랑하는 사람이 기뻐하는 일에 관심을 갖게 됩니다. 주님은 잃어버린 양들이 회개하고 하나님의 품으로 돌아오는 것을 너무나 기뻐하십니다. 그러므로 우리가 진정으로 주님을 사랑한다면 주님이 기뻐하시는 일에 관심을 갖고 그 일에 헌신하는 것은 당연한 일입니다. 그러나 많은 사람이 잃은 양을 찾아 먹이지 않으면서도 주님을 사랑한다고 착각하고 있습니다.

전도는 우리가 주님을 이용하는 사람인가 아니면 사랑하는 사람인가를 진단해 줍니다. 주님이 기뻐하시는 일에는 관심을 갖지 않고, 주님으로부터 기도의 응답이나 복만 받으려는 사람은 주님을 이용하는 사람입니다. 가룟 유다가 결국 주님을 배신한 이유는 주님을 사랑하지 않고 이용하려고만 했기 때문입니다.

Q. 당신은 예수님을 사랑합니까? 그렇다면 복음을 전하는 일에 힘쓰고 있습니까?

2. 나는 영적으로 떠돌아다니지 않는가?

시냇물에 종이배를 띄우면 그 배는 물결을 따라 떠내려가다가 아무 곳에나 처박히고 말 것입니다. 많은 그리스도인이 세상에서는 목표를 가지고 열심히 살아가지만 신앙생활에서는 종이배처럼 목표도 없이 떠돌아다닙니다. 죄를 짓거나 방탕한 생활을 하지 않으면 괜찮다고 생각합니다. 그러나 물결 따라 떠다니는 종이배처럼 살다가는 1년, 5년, 10년이 지난 후 심각한 상태에 빠질 수밖에 없습니다.

영국인으로 평신도 신학자이며 작가이자 탁월한 기독교 변증가인 C. S. 루이스는 "지옥으로 가는 길은 결코 벼랑이 아니다. 그 길은 밋밋한 내리막길이다. 사람들은 그 길을 기분 좋게 걸어간다."라고 말했습니다.

신앙생활에 아무런 목표와 열정도 없이 살아가는 것은 기분 좋게 내리막길을 걷는 것과 같습니다. 우리가 주일에 교회를 가지 않아도, 기도하지 않아도 아무런 문제가 없다고 느끼는 것은 내리막길을 걷고 있다는 증거입니다. 영적으로 죽어가는 상태에 있으면서도 그 영적인 위기를 깨닫지 못하고 있는 것입니다.

전도는 우리가 영적으로 떠돌고 있지는 않은가를 진단해 주는 표지입니다. 영적으로 죽어 있고 목표 의식이 없는 사람이 전도에 열정을 쏟는 법은 없기 때문입니다.

어떤 분이 전도 훈련을 받으라고 권면했더니 이렇게 말했습니다. "세상 살기도 힘든데 교회마저 힘들게 하면 우리는 어떻게 살 수 있습니까? 지금 이것도 우리로서는 최선을 다하는 것입니다. 더 이상 할 수 없어요!"

그가 하는 말을 듣고 저는 말할 수 없이 슬픈 마음이 들었습니다. 그의 현재의 영적 상태와 앞으로의 영적 상태를 알게 해주는 말이었기 때문입니다.

예수님과 인격적인 친밀함이 부족하고 전도가 어렵게 느껴지더라도 전도해야 합니다. 전도가 어렵게 느껴진다면 전도 훈련에 참가해야 합니다. 전도가 어렵다고 주저앉아 있는 것과 그것을 극복하기 위하여 훈련을 받겠다고 결단하는 것은 다른 문제입니다. 하나님께서는 하나님 말씀에 순종하겠다는 결단 위에 성령충만함으로 응답해 주실 것입니다.

Q. 당신은 영적 성장을 위하여 어떤 목표와 열정을 가지고 있습니까?

---

3. 나는 하나님의 은혜의 통로 역할을 하는가?

하나님께서는 그리스도인들을 복의 근원으로 삼으셨습니다. 하나님의 은혜와 복을 세상으로 흘려보내는 통로 역할을 하도록 부르심을 받았습니다. 이것이 아브라함이 받은 약속인데 이스라엘이 깨닫지 못해 실패한 것입니다.

모든 그리스도인이 하나님의 은혜를 받고 있습니다. 그러나 그 은혜가 영적 성장의 발판이 되지 못하고 흐지부지 되어버립니다. 은혜를 받으려고만 했지 흘려보내지 않았기 때문입니다. 예를 들어 예배를 드리면서 설교를 통해 은혜를 받았다고 생각해보세요. 자신이 받은 은혜를 다른 사람에게 간단하게라도 전하면 그 은혜는 오래 간직되고 자기의 것이 됩니다. 그러나 아무리 큰 은혜를 받았더라도 그 은혜를 나누지 않으면 금방 사라질 수밖에 없습니다.

전도는 다른 무엇보다도 가장 귀한 복을 나누는 것입니다. 그렇기 때문에 전도를 통해서 내가 하나님의 은혜의 통로 역할을 잘 감당하고 있는지 진단해 볼 수 있습니다.

브루스 바턴(Bruce Barton)이라는 사람은 *The Man Knows* (아무도 모르는 사람)이라는 책에서 갈릴리 바다와 사해의 차이를 이렇게 설명합니다.

"팔레스타인에는 두 개의 바다가 있다. 하나는 맑은 물에서 물고기들이 살고 있다. 초록색 바닷물이 방파제에 부딪히며 아름다운 물보라를 일으킨다. 나무들은 그 위에 가지를 드리우고 목마른 뿌리를 뻗어 갈증을 풀어줄 물을 빨아들인다. 산골짜기로부터 흘러내리는 요단강 물이 이 바다를 더욱 빛나게 적셔준다. 햇빛을 받은 바다가 환하게 미소 짓는다. 사람들이 그 근처에 집을 짓고 살며 새들도 둥지를 틀고 산다. 그 바다가 있기에 모든 생명체는 더없이 행복하다. 요단강은 남쪽으로 흐르다가 다른 바다를 만난다. 이 바다에는 물고기들이 튀어 오르지도 않고, 나뭇잎의 펄럭임도, 새들의 지저귐도, 아이들의 웃음소리도 없다. 여행객들도 아주 급한 용무가 있지 않는 한 이곳을 지나가지 않는다. 물 위로는 무거운 공기가 감돌고 있으며 사람, 짐승, 새도 그 물을 마시지 않는다.

인접해 있는 두 바다를 무엇이 그토록 다르게 만들었을까? 요단강이 그렇게 만든 것은 아니다. 요단강은 두 바다에 똑같이 좋은 물을 공급한다. 바다 속 토양 때문도 아니고, 주변지역의 토양 때문에 그런 것도 아니다. 차이는 다름 아닌 이것이다. 갈릴리 해는 요단강을 받아들이지만 그것을 가두어두지 않는다. 한 방울의 물을 받아들이면 한 방울의 물은 흘려보낸다. 주는 것과 받는 것이 언제나 똑같이 이루어진다. 또 다른 바다는 얌체처럼 욕심껏 받아들이기만 한다. 그러고는 조금도 내놓으려 하지 않는다. 흘러들어오는 족족 가져버린다. 갈릴리 해는 내어주고 살아있다. 그러나 다른 바다는 아무것도 내어놓지 않는다. 그래서 이 바다는 '사해'(死海)라는 이름이 붙여졌다."

Q. 당신의 삶은 갈릴리 바다와 사해 중 어느 바다와 같습니까? 당신의 영적 상태를 진단해보세요.

03 불신자의 영적 상태

12단원

> 누구든지 주의 이름을 부르는 자는 구원을 받으리라
> 그런즉 그들이 믿지 아니하는 이를 어찌 부르리요
> 듣지도 못한 이를 어찌 믿으리요 전파하는 자가 없이 어찌 들으리요
> 로마서 10장 13-14절

3과 핵심요약

❶ 불신자의 영적 상태를 바라보는 눈이 열려야 한다.

❷ 불신자들은 하나님과의 관계가 끊어진 채 마귀에게 사로잡혀 죄의 종노릇하며 산다.

❸ 죄로 인해 끊어진 하나님과의 관계를 회복하게 하는 것은 복음밖에 없다.

❹ 우리 삶의 현장에서 그리스도의 복음을 전해야 한다.

그리스도인들은 때를 얻든지 못 얻든지 전도해야 합니다. 우리가 항상 복음을 전하는 사람으로 살기 위해서는 전도에 대해서 바른 이해를 가지고 있는 것이 중요합니다. 전도에 관한 여러 가지 오해가 전도의 장벽이 되기 때문입니다.

전도하기 위해서 우리가 꼭 알아두어야 할 것은 무엇일까요?

1. 불신자의 영적 상태를 정확하게 이해해야 합니다

어떤 분이 두 아들을 다음과 같이 소개했습니다.

"목사님, 큰아들은 예수는 잘 믿는데 너무 못 살고, 둘째는 예수는 안 믿는데 참 잘살아요. 큰아들이 참 걱정이에요. 큰아들을 위해서 기도해주세요."

경제적으로 어려움을 당하고 있는 자녀에 대한 어머니의 마음은 이해하지만 그는 잘산다는 말을 잘못 이해하고 있습니다.

어떤 성도가 전도하러 나갔다가 와서는 "예수 안 믿어도 잘사는 사람이 많데요."라고 말하는 것입니다. 그가 전도하러 어느 집에 갔더니 집이 얼마나 큰지 교회를 할 정도였다고 합니다. 그런데 그 집 주인이 자기를 보고 "당신같이 예수 믿는 사람들을 보니까 불쌍하다."고 하는데 그 말에 너무 공감이 가더라는 것입니다. 그는 전도하러 나갔다가 전도를 받고 돌아왔습니다.

왜 이런 현상이 일어납니까? 그리스도인들 안에 불신자의 영적 상태를 바라보는 눈이 열리지 않았기 때문입니다.

Q. 다음 성경 구절을 읽고 불신자가 어떤 상태에 놓여있는지를 써보세요.

1. 에베소서 2:1-3

    허물과 죄로 죽었음, 공중 권세 잡은 자를 따르고 있음, 본질상 진노의 자녀.

2. 마태복음 11:28

    수고하고 무거운 짐 진 상태에 있음.

3. 누가복음 16:22-23

    죽으면 지옥에 가서 고통을 받게 됨.

에베소서 2:1-3
1 그는 허물과 죄로 죽었던 너희를 살리셨도다 2 그 때에 너희는 그 가운데서 행하여 이 세상 풍조를 따르고 공중의 권세 잡은 자를 따랐으니 곧 지금 불순종의 아들들 가운데서 역사하는 영이라 3 전에는 우리도 다 그 가운데서 우리 육체의 욕심을 따라 지내며 육체와 마음의 원하는 것을 하여 다른 이들과 같이 본질상 진노의 자녀이었더니

마태복음 11:28
수고하고 무거운 짐 진 자들아 다 내게로 오라 내가 너희를 쉬게 하리라

누가복음 16:22-23
22 이에 그 거지가 죽어 천사들에게 받들려 아브라함의 품에 들어가고 부자도 죽어 장사되매 23 그가 음부에서 고통 중에 눈을 들어 멀리 아브라함과 그의 품에 있는 나사로를 보고

우리는 재산의 많고 적음이나 지위의 고하로 사람을 평가하는 세상에 살고 있습니다. 그러나 겉모양이 어떻든지 불신자들은 하나님과의 관계가 끊어진 채 마귀에게 사로잡혀 죄의 종노릇을 하며 살고 있습니다. 마귀의 종노릇하며 죄 가운데 살고 있는 사람들이 행복한 삶을 살 수 있을까요? 복의 근원이신 하나님과의 관계가 끊어진 채 행복한 삶을 살 수 있는 사람은 아무도 없습니다. 그들은 하나님 없는 불행 속에 살다가 결국 지옥에 갈 수밖에 없습니다.

진정한 행복은 예수 그리스도로부터 시작됩니다. 죄 때문에 끊어진 하나님과의 관계를 회복할 수 있게 만드는 것은 복음밖에 없습니다. 지옥에서 영원히 고통을 받아야 할 사람을 천국으로 인도할 수 있는 것은 십자가 복음밖에 없습니다. 만약 우리가 불신자의 영적 상태를 정확하게 안다면 그들이 어떤 형편에 있든지 '예수 그리스도가 행복의 시작'이라고 담대히 전할 수 있을 것입니다.

Q. 그동안 당신보다 부유하고 사회적 지위가 높은 사람을 어떻게 바라보았습니까? 그들에게 자신 있게 예수 그리스도가 행복의 시작이라고 말할 수 있습니까?

2. 전도가 무엇인지를 정확하게 이해해야 합니다

Q. 로마서 10:13-15을 읽고 답을 쓰세요.

1. 어떤 사람이 구원을 받습니까?(13절)

   누구든지 주의 이름을 부르는 자.

2. 전도의 4단계를 쓰세요.(14-15절)

   (보내심)을 받음, 복음을 (전파함),

   복음을 (들음), 예수님을 (믿음)

3. 어떤 사람의 발이 아름답다고 합니까?(15절)

   좋은 소식을 전하는 자들.

> **로마서 10:13-15**
> 13 누구든지 주의 이름을 부르는 자는 구원을 받으리라 14 그런즉 그들이 믿지 아니하는 이를 어찌 부르리요 듣지도 못한 이를 어찌 믿으리요 전파하는 자가 없이 어찌 들으리요 15 보내심을 받지 아니하였으면 어찌 전파하리요 기록된 바 아름답도다 좋은 소식을 전하는 자들의 발이여 함과 같으니라

전도라는 것은 말 그대로 복음을 전하는 것입니다. 그러나 많은 사람이 전도를 불신자를 교회로 데려오는 것 정도로 생각합니다. 불신자들을 교회로 데리고 오는 것은 정확히 표현해 인도라고 해야 맞습니다.

안타까운 사실이지만 불신자 중에 교회에 와본 사람이 얼마나 많은지 모릅니다. 도시 청소년의 경우, 100명 중 90명 이상이 교회에 다녀본 적이 있다고 합니다. 그러나 그들은 여전히 영적으로 방황하고 있습니다. 그 이유는 교회로 인도를 받아 나왔지만 정확한 복음을 듣고 양육을 받지는 못했기 때문입니다.

사람들을 교회로 인도하는 것도 필요합니다. 그러나 그에 앞서

우리는 삶의 현장에서 전도해야 합니다. 우리가 살고 있는 집 주변에서, 우리가 다니는 학교와 직장, 일터에서 만나는 사람들에게 그리스도의 복음을 전해야 합니다. 그것이 우리에게 삶의 현장을 허락하시고 사람들을 붙여주시는 하나님의 뜻입니다.

어느 회사를 경영하는 CEO가 신앙생활을 잘하고 있었습니다. 주일이면 아무것도 하지 않고 교회에 가서 예배를 드렸지만 전도는 하지 못했습니다. 자신이 경영하는 직원들에게 한 번도 예수 믿으라는 전도를 하지 못했습니다.

그러던 어느 주일에 설교를 듣고 자신이 전도하지 못한 잘못을 깨달았습니다. 그는 이제부터는 꼭 전도를 해야겠다는 결심을 하고 사무실에 나갔습니다. 사무실 문을 열고 제일 먼저 들어온 사람은 그의 비서였습니다. 생각해보니 비서에게 한 번도 예수를 믿으라고 전도해 본 일이 없었습니다. 먼저 비서에게 교회에 다니고 있는지 물어보았습니다. 그랬더니 비서가 놀란 표정으로 왜 그런 것을 묻느냐는 대답이 돌아왔습니다. 그래서 그는 "예수를 믿어야 구원을 받는다."는 말로 전도를 했습니다.

그의 말을 듣고 비서가 이렇게 대답했습니다.

"제가 사장님을 15년 동안 모셨는데 저한테는 한 번도 전도를 안 하셔서 저 같은 존재는 예수를 믿을 수도 없나보다 생각했습니다. 오늘 이렇게 저한테 전도를 해주시니 감사합니다. 저도 다음 주일부터는 교회에 다니겠습니다."

Q. 불신자에게 전도할 때 어떻게 복음을 전했습니까? 당신이 전한 복음의 내용을 써보세요.

04 전도와 영적전쟁

12단원

> 너희는 이 세대를 본받지 말고 오직 마음을 새롭게 함으로 변화를 받아
> 하나님의 선하시고 기뻐하시고 온전하신 뜻이 무엇인지 분별하도록 하라
> 로마서 12장 2절

4과 핵심요약

❶ 복음을 전할 때 불신자를 사로잡고 있는 악한 영의 역사가 떠나가도록 중보기도 해야 한다.

❷ 세상과 반대 정신으로 살 때 전도자의 삶은 악한 영의 역사를 몰아내는 빛이 된다.

❸ 복음으로 변화된 삶보다 강력한 전도 메시지는 없다.

❹ 지역을 사로잡고 있는 악한 영과 영적전쟁을 해야 한다.

고린도후서 4:4

그 중에 이 세상의 신이 믿지 아니하는 자들의 마음을 혼미하게 하여 그리스도의 영광의 복음의 광채가 비치지 못하게 함이니 그리스도는 하나님의 형상이니라

우리가 전도를 시작하면 가장 먼저 부딪히게 되는 것이 악한 영의 방해입니다. 악한 영은 어떻게 해서든지 불신자들이 하나님의 자녀가 되는 것을 막으려고 하는 것입니다. 예수님께서 제자들을 전도하러 보내시기 전에 먼저 더러운 귀신을 제어하는 권세를 주신 이유가 바로 그것 때문입니다. 그렇다면 어떻게 전도 현장에서 마귀와의 영적전쟁에서 승리할 수 있을까요?

1. 전도 대상자를 위하여 중보기도를 해야 합니다

Q. 다음 질문을 읽고 답을 써보세요.

1. 고린도후서 4:4에서 이 세상 신이 불신자에게 어떻게 역사한다고 했습니까?

   마음을 혼미하게 하여 그리스도의 영광의 복음의 광채가 비치지

못하게 함.

2. 마태복음 13:4, 19에서 사람들의 마음에서 누가 말씀을 빼앗아간다고 했습니까?

악한 자.

> **마태복음 13:4, 19**
> 4 뿌릴새 더러는 길 가에 떨어지매 새들이 와서 먹어버렸고 19 아무나 천국 말씀을 듣고 깨닫지 못할 때는 악한 자가 와서 그 마음에 뿌려진 것을 빼앗나니 이는 곧 길 가에 뿌려진 자요

어느 목사님이 한 유명한 가수에게 예수님을 영접하라고 권면하자 그가 "예수님을 영접하면 죄지을 수 없지 않느냐?"라고 묻더랍니다. 그 말에 "맞다!"라고 대답했더니 자신은 죄짓는 것이 너무나 좋아서 예수를 믿지 않겠다고 말했답니다. 마찬가지로 사람들이 복음을 거절하는 가장 중요한 이유 중 하나가 죄짓는 것을 좋아하기 때문입니다. 죄의 종노릇하게 하는 것이 마귀의 역사입니다.

불신자들이 복음을 듣고도 받아들이지 못하는 것은 마귀가 그들의 마음을 혼미하게 하고 있기 때문입니다. 악한 영의 역사가 떠나가고 성령께서 마음을 열어주시지 않으면 그 누구도 복음을 받아들일 수 없습니다.

전도해 보면 귀신의 역사가 있다는 것을 분명히 알게 됩니다. 그렇게 좋은 관계를 유지하던 사람도 예수 믿으라고 전도하면 싫은 표정을 짓고 다음부터 만나려고 하지 않습니다. 직장에서 전도하면 동료들로부터 따돌림을 당할 수도 있습니다. 불신자가 복

음을 듣고 구원받는 것을 가로막는 악한 영의 역사가 있기 때문입니다.

그러므로 복음을 전할 때에는 불신자를 사로잡고 있는 악한 영의 역사가 떠나가도록 중보기도를 해야 합니다. 전도 대상자를 위한 중보기도 없이는 전도의 열매도 없다는 사실을 기억해야 합니다.

2. 마귀와 반대 정신으로 싸워야 합니다

> **마태복음 5:13-14**
> 13너희는 세상의 소금이니 소금이 만일 그 맛을 잃으면 무엇으로 짜게 하리요 후에는 아무 쓸 데 없어 다만 밖에 버려져 사람에게 밟힐 뿐이니라 14너희는 세상의 빛이라 산 위에 있는 동네가 숨겨지지 못할 것이요

Q. 마태복음 5:13-14에서 예수님께서는 제자들을 어떻게 부르셨습니까?
　세상의 소금, 세상의 빛.

예수님께서는 제자들을 향하여 "너희는 세상의 소금이요 세상의 빛이다"라고 말씀하셨습니다. 그리스도인들이 세상의 소금과 빛으로 살지 않으면 아무리 복음을 유능하게 전해도 결국은 전도할 수 없습니다. 말보다 삶이 훨씬 더 강력한 메시지이기 때문입니다.

불신자들은 전도자의 말을 듣기 전에 그리스도인의 삶을 주목합니다. 말로는 복음을 외치지만 삶으로는 복음을 부인하는 삶을 산다면 그 복음이 진짜라고 믿을 사람이 누가 있겠습니까?

요즘 전도가 잘 안 된다고들 합니다. 여전히 열심히 전도함에도 불구하고 왜 전도의 열매가 맺혀지지 않는 것일까요? 그 이유는

복음을 전하는 사람들의 삶이 빛이 되지 못하기 때문은 아닐까 생각해 보게 됩니다.

어느 목사의 간증을 들은 적이 있습니다. 그는 초등학교 때는 교회를 열심히 다녔다고 했습니다. 그러던 어느 날 자기가 다니는 교회의 목사 아들이 자기를 놀리더랍니다. 그래서 마음먹고 때려주었는데, 그다음 날 그 아이의 엄마가 학교에 와서 소동을 벌이며 "너 다시는 교회 나오지 마!"라고 말했답니다. 그는 그때 교회에서 가르치는 것이 다 가짜라고 생각하게 되었다고 했습니다. 그 후로는 교회에 대하여 노골적으로 반대하다가 고1 때 하나님의 은혜로 다시 주님을 만나고 목사가 되었다는 간증이었습니다.

마귀의 역사를 드러내고 물리칠 수 있는 것은 그리스도인들이 반대 정신으로 사는 길밖에는 없습니다. 거짓이 난무하는 세상에서 정직하게 산다는 것은 손해를 각오해야 하는 일일 수도 있습니다. 시기와 질투가 판을 치는 세상에서 용서와 사랑을 실천하고, 탐욕과 이기심에 물든 세상에서 나누며 베푸는 삶을 사는 것은 어려운 일일 수도 있습니다. 그러나 아무리 어려워도 이렇게 세상과 반대 정신으로 살 때 전도자의 삶은 악한 영의 역사를 몰아내는 빛이 될 수 있습니다.

사과를 살 때 썩은 사과만을 사는 아주머니가 있다는 감동적인 이야기를 들었습니다. 이 아주머니는 시장에 사과 행상을 하는 분에게 사과를 샀는데 사과를 살 때면 항상 흠이 있고 상한 사과만 골라서 사갔습니다. 그는 그 흔한 덤도 요구하지 않고 사과를 사갔습니다. 세상에 이런 사람이 있을까 의아하게 생각할 정도였습니다. 그런데 결국 사과 행상을 하던 분이 아주머니 따라 교회에 나오게 되었다는 것입니다.

전도하기 가장 어려운 곳이 축호전도나 노방전도 하는 곳이 아니고 가정과 직장입니다. 그러나 우리가 나는 죽고 예수로 사는 자가 되고, 24시간 주님을 바라보면 가정이 직장이 전도하기 가장 좋은 곳입니다. 주님께서 우리를 어떻게 변화시켜 주셨는지 우리 삶을 보여줄 수 있기 때문입니다. 복음으로 변화된 삶보다 강력한 전도 메시지는 없습니다.

Q. 당신은 하나님께서 허락하신 삶의 현장에서 세상의 소금과 빛으로 살고 있습니까? 삶으로 전도하려면 어떻게 해야 할까요?

....
....
....

3. 지역을 사로잡고 있는 악한 영과 영적전쟁을 해야 합니다

우리는 전도하기 위해 개인 차원의 영적전쟁뿐만 아니라 지역을 사로잡고 있는 악한 영과의 영적전쟁에 대해서도 알아야 합니다. 지역마다 그 지역을 지배하는 영적인 권세가 있습니다. 그러므로 전도하려면 그 지역을 사로잡고 있는 악한 영의 역사가 꺾어지고 하늘 문이 열려야 합니다.

선교사들의 평가에 의하면 일본과 중국, 한국을 지배하고 있는 영이 서로 다른 것을 느끼는데 일본은 음란의 영, 중국은 탐욕의 영, 한국은 분열의 영이라고 합니다. 또한 선교사들이 복음을 전해 보면 거리가 얼마 되지 않는데도 이상하게도 한쪽 도시에서는 복음이 잘 전해지는데 다른 한쪽에서는 복음이 전해지지 않는 것을 경험한다고 합니다. 우리나라만 해도 그렇습니다. 도시마다 영적인 분위기가 다릅니다. 그것은 도시들을 장악하고 있는 영적인 권세가 다르기 때문입니다.

부산제일교회에 부임했던 1990년 교회 주변으로 처음 축호전도 나갔을 때 당한 봉변은 이루 말할 수 없었습니다. 개를 풀어놓고, 소금을 뿌리고, 물을 끼얹기도 했습니다. 그래서 몇 년 동안은 여호수아 기도회를 하며 전도 대신 골목을 다니며 악한 영의 권세를 대적했습니다. 그 후 제일교회에서 나왔다고 하면 반갑게 문을 열어주었습니다.

담임목사 사택을 교회 옆 골목에 마련했을 때 골목에서 교회에 나오는 사람은 청년 한 사람뿐이었습니다. 그런데 목사 사택이 들어간 지 3년이 지나 여덟 가정이 교회에 나오게 되었습니다. 영적전쟁에서 승리할 때 이런 일이 일어나는 것입니다.

마귀와 싸울 수 있는 유일한 곳이 교회입니다. 우리나라에는 도시와 지역마다 거의 교회가 있습니다. 우리가 섬기는 교회가 왜 그곳에 있는지 아십니까? 그 지역을 사로잡고 사람들을 지옥으로 끌고 가려는 영적인 세력에 맞서 생명의 복음을 전하기 위해 그곳에 있는 것입니다. 이 사실을 깨달으면 교회의 주변 환경을 바라보는 눈이 달라질 것입니다.

Q. 당신은 전도할 때 어떤 영적전쟁을 경험했습니까? 그 경험을 써보세요.

05
12단원

당신은
한국 선교사이다

지혜 있는 자는 궁창의 빛과 같이 빛날 것이요
많은 사람을 옳은 데로 돌아오게 한 자는
별과 같이 영원토록 빛나리라

다니엘 12장 3절

5과 핵심요약

❶ 예수님이 삶의 목적이 되어야 전도에 눈이 열리게 된다.

❷ 세상에서 성공하고 명예를 얻는 것보다 더 귀한 일이 전도자가 되는 것이다.

❸ 나는 하늘에서 한국으로 파송된 선교사라는 의식이 분명해야 한다.

❹ 우리는 한국에 파송된 선교사로서 가정과 이웃, 직장, 학교가 하나님께서 허락하신 선교지이다.

우리가 세상을 살아갈 때 가장 복된 두 가지가 있습니다. 그것은 하나님의 자녀가 되는 것과 복음을 증거하며 사는 삶입니다. 복음은 사람들을 구원하여 하나님 자녀가 되게 하는 하나님의 능력이기 때문입니다. 어떻게 하면 그 복된 자의 자리에 거할 수 있을까요?

1. 삶의 목적을 예수님께 두어야 합니다

목적지가 다른 두 사람은 결국 헤어지기 마련입니다. 예수님과 우리의 관계도 마찬가지입니다. 이제 예수님과 헤어진다는 것은 있을 수 없다고 생각된다면 예수님과 우리의 목적이 같은지 점검해야 합니다. 많은 그리스도인이 하나님께서 주시는 선물에는 관심이 많지만 정작 예수님에게는 마음이 없을 때가 많습니다. 내 사업이 잘되는 것, 내 몸이 건강하고 자녀가 잘되는 것, 내 기도가 응답받는 것에는 관심이 많지만 그것을 주시는 주님에게는 관심이 없다는 말입니다.

예수님이 삶의 목적이 되어야 전도에 눈이 열리게 됩니다. 십자가에 달려 피 흘리시고 죽으셨던 예수님은 온통 지옥으로 가는 영혼들에 대한 생각뿐이셨습니다. 예수님은 지옥에 갈 영혼을 구원해 내시기 위해 십자가에서 죽으셨습니다. 그러니 지금도 예수님의 마음이 죽어가는 영혼들에게 복음을 전하는 것에 있는 것은 당연한 일입니다. 그러므로 구원이 삶의 목적이 된 사람만이 예수님과 계속하여 동행할 수 있습니다.

사도 바울의 목적은 오직 예수님이었고 예수님이 기뻐하시는 일을 이루는 것이었습니다. 그것이 하나님께서 사도 바울을 통해서 그토록 놀라운 전도의 역사를 일으키신 이유입니다.

Q. 다음 성경 구절에서 보여주는 사도 바울의 소원은 무엇입니까?

1. 고린도전서 10:31

    무엇을 먹든지 마시든지 하나님의 영광을 위하여 사는 것.

2. 빌립보서 1:20-21

    살든지 죽든지 그리스도를 존귀하게 하는 것.

고린도전서 10:31
그런즉 너희가 먹든지 마시든지 무엇을 하든지 다 하나님의 영광을 위하여 하라

빌립보서 1:20-21
20 나의 간절한 기대와 소망을 따라 아무 일에든지 부끄러워하지 아니하고 지금도 전과 같이 온전히 담대하여 살든지 죽든지 내 몸에서 그리스도가 존귀하게 되게 하려 하나니 21 이는 내게 사는 것이 그리스도니 죽는 것도 유익함이라

고린도후서 5:9

그런즉 우리는 몸으로 있든지 떠나든지 주를 기쁘시게 하는 자가 되기를 힘쓰노라

3. 고린도후서 5:9

몸으로 있든지 떠나든지 주를 기쁘시게 하는 것.

하나님은 오직 예수, 오직 영혼 구원의 마음을 가진 자를 주목하십니다. 빌립보서 3장 7-9절을 보면 사도 바울은 좋은 배경, 학식, 신분 등 모든 것을 배설물처럼 버렸습니다. 그것은 오직 그리스도를 알고 얻으려는 한 가지 소원 때문이었습니다.

어떤 사람들은 오직 예수, 오직 전도는 너무 극단적인 것이라고 생각할지 모릅니다. 그러나 이것은 우리 자신을 잘 몰라서 하는 말입니다. 우리의 본성은 연약하고 게으릅니다. 그러므로 '오직'이라고 해도 흔들릴 때가 많습니다. '전도도 하고'라는 자세로는 전도하기가 매우 어렵습니다.

한국 개신교 최초의 순교자인 토머스 선교사는 대동강 모래사장에서 처형을 당했는데 그의 목을 치려는 포졸 박춘관에게 성경을 전하며 "예수! 예수! 예수!" 하면서 순교의 피를 흘렸습니다. 최후의 순간까지 오직 복음만을 전했습니다. 그는 영국 사람이었으나 우리 민족에게는 최대의 애국지사입니다. 그가 이 민족의 영적 죽음을 일깨웠기 때문입니다. 이보다 더 큰 선물은 없을 것입니다.

Q. 당신에게 오직 전도, 오직 기도, 오직 순종이라는 자세가 있습니까?
만약 없다면 그 이유가 무엇입니까?

---

2. 전도자가 누릴 축복을 바라봐야 합니다

Q. 다음 질문에 답을 쓰세요.

1. 마가복음 16:20은 전도자에게 어떤 복을 주시겠다고 약속하셨습니까?
   전도할 때 표적이 나타나게 하심.

2. 다니엘 12:3은 전도자가 어떤 복을 받을 것이라고 말씀합니까?
   별과 같이 영원토록 빛나리라.

마가복음 16:20
제자들이 나가 두루 전파할새 주께서 함께 역사하사 그 따르는 표적으로 말씀을 확실히 증언하시니라

다니엘 12:3
지혜 있는 자는 궁창의 빛과 같이 빛날 것이요 많은 사람을 옳은 데로 돌아오게 한 자는 별과 같이 영원토록 빛나리라

역사는 반드시 모든 민족에게 복음이 전파된 후 주 예수께서 다시 오심으로 끝이 납니다. 그래서 전도자가 제일 귀합니다. 하나님께서는 천사에게도 이 일을 맡기지 않으셨습니다. 세상에서 성공하고 명예나 권세를 얻는 것보다 더 귀한 일이 전도자가 되는 것입니다.

믿음이 좋은 연대장 부인이 있었습니다. 그녀는 처음부터 신앙생

활을 한 사람이 아닙니다. 남편이 위관장교 시절에 자신을 끈질기게 전도한 지휘관 부인 때문에 신앙생활을 시작하게 되었다고 합니다. 처음에는 전도하는 그 사람이 너무나 귀찮고 싫기까지 했는데 지금은 정말 고맙다고 했습니다.

마지막 심판 자리에서 가장 감사할 사람은 자기에게 예수님을 알게 해준 사람일 것입니다. 전도를 하다보면 전도 대상자가 싫어하고 귀찮아할 수도 있습니다. 그러나 억지로 끌려다녔더라도 예수님을 제대로 믿고 천국에 가면 그보다 감사한 일이 어디 있겠습니까? 그러나 한두 번 부정적인 반응에 전도를 포기한다면 마지막 때 우리를 향하여 이렇게 부르짖을 사람들도 있다는 사실을 기억해야 합니다.

"그때 왜 좀 더 나를 강권하지 않았나요?"

"김 집사님, 정 권사님, 왜 나를 강권하지 않았나요?"

"여보, 왜 나를 좀 더 강권하지 않았소?"

Q. 혹시 지옥에서 당신에게 왜 그때 더 강권하지 않았느냐고 원망할 사람이 생각나지는 않습니까? 기억나는 사람이 있다면 써보세요.

_____

_____

_____

_____

3. 한국으로 파송된 선교사라는 의식이 분명해야 합니다

> 오직 성령이 너희에게 임하시면 너희가 권능을 받고 예루살렘과
> 온 유대와 사마리아와 땅 끝까지 내 증인이 되리라 하시니라 행 1:8

이 말씀에서 '너희'는 이 말씀을 직접 들었던 예수님의 제자들만을 말하는 것이 아닙니다. 예수님을 믿는 모든 사람이 포함됩니다. 모든 그리스도인이 열방을 향하여 보냄을 받는 것은 아니지만 우리 모두는 예수님을 증거 하는 선교사로 부름 받았습니다.

선교비를 교회에서 지원해 주는 선교사가 있는가 하면, 우리는 자비량 선교사입니다. 선교만 전념하는 선교사가 있는가 하면, 우리는 일과 직업을 가진 전문인 선교사입니다. 피부색, 언어가 다른 나라에 파송된 선교사가 있는가 하면, 우리는 똑같은 외모와 언어를 쓰는 곳에 파송된 선교사입니다.

우리는 한국에 파송된 선교사이고, 가정과 이웃, 직장, 학교가 하나님께서 허락하신 선교지입니다. 교회에서의 신앙생활이나 신우회 활동은 열심히 하는데 직장에서 일할 때는 그렇지 못한 사람들이 있습니다. 직장이 선교지라는 인식을 하지 못하기 때문입니다. 직장이 선교지라고 생각하면 사람들과 관계를 잘 맺는 것도, 경영진들이 보기에 일을 열심히 하는 것도 선교라는 것을 알게 됩니다.

한국 교회 초기에 감동적인 전도 일화가 있습니다. 경동제일교회에 엄영수라는 분이 있었는데 영수라는 직책은 오늘날 장로에 해당되는 직책으로 예배당도 짓고 관리도 하며 교회를 위해 일평생 수고하는 사람입니다. 그의 직업은 왕손을 모시는 마부였습니다. 하루는 왕손을 모시고 지방으로 여행을 가는데 가는 길에 "나으리, 예수 믿으시죠."라며 전도를 했습니다. 왕손이 그에게 물었습니다. "아니, 네가 예수를 믿느냐?"

"예, 그렇사옵니다. 한 3년 되었습니다. 저는 예수를 믿고 마음이 너무 기쁩니다." 그 말을 들은 왕손이 마부에게 빈정거리며 물었습니다.

"예수 믿으면 너 같은 상놈이 양반이라도 된다더냐?"

그때 엄영수가 말했습니다.

"나으리, 예수 믿는 도리는 그런 것이 아닙니다. 제가 양반되기 위해 예수 믿는 것이 아니라 마부 노릇을 잘하기 위해 예수 믿는 것입니다."

이 말이 왕손의 마음에 깊은 감동을 주었습니다. 그리고 그의 마음이 열려 예수를 믿게 되었는데, 훗날 승동교회의 목사가 되었다고 합니다.

Q. 하나님께서 파송하신 당신의 선교지는 어디입니까? 그곳에서 어떻게 하면 선교를 잘할 수 있을까요?

12단원
전도자의 사명

소그룹 나눔
| 인도자용

마음열기
(8분)

- 찬양 : 주는 나를 기르시는 목자(570장), 주님 말씀하시면
- 기도 : 미리 정해진 순서에 따라 모임을 위해 기도합니다.

과제점검
(10분)

- 출석체크, 예습, Q.T여부, 기도생활
- 성경암송 점검 - 마태복음 28:19-20

  그러므로 너희는 가서 모든 민족을 제자로 삼아 아버지와 아들과 성령의 이름으로 세례를 베풀고 내가 너희에게 분부한 모든 것을 가르쳐 지키게 하라 볼지어다 내가 세상 끝날까지 너희와 항상 함께 있으리라 하시니라

- 지난 주 과제인 전도를 했는지 여부와 그 느낌을 나눕니다.

도입질문 및
각 과별 진행
(92분)

Q. 전도에 대한 특별한 경험이 있다면 나누어주세요.
또는 지난주 과제인 전도를 수행하면서 어떤 결과가 있었는지 나누어주세요.

01
전도,
정말 어려운 것인가?

Q. 만약 여러분이 천국과 지옥이 있음을 분명히 알았다면 누구에게 그 사실을 알려 주겠습니까?

◐ 전도의 결실이 없는 것은 사람들이 복음을 받아들이려고 하지 않는 외적인 문제보다, 우리 안에 전도의 문이 닫혀 있는 게 더 큰 문제라는 점을 깨닫게 해주십시오.

핵심 요약   모든 그리스도인은 전도자입니다. 예수님과의 관계가 실제인 사람에게 전도는 쉬운 일입니다. 전도는 우리가 예수님 안에서 누리고 사는 감격을 증거 하는 것만은 아닙니다. 우리와 함께 계시는 예수님을 만나는 길이며 우리 영혼이 사는 길입니다. 이것이 어려워도 전도를 해야 하는 이유입니다.

02 전도자의 영적 상태

🔵 영적 생활을 위하여 훈련 받고 힘쓰는 것이 없다면 그것이 바로 서서히 내리막길을 걷고 있다는 증거입니다. 질문에 답하게 한 후에, 교회 안에 훈련 과정이 운영되고 있다면 제자훈련을 마친 후에 그 훈련 과정에 꼭 참가하도록 도전하십시오.

Q. 여러분은 영적 성장을 위하여 어떤 목표와 열정을 가지고 있습니까?

🔵 전도에 대한 생각과 태도가 이전과 달라졌는지 점검하고, 전도에 대한 마음이 열리도록 함께 기도하는 시간을 갖는 것도 좋습니다.

Q. 여러분의 삶은 갈릴리 바다와 사해 중 어느 바다와 같습니까? 여러분의 영적 상태를 진단해보세요.

핵심요약

전도는 우리의 영적 상태를 점검해 주는 시금석과 같습니다. 전도를 통하여 어떤 영적 상태를 점검할 수 있을까요? 첫째, 나는 주님을 진정으로 사랑하는지 알게 합니다. 전도는 '우리가 주님을 이용하는 사람인가' 아니면 '사랑하는 사람인가'를 진단해줍니다. 둘째로 나의 영적인 상태를 진단해줍니다. 영적으로 죽어 있고 목표 의식이 없는 사람이 전도에 열정을 쏟는 법은 없기 때문입니다. 셋째로 나는 하나님의 은혜의 통로 역할을 하고 있는지 그렇지 않은지를 깨닫게 합니다. 다른 무엇보다도 전도는 가장 귀한 복을 나누는 것이기 때문입니다.

03 불신자의 영적 상태

Q. 그동안 여러분보다 부유하고 사회적 지위가 높은 사람을 어떻게 바라보았습니까? 그들에게 자신 있게 예수 그리스도가 행복의 시작이라고 말할 수 있습니까?

◑ 불신자의 영적인 상태는 영원한 죽음에 이를 수밖에 없는 상태라는 것을 강조해 주십시오.

Q. 불신자에게 전도할 때 어떻게 복음을 전했습니까? 당신이 전한 복음의 내용을 써보세요.

◑ 실제로 복음을 정확히 전달하는 실습을 하는 것도 좋습니다. 두 명씩 짝을 짓게 하고 한 사람이 다른 한 사람에게 복음의 내용을 설명하도록 하고, 그것이 끝나면 역할을 바꾸도록 하십시오. 단, 시간을 한 번에 3분 정도로 제한하도록 합니다.

핵심 요약
우리가 불신자의 영적 성태를 정확하게 알고 있다면 그들이 어떤 형편에 있든지 '예수 그리스도가 행복의 시작'이라고 담대히 전할 수 있습니다. 겉모양이 어떻든지 불신자들은 하나님과의 관계가 끊어진 채 마귀에게 사로잡혀 죄에 종노릇하며 살고 있습니다. 불신자들은 결코 행복할 수 없습니다. 죄 때문에 끊어진 하나님과의 관계를 회복하는 길은 복음밖에 없습니다. 그러므로 우리는 삶의 현장에서 그리스도의 복음을 꼭 전해야 합니다.

04
전도와 영적전쟁

◐ 복음으로 변화된 삶을 사는 것이 가장 강력한 전도의 메시지임을 깨닫도록 도와주십시오.

Q. 여러분은 하나님께서 허락하신 삶의 현장에서 세상의 소금과 빛으로 살고 있습니까? 삶으로 전도하려면 어떻게 해야 할까요?

_____
_____
_____
_____

◐ 마귀와의 영적전쟁을 할 때 근본적으로 우리가 방어의 위치에 있는 것이 아니라 공격하는 위치에 있습니다. 마귀를 대적하며 전도하면 사탄의 문은 견디지 못하고 무너진다는 것을 강조하십시오.

Q. 여러분은 전도할 때 어떤 영적전쟁을 경험했습니까? 그 경험을 써보세요.

_____
_____
_____
_____

핵심 요약	우리가 전도를 시작하면 가장 먼저 부딪히게 되는 것이 악한 영의 방해입니다. 전도를 해보면 귀신의 역사가 있다는 것을 알게 됩니다. 복음을 전할 때는 불신자를 사로잡고 있는 악한 영의 역사가 떠나가도록 중보해야 합니다. 그리스도인들이 세상의 소금과 빛으로 살지 않으면 아무리 복음을 유능하게 전해도 결국 전도할 수 없습니다. 세상과 반대 정신으로 살 때만 전도자의 삶은 악한 영의 역사를 몰아내는 빛이 될 수 있습니다. 전도하려면 그 지역을 사로잡고 있는 악한 영의 역사가 꺾어지고 하늘 문이 열려야 합니다. 마귀와 싸울 수 있는 유일한 곳이 교회입니다. 교회가 지역에 있는 이유는 생명의 복음을 전하기 위해서입니다.

05
당신은 한국 선교사이다

Q. 혹시 지옥에서 여러분에게 왜 그때 더 강권하지 않았느냐고 원망할 사람이 생각나지는 않습니까? 기억나는 사람이 있다면 써보세요.

_____
_____
_____
_____

Q. 하나님께서 파송하신 여러분의 선교지는 어디입니까? 그곳에서 어떻게 하면 선교를 잘할 수 있을까요?

_____
_____
_____
_____
_____

핵심 요약

우리가 세상을 살아갈 때 가장 복된 두 가지는 '하나님의 자녀가 되는 것'과 '복음을 증거하며 사는 전도자의 삶'입니다. 어떻게 하면 그 복된 자리에 거할 수 있을까요? 첫째, 삶의 목적을 예수님께 두어야 합니다. 예수님이 삶의 목적이 되면 전도에 눈이 열립니다. 둘째는 전도자가 누릴 복을 바라봐야 합니다. 역사는 모든 민족에게 복음이 전해져야 끝이 납니다. 그래서 전도가 가장 귀합니다. 세상에서 성공하고 명예나 권세를 얻는 것보다 더 귀한 일이 전도자가 되는 것입니다. 셋째, 한국으로 파송된 선교사라는 의식이 분명해야 합니다. 모든 그리스도인이 열방을 향하여 보냄을 받은 것은 아니지만 우리 모두 예수님을 증거하는 선교사로 부름을 받았습니다. 우리는 한국에 파송된 선교사이고 가정과 이웃, 직장, 학교가 하나님께서 허락하신 선교지입니다

◐ 사람을 가장 사랑하는 방법은 전도하는 것입니다. 천국과 지옥을 정말 확신한다면, 그 사람을 내가 정말 사랑한다면, 그 사람이 귀찮아하고 싫어한다고 해도 전도해야 합니다. 아이가 싫어한다고 아픈 아이를 병원에 데려가지 않는 사람은 없습니다. 가까이 있는 사람이지만 복음에 대해 부정적인 반응을 보이는 사람이 있다면, 포기하지 말고 복음을 전하도록 도전하십시오.

◐ 모든 그리스도인은 선교사로 나가지 않는다고 하더라도 각자 삶의 현장에서 전도자로 부름을 받은 것입니다. 어떤 사람은 직장의 선교사로, 어떤 사람은 사업장의 선교사로, 어떤 사람은 학교 선교사로 부름을 받았습니다. 강의 내용을 이해했다면 그런 식의 대답이 나올 것입니다. 반원들이 각자 삶의 현장에서 복음 전도자로 부름을 받은 선교사임을 깨닫고 사명감과 자부심을 가질 수 있도록 도와주십시오.

◐ 제자훈련을 마친 후에 수여하는 증서도 수료증이 아니라 파송장입니다. 수료식을 준비하면서 파송장도 함께 준비하십시오.

마무리
(10분)

1. 함께 기도하기

   • 개인 기도제목을 나눕니다.

   • 인도자가 단원 주제에 맞는 기도제목을 제시하고 개인 기도제목과 함께 기도합니다.

   • 인도자가 마무리 기도하고 주기도문으로 마칩니다.

2. 광고

   • 다음 주에 할 간증 모임에 대해 알려 주시고 그때까지 꼭 간증문을 제출하도록 안내하십시오. 간증문을 제출하지 않으면 수료할 수 없음도 함께 설명해주어야 합니다.

   • 수료식 일정을 알려 줍니다.

인도자용 부록

《예수님의 사람》제자훈련 진행 매뉴얼 | 예수동행훈련 시리즈 커리큘럼 소개
《예수님의 사람》제자훈련 간증문 작성 가이드, 간증문 샘플
제자훈련 모집 안내 및 지원서, 강사보고서, 도우미보고서, 개인 체크리스트, 수료증 샘플 | 성경암송카드

예수님의 사람
제자훈련 진행 매뉴얼

제자훈련의 전체적인 흐름

준 비 〉 훈련생 모집 〉 오리엔테이션 〉 단원별 진행 〉 간증 모임 〉 수료식
(8주전)　　(6주전)　　(1주차)　　(2~13주차)　(14주차)　(15주차)

준비 단계

1. 사전 준비

- 제자훈련을 처음 시작하는 경우라면 전체 교우들을 대상으로 제자훈련의 필요성과 도입을 알리는 시간을 갖습니다.
- 제자훈련을 섬길 수 있는 강사나 여타 상황을 고려하여 제자훈련의 전체적인 규모를 정합니다. 처음부터 많은 인원을 제자훈련에 참여하게 하는 것을 목표로 하기보다는 차근차근 진행해 나가는 것이 바람직합니다.
- 제자훈련은 봄, 가을로 1년에 2회 정도 진행하는 것이 적당합니다.

2. 훈련생 모집

- 주보에 모집 광고를 냅니다. 모집 광고에는 훈련 과정에 대한 안내, 모집 인원, 모집 기간, 등록비 등에 대한 안내가 포함되어야 합니다.

- 모집 광고와 함께 접수를 시작합니다. 접수할 때는 접수 규칙(시기나 방법)을 정해 놓고 엄격하게 적용합니다.
- 모집 인원은 준비된 강사의 숫자에 준해서 뽑습니다. 목회자 혼자서 한 번에 여러 반을 운영하는 것보다 한 번에 한반씩만 운영하는 것이 장기적으로 좋습니다.

3. 반 편성

- 접수가 완료되면 반 편성을 시작합니다. 한 반에 7-10명이 적당하며 10명 이상일 경우 충분한 토론 시간을 갖기가 어렵습니다.
- 반편성은 남자반과 여자반을 구분하고, 가급적 비슷한 연령대로 반을 편성하는 것이 좋습니다. 제자훈련의 효과를 높이기 위한 것이지만 불가피한 경우 나이 차이가 있어도 무방합니다.

4. 도우미의 모집과 배치

- 도우미는 제자훈련 기간 동안 강사를 도와 제자훈련이 원활하게 진행될 수 있도록 돕는 보조자 역할을 감당하는 사람을 말합니다. 만약 제자훈련을 처음으로 시작한다면 강사가 도우미 역할까지 겸하고, 이후로는 제자훈련을 수료한 사람을 대상으로 강사의 추천을 받아 세우도록 합니다.
- 개강 1주 전에 도우미 모임을 갖고 도우미 역할에 대해 교육합니다.

예수님의 사람
제자훈련 진행 매뉴얼

도우미 역할

구 분	세부역할	
개강준비	• 반 편성표를 받으면 오리엔테이션에 훈련생들이 모두 참석할 수 있도록 연락합니다. • 사전에 반별 모임 장소를 확인하고 이동시 훈련생들을 안내합니다. • 반별 모임에서 반장을 선출합니다. • 도우미 보고서를 작성하여 제출합니다.	
중보기도	• 도우미 자신이 강사와 훈련생들을 위하여 매일 기도합니다. • 훈련을 위한 기도제목과 훈련생 개인의 기도제목을 구체적으로 준비합니다. • 반원들 간에 서로 기도할 수 있도록 돕습니다.	
반원관리	• 매주 한 번씩은 전화 심방을 통해 예습 상황과 전체적인 상황을 파악합니다. • 훈련생들이 훈련을 끝까지 마칠 수 있도록 격려하고 돕습니다. • 결석자가 있을 경우, 결석 사유를 파악하여 보고서에 기록합니다. • 훈련생에게 특별한 문제가 있는 경우, 강사나 제자훈련 담당 목사에게 보고하여 조치하도록 합니다.	
강의진행 협조	강의 준비	• 강의가 시작되기 전 출석부, 명찰 등을 준비합니다. • 훈련 장소를 미리 정리하고 준비합니다. • 강의가 시작되기 전 출석과 과제를 점검하고 보고서에 기록합니다.
	간식 준비	• 간식을 준비해 휴식 시간에 함께 나눌 수 있도록 합니다. • 혼자 준비하지 말고 훈련생들이 돌아가면서 준비하도록 안내합니다.
	나눔	• 도우미는 훈련된 조교 역할을 해야 합니다. 강사의 요청이 있을 경우, 적극적으로 나눔에 동참하여 강의 진행을 돕습니다.
주의 사항	• 자신이 알고 있는 것을 강사와 공유해야 합니다. • 불가피한 일을 제외하고 결석하거나 지각하는 일이 있어서는 안 됩니다. • 제자훈련에 대해 부정적인 이야기를 하거나 동조해서는 안 됩니다. • 보고서의 중요성을 인식하고 보고서를 철저하게 작성해야 합니다.	

5. 강사의 준비

반 편성이 완료되면 반 편성표를 강사에게 전달합니다. 제자훈련 강사들은 다음과 같은 준비 과정이 필요합니다.

- 교재의 내용을 성도들에게 가르치려고 애쓰기 전에 훈련생이 된 심정으로 교재를 처음부터 읽고 교재의 질문에 솔직하게 답을 적으십시오.
- 교재를 여러 번 반복해서 읽음으로써 전체적인 흐름을 파악하고, 어떻게 제자훈련을 이끌어갈지 강의 계획을 세워야 합니다.
- 제자훈련과 훈련생들을 위해 기도하는 시간이 필요합니다. 훈련생들의 영적 상태와 삶의 형편 등을 미리 파악하고 기도할 수 있다면 더욱 좋을 것입니다.

오리엔테이션

- 제자훈련 시작하기 1주 전에 강사, 도우미, 반원들이 함께 오리엔테이션 모임을 갖습니다. 오리엔테이션은 제자훈련 진행상 매우 중요한 시간입니다. 그러므로 훈련생 모두가 참여하게 하고, 불참 시 제자훈련에 참여할 수 없다는 것을 사전에 공지하도록 합니다.
- 오리엔테이션은 전체 강의(1부)와 반별 모임(2부)으로 나누어 진행합니다.

예수님의 사람
제자훈련 진행 매뉴얼

오리엔테이션 진행 순서

출석 체크 (10분)		• 반 편성표를 모임 장소 입구에 부착합니다. • 입구에서 출석 체크를 합니다. • 교재를 나누어 줍니다. • 좌석은 반별로 앉을 수 있도록 지정해 둡니다.
찬양 (15분)		• 마음을 열고 함께 찬양합니다.
강의 (40분)		• 강사를 반별로 소개하고 인사하도록 합니다. • 서론 강의는 제자훈련의 필요성, 제자훈련 받는 자세, 교재를 공부하는 방법에 대해 강의합니다. 교재 18-25쪽을 참조하십시오.
광고 및 이동 (5분)		• 개강 일시와 각 반의 모임 장소를 알려 줍니다. • 반별 모임 장소로 이동합니다.
반별 모임 (40분)	환영 및 자기소개 (10분)	• 환영의 메시지를 전하고 강사 자신과 도우미를 소개합니다. 도우미를 소개할 때 도우미의 역할도 함께 안내합니다. • 강사가 반 모임을 성령께서 주관해 주시도록 기도합니다. • 반원들에게 자기소개와 제자훈련에 대한 기대를 간단히 나누도록 합니다.
	강의안내 및 주의사항 전달 (10분)	• 교재의 예습과 과제에 대해서 안내합니다. • 성경암송 카드를 나누어 주고 활용법을 안내합니다. • 주의사항 및 제자훈련에 진행상 도움이 될 만한 것들을 전달합니다. 결석은 2회까지 가능하나 결석하면 보강해야 합니다. • 훈련생들에게 진행 사항에 대해 질문할 것이 있는지를 묻고 질문에 대답합니다.
	다음 모임 준비 (5분)	• 다음 모임부터 대표 기도할 사람의 순번을 정합니다. • 가능하다면 찬양 인도자를 세워도 좋습니다. • 반을 대표할 반장을 선출합니다. • 훈련생들의 연락처를 공유합니다.

서약 및 합심 기도 (10분)	• 교재의 맨 앞장에 있는 서약서를 읽은 후 서명란에 서명하게 합니다. • 한 사람씩 돌아가며 기도 제목을 짧게 나누고, 제자훈련을 위해 함께 기도합니다. 마무리 기도는 강사가 하거나 도우미가 하도록 합니다.
마무리 (5분)	• 반원 한 사람 한 사람과 악수하고 가능하면 허그 하며 축복합니다. • 반원들에게 다음 모임 장소와 시간을 안내하고 귀가하도록 합니다. • 보고서를 작성합니다.

단원별 진행 안내

《예수님의 사람》 제자훈련 교재는 총 12주 과정으로 구성되어 있습니다. 한 주에 한 단원씩 12주 동안 각 반별로 진행합니다. 가급적이면 휴강 없이 12주를 진행하는 것이 훈련에 도움이 됩니다.

1 제자훈련의 전체적인 시간 배분

- 제자훈련 모임 시간은 2시간에서 2시간 30분 정도로 하며, 최대 2시간 30분을 넘기지 않는 것이 좋습니다.
- 찬양과 출석, 과제 점검을 10분 정도로 한 뒤 강의와 나눔은 한 과당 20분 이내로 진행합니다. 각 과의 내용에 따라 시간은 탄력적으로 운영할 수 있습니다.
- 1시간 동안 진행한 후에 10분 정도 휴식 시간을 갖습니다. 휴식할 때는 준비된 간식을 나누며 교제하는 시간을 갖습니다.

- 마무리는 찬양과 기도를 합하여 10분 정도가 적당합니다. 뜨겁게 기도하도록 하고 중보기도가 필요한 사람을 위하여 따로 기도하는 시간을 가질 수도 있습니다.

2. 제자훈련을 인도할 때 주의 사항

- 강사 주도적인 분위기를 지양하고 훈련생들이 적극적으로 참여할 수 있는 방식으로 진행합니다. 강의는 핵심 내용 위주로 간결하게 하고 질문을 중심으로 훈련생들의 토론과 나눔 중심으로 진행합니다. 강의가 전체 시간의 50%가 넘지 않도록 주의합니다.
- 성경을 읽고 답하는 식의 단순한 질문은 한 사람씩 돌아가며 답하도록 하고, 개인적인 의견을 묻는 질문은 가급적 많은 사람이 나누도록 합니다. 어떤 질문은 3~4명, 어떤 질문은 전체적으로 다 나누도록 합니다. 이때 훈련생들 각자의 마음을 솔직하게 고백할 수 있도록 인도하는 것이 중요합니다.
- 질문에 대한 답을 나눌 때 어떤 부분에서는 인도자가 마음을 열고 자신의 이야기를 나누도록 합니다. 훈련생들에게만 자신의 이야기를 하도록 하는 것은 바람직하지 않습니다.
- 훈련생 중 어떤 한 사람에게 시간이 편중되지 않도록 진행합니다. 대답이 너무 길어지면 양해를 구하고 끝내도록 합니다.
- 개인적인 상담이 필요한 문제인 경우 제자훈련 시간에 해결하려고 하기 보다는 훈련생을 따로 만나서 상담하도록 합니다.
- 어떤 경우에도 훈련생이 인격적으로 무시 받는다는 느낌을 받지 않도록 해야 합니다.

3. 노방 전도

- 12주 동안의 제자훈련 기간에 최소 2회 이상 노방 전도에 참여하도록 합니다. 제자훈련을 시작하면 일단 제자훈련 모임이 정착되는 것이 중요하기 때문에 노방 전도는 4주차 이후에 실시하는 것이 바람직합니다.
- 노방 전도는 제자훈련 모임 시간 전이나 제자훈련을 마친 후, 또는 다른 날짜를 이용하여 실시할 수 있습니다.
- 노방 전도 시간은 1시간에서 2시간 정도가 적당합니다.

노방 전도 진행 순서

순서	내용
준비	• 노방 전도 장소를 파악하고 이동 시 혼선이 없도록 훈련생들에게 미리 알려 줍니다. • 도우미는 반원들이 약속된 시간과 장소에 도착하도록 안내합니다. • 도우미는 현수막과 전도 물품을 인원수대로 준비합니다.
집합 및 기도	• 반별로 집합 장소에 모입니다. • 강사의 인도로 노방 전도를 위해 합심으로 기도하고 강사가 마무리 기도합니다.
이동	• 차량 운행자는 차량을 신속하게 준비합니다. • 전도 현장으로 이동합니다.
노방 전도	• 사람이 많이 다니는 곳에 자리를 잡습니다. • 강사가 간단히 전도 방법을 안내합니다. 3명 정도는 현수막을 잡은 채로 사람들을 향해 인사하며 "예수 그리스도가 행복의 시작입니다."라고 외칩니다. • 나머지 훈련생들은 지나가는 사람들에게 "○○교회에서 나왔습니다. 예수 믿으세요."라고 말하며 전도지나 전도 물품을 나눠 줍니다. • 전도 대상자가 반응을 보일 때는 교회에 대해 안내해 주거나 강사에게 안내하게 합니다. • 강사는 전도를 끝내고 다시 모이는 시간을 공지합니다.

예수님의 사람
제자훈련 진행 매뉴얼

	• 강사와 도우미가 적극적으로 나서서 전도의 모범을 보입니다. • 전도가 끝나면 강사의 인도로 반원들끼리 손을 잡고 마무리 기도를 합니다.
이동	• 전도가 끝나는 대로 교회로 이동합니다.
제자 훈련	• 제자훈련을 시작하기 전에 잠시 휴식 시간을 가질 수 있습니다. 노방 전도에 대한 느낌을 나누어도 좋습니다. • 제자훈련 시간을 조정하여 너무 늦게 끝나지 않도록 주의합니다. • 강사는 노방 전도 상황을 강사 보고서에 기록합니다.

간증 모임

- 13주까지 마치면 14주째 간증 모임을 갖습니다. 간증문 작성 가이드를 참조하여 10단원부터 간증문을 준비시키고 간증 모임 전까지 간증문을 제출하도록 합니다.
- 수료식이나 수료 예배 때 모든 사람이 다 간증할 수 있는 시간이 없기 때문에 반원들이 다시 모여서 준비한 간증을 나누는 시간이 필요합니다. 서로의 간증을 듣는 것은 제자훈련 시간에 느낄 수 없었던 또 다른 감동을 느끼게 합니다.
- 간증 모임은 전체적으로 진행하지 않고 제자훈련 모임처럼 각 반별로 진행합니다.
- 제자훈련 반이 많은 경우, 각 반별로 간증 모임을 진행하고 수료식 때 대표로 간증할 간증자를 추천하도록 합니다.

간증 모임 진행 순서

순서	내용
찬 양(10분)	• 밝은 찬양으로 선곡하여 찬양을 부릅니다.
간증 나눔	• 지정된 순서에 의하여 모든 훈련생이 간증문을 낭독하도록 합니다. 간증문은 최대 5분이 넘지 않도록 사전에 공지합니다. • 한 사람의 간증문 낭독이 끝나면 모든 훈련생이 박수로 격려합니다. • 훈련생들이 서로 상의하여 수료식 때 대표로 간증할 훈련생을 추천합니다.
축복 기도(5분)	• 모든 훈련생의 간증이 끝나면 서로 축복하며 예수님과 동행하는 제자의 삶을 살 수 있도록 합심으로 기도하고 강사의 축복 기도로 마무리합니다.
광 고(2분)	• 수료식 일정을 안내하고 준비 사항을 전달합니다.
교 제	• 간증 나눔이 끝나면 다과를 나누거나 식사하며 교제를 갖습니다.

수료식

- 제자훈련 과정을 마친 후 곧바로 수료식을 갖습니다. 수료식을 갖는 목적은 12주 동안의 제자훈련을 잘 마쳤음을 축하하는 의미와 이제 제자로서의 삶을 살 것을 새롭게 결단하는 시간을 갖는다는 의미가 있습니다.
- 제자훈련 수료식은 주일 오후 예배나 저녁 예배 때 진행할 수 있습니다.
- 수료식은 제자훈련 수료자들의 간증이 중심이 되도록 진행합니다. 간증 모임을 통해 각 반에서 선발된 간증자를 대표 간증자로 세웁니다. 수료 인원이 적은 경우, 모

든 훈련생이 간증할 수 있게 합니다.
- 수료식에는 이전 기수 수료생들이 참석하도록 하여 격려하고 축하할 수 있도록 합니다. 제자훈련을 받지 않은 교우들도 참석하게 하면 제자훈련에 강력한 동기를 부여할 수 있습니다.
- '수료증'은 한국으로 파송된 선교사라는 의미부여로 '파송장'으로 대신할 수 있습니다.

수료식 진행 순서

순서	내용
사전 준비	• 수료증, 반별 이름표 등을 준비해 놓습니다. • 대표 간증자들은 따로 자리를 배치합니다. • 간증자들을 예배 시작 30분 전에 참석하게 하여 간증 순서와 방법을 전달하고 리허설을 합니다.
찬양(10분)	• 수료를 축하하는 멘트로 찬양을 시작합니다.
대표기도(3분)	• 대표 기도자가 나와 기도합니다.
학사보고(3분)	• 반 구성, 강사, 도우미, 수료생 등 제자훈련 진행 사항에 대해 간단히 언급합니다.
수료식(5분)	• 반별로 이름을 호명하면 강단 앞으로 나와 차례로 섭니다. • 반원들의 이름과 반별 사진을 화면상으로 보여 줍니다. • 담임목사가 한 사람씩 수료증을 전달하고 악수나 포옹을 합니다.
간증	• 간증은 한 명당 5분으로 정합니다. 수료 인원이 적을 경우, 모든 훈련생이 간증을 하도록 합니다. • 정해진 순서대로 나와 간증합니다. • 간증자는 본인의 반과 이름을 소개합니다. 간증자가 간증을 마쳤을 때만 박수를 치도록 합니다.

말씀(15분)	• 제자로서 살 것을 결단하게 하는 말씀을 전합니다.
광고(3분)	• 제자훈련에 관련된 광고나 기타 광고를 합니다.
결단의 찬양(3분)	• 수료생과 참석자가 다 같이 일어서서 찬양합니다. • 찬양 : 우릴 사용하소서
축도(1분)	• 축복하는 기도로 마칩니다.
축복의 시간	• 수료생들에게 꽃다발을 전달하고 축하하는 시간을 갖습니다. • 다과를 준비한 장소로 이동해 자유롭게 교제의 시간을 갖습니다.

예수동행훈련 시리즈
커리큘럼 소개

전체적인 흐름

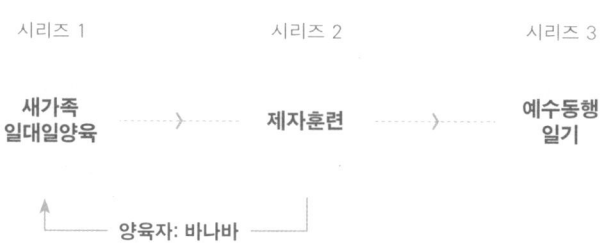

1. 새가족 일대일 양육(10주)

새가족으로 등록하시면 바나바와 함께 일대일로 양육을 받게 됩니다. 새가족 양육 과정을 통하여 믿음의 기초를 바르게 세우는 것은 물론, 성도의 교제를 통하여 교회에 대한 소속감을 갖게 되고, 교회를 사랑하게 되는 은혜를 누릴 수 있습니다. (바나바 : 제자훈련을 마친 분들 중에 양육자로 섬기도록 세움 받은 사람.)

- 대상 : 새가족으로 등록한 교우
- 교재 :《당신은 행복하십니까?》

2. '예수님의 사람' 제자훈련(15주)

하나님께서 쓰시는 사람은 제자로 훈련된 사람입니다. 예수님은 소수의 제자를 선택하셨지만 철저하게 훈련하는 방법을 쓰셨습니다. '예수님의 사람' 제자훈련은 내 안에 계신 예수님과 인격적인 관계를 맺고 동행하는 삶을 훈련함으로써 예수님의 제자로 살도록 돕는 과정입니다.

- 대상 : 새가족 양육 수료자

3. '예수동행일기' 제자훈련(8주)

예수님을 바라보고 예수님과 동행하는 것은 한 번의 체험이 아니라 일평생 계속되어야 할 삶입니다. '예수동행일기' 제자훈련은 '예수님의 사람' 제자훈련 이후, 24시간 예수님을 바라보며 나는 죽고 예수로 사는 것을 실제적으로 누릴 수 있도록 훈련하는 과정입니다.

- 교재 : 《예수동행일기》

단원별 진행 (6주) → 간증모임 (1주) → 수료식 (1주)

예수님의 사람
제자훈련 간증문 작성 가이드

제자훈련을 받고 계신 훈련생 여러분을 사랑하고 축복합니다.

이제 제자훈련이 막바지에 이르렀습니다. 제자훈련 과정의 하나인 제자훈련 수료 간증문 준비에 대해 안내합니다. 훈련받는 동안 받은 은혜가 많다고 말씀을 하시지만, 그것을 정리하여 고백하지 않으면 어떤 은혜를 받았는지 명확하지 않을 뿐더러 받은 은혜를 내 것으로 붙들기 어렵습니다. 내가 어떤 은혜를 받았는지 구체적으로 정리하여 보고, 앞으로의 삶 속에서 그 깨달음을 어떻게 적용할 것인지 결단한 것을 구체적으로 써보시기 바랍니다. 또한 간증문은 나의 신앙에 유익할 뿐 아니라, 다른 사람에게 하나님이 행하신 일을 드러냄으로써 하나님께 영광을 돌릴 수 있는 귀한 기회가 되기도 합니다.

아래의 가이드에 따라 간증문을 작성하시되 잘 쓰고자 하는 마음의 부담을 내려놓고 성령님의 도우심을 간구하며 정직하게 작성하시길 바랍니다. 감사합니다.

1. 간증문 제출 안내
- **간증문 분량** A4 1매 내외
- **제출 방식** 한글이나 워드로 작성한 후 강사에게 메일로 보내 주시기 바랍니다.
- **제출 마감**   년   월   일까지
  ※ 주의사항 : 간증문을 기간 내에 제출하지 않으시면 수료하실 수 없습니다.

2. 간증문 작성 가이드
- 제자훈련을 받게 된 동기는 무엇입니까?
- 1-12단원 중에서 가장 은혜를 받은 단원은 몇 단원입니까?
- 특히 어떤 과의 어떤 내용에서 은혜를 받으셨습니까?
- 은혜 받은 말씀을 어떻게 삶에 적용하셨습니까?
- 제자훈련을 받기 전과 받고 나서 스스로 달라진 점이 있다면 어떤 점입니까?
- 예수님의 제자로서 앞으로의 각오와 결단은 무엇입니까?
  ※ 위의 여섯 가지 가이드에 따라 간증문을 자유롭게 써주세요.

예수님의 사람
제자훈련 수료 간증문 샘플

제자훈련 간증

제자훈련 ○○기 화요반 ○○○

새가족 양육 수료 후 주님에게 받은 사랑과 은혜와 기쁨이 넘쳐흘러 믿지 않는 친구들에게 내가 사랑하는 예수님을 말해주고 싶었으나 저는 자신 있게 내가 믿는 주님에 대해 어떻게 설명을 해야 할지 몰랐습니다.

성경을 읽어도 잘 이해가 안 되고 기도도 서툴고 누군가 나의 믿음에 대해 물어도 분명하고 확실하게 말 할 수 없었습니다. 그래서 저는 예수님의 제자가 되어 성경을 잘 읽고 기도도 잘하는 믿음의 자녀가 되고 싶어 제자훈련을 시작하였습니다. 그러나 첫 단원부터 제가 생각했던 제자훈련과는 너무 달랐습니다. 말씀 공부를 하는 것도 아니었고 기도 훈련을 하는 것도 아니었습니다. 나의 죄를 깨닫게 하고 나의 죄를 드러내 고백하게 하는 것으로 제자훈련은 시작되었습니다. 이런 과정들로 마음에 눌림이 오면서 내가 올 곳이 아닌 것만 같았고 두려운 생각과 부담을 안고 계속 해야만 하는지 고민도 했습니다. 하지만 이미 시작했으니 순종하는 마음으로 끝까지 하고자 결단하고 주님께 기도를 드리며 제자훈련에 임했습니다.

한 주 한 주 시간이 지나면서 처음 이런 마음과는 달리 하루하루 제자훈련을 해나가는 동안 주님이 내 안에 거하시는 것을 체험하며《예수님의 사람》교재를 묵상하는 시간이 얼마나 은혜와 감사가 됐는지 모릅니다. 불신자인 남편으로 인해 교회생활이 자유롭지 못한 것에 대해 두려움과 염려로 실의에 빠져있을 때 기도는 주님과의 친밀함을 나누는 교제이며, 나의 연약함을 인정하고 성령의 인도하심으로 기도해야 한다는 것을 알게 하셨습니다.

"오직 성령이 말할 수 없는 탄식으로 우리를 위하여 친히 간구 하시느니라."이 말씀이 저에게는 한없는 위로가 되었으며 저를 위해 탄식으로 구하신다는 주님을 신뢰하며 믿음으로 두려움과 염려를 떨쳐버릴 수 있었습니다.

매주 제자훈련이 쉬웠던 것은 아니었습니다. "이 정도면 되지 않을까, 이번 한 번쯤은 봐

줄 수 있지 않을까."라고 마음속에서 사탄의 유혹이 속삭였습니다. 하지만 이런 생각들은 제자훈련을 통해 분별하게 되었고 이길 수 있는 힘을 주셨습니다. 저는 과거의 죄에 대해 얽매여 제 자신을 정죄하고 있었습니다. 그것이 죄라는 것도 모르고 있었습니다. 그러나 제자훈련을 통해 마귀의 실체를 알게 되고 이런 마음들도 마귀의 공격임을 알았습니다. 이미 하나님께서는 우리에게 전신 갑주를 주셨으니 믿음으로 마귀를 물리쳐 '나는 죽고 예수로 사는 사람'임을 고백하게 하셨으며 나를 그리스도 안에서 자유케 하시기 위해 내 죄를 드러내게 하신 것을 알게 되었습니다. 이제는 어떠한 마귀의 공격에도 두려워하지 않으며 '이전 것은 다 지나가고 새로운 피조물'이 되었다고 하신 말씀을 분명히 믿게 하셨습니다.

길 것만 같았던 제자훈련 12주 과정을 마치며 처음의 두려움은 사라지고 이제는 아쉽기만 합니다. 특히 제자훈련 중 쓰기 시작한 예수동행일기는 하나님을 더욱 바라보게 하는 통로가 되었습니다. 예수동행 일기에 대해 부정적인 생각들이 있어 쓰기를 거부했었는데 제자훈련 나눔방이 만들어지면서 순종의 마음으로 쓰기 시작한 것이 어느덧 나의 일상이 되었고 더욱 주님을 바라보게 되었습니다. 이제는 일기를 쓰며 주님에게 나의 하루를 올려드리는 일이 즐겁기만 합니다. 예수동행일기를 통해 주님을 바라보는 시간들이 많아졌고 말씀을 통해 주님의 음성을 듣게 하셨습니다.

12주 동안 배운 것들을 배움에서 끝내는 것이 아니라 이제는 삶이 변하고 순종을 통해 주님의 능력을 증언하며 살겠다는 소망을 갖게 됩니다. 그리고 나의 믿음이 하나님을 뵈올 때에 성령의 열매를 맺게 되길 원합니다.

어제의 믿음으로 오늘을 살지 않고 매일매일 새로운 성령의 충만함으로 살기를 원하고 내일을 염려하지 않으며 즐겁거나 슬프거나, 또는 아프거나 고난이 오더라도 주님을 기쁘게 감사의 찬양을 드리며 한 걸음 한 걸음 주님 앞으로 나아가길 소망합니다.

제가 서 있는 곳, 머무는 곳이 선교지 임을 알고 주님의 나라를 위해 낮은 곳에서 순종하는 자로 살기를 원합니다. 주님이 하셨습니다. 오직 주님 한 분 뿐입니다.

제자훈련 중요 서식 샘플 :
제자훈련 지원서

제 5 기 예수님의 사람 제자훈련생 모집 안내

훈련자격 일대일 양육을 수료한 교우
훈련기간 2019년 8월 25일(주일)~12월 1일(주일)
등록기간 2019년 7월 21일(주일)~8월 11일(주일) 오후 2시
등 록 비 40,000원
개강날짜 2019년 8월 25일(주일) 오후 4시, 비전홀(B1층)
주의사항 ① 개강 예배(오리엔테이션)에 불참하시면 제자훈련을 받으실 수 없습니다.
　　　　　② 한번 편성된 반은 임의로 옮기실 수 없습니다.

〈제자훈련 지원서〉

성명	김미나			성별	□남　☑여	
생년월일	1980 년 3 월 20 일 (양)음			직분	성도	
주소	경기도 성남시 수정구 헌릉로 999					
휴대폰	010-0303-0481	집 전화	321-0123	E-mail	wjm@gmail.com	
양육수료	새가족 일대일 양육을 수료하셨습니까?　☑예　□아니오					
봉사부서	현재 봉사하고 있는 부서가 있습니까?　　　　　□예(부서명:　　)　☑아니오 제자훈련 중이나 마친 후에 봉사에 참여할 의사가 있습니까?　☑예　□아니오					
지원동기	새가족 양육 수료후 예수님을 더 깊이 알고 싶어서 지원합니다.					
참고사항	☑탁아도우미 필요　□임산부　□건강이상　특이사항:					
지원반 (희망하는 반에 ○표)	성별	요일	시간	요일	시간	
	남자	주일반	오후 3:00-5:00	화요반	오후 7:30-9:30	
	여자	주일반	오후 3:00-5:00	(화요 오전반) 화요 오후반	오전 10:00-12:00 오후 7:30-9:30	

위와 같이 제자훈련에 지원합니다.
2019 년 8 월 11 일
신청인 : 김 미 나 (서명) 김미나
소속 : 1교구　　담당교역자 : 홍 정 호 (서명) 홍정호

제자훈련 중요 서식 샘플 :
제자훈련 강사 보고서

제자훈련 강사 보고서 / 주일 남자반

2월 24일 1단원 강사 : ○○○

결석자 명단 보강계획	결석자 없음			
훈련 상황	[상/중/하]에 '○'표 해주세요.	상	중	하
	1. 교재의 내용을 충분히 숙지하였습니까?		○	
	2. 훈련생들을 위하여 기도하였습니까?		○	
	3. 훈련생들의 이야기를 경청하고 공감하였습니까?	○		
	4. 훈련생들의 예습 상태는 양호합니까?		○	
	5. 훈련생들이 교재의 내용을 잘 이해하였습니까?	○		
	6. 훈련생들이 마음을 열고 나눔에 참여하였습니까?	○		
반의 영적 분위기	오리엔테이션 때보다 훨씬 분위기가 부드러워졌습니다. 아직 등 떠밀려 훈련에 참여하신 분들이 많아, 주님의 은혜와 마음의 변화가 필요한 상황입니다.			

번호	성 명	신앙의 단계, 간증, 기도제목을 구체적으로 기록해 주세요.
1	○○○	마음이 많이 잡힌 상태이나, 아직 "나의 생명"으로 예수 그리스도를 영접하지는 못한 상태입니다. 계속된 기도가 필요합니다.
2	○○○	주님이 어디든 이끄시면 갈 준비가 되었는가? 라는 질문에 답을 하지 못하였습니다. 이에, 하나님의 선하심과 신실하심을 말씀으로 나누었습니다.
3	○○○	이전, 뜨겁게 신앙생활 했던 때가 있었고, 하나님께 헌신하고자 했던 시절을 나누어 주셨습니다. 다시 주님과의 관계가 회복되길 기도하고 있습니다.
4	○○○	감기에 걸린 터라, 집사님이 제자훈련에 함께하기 어려워하셨습니다. 그러나 끝까지 함께 하였습니다. 아직은, 제자훈련 받을 준비나, 마음의 준비가 안 되어 있습니다. 그러나 주님께서 마음을 풀어 주시고, 바꾸실 것을 믿습니다.
5	○○○	주님이 이끄시면 무슨 일이든 순종인가 라는 질문에 아직 그렇지 않다고 대답하였습니다. 주께서 믿음 주실 줄 믿습니다.
6	○○○	점점 더 믿음의 분명한 고백을 하고 있습니다. 주님께서 하시는 무슨 말씀이시든지, 아멘으로 순종하길 결단하는 고백을 했습니다.
7	○○○	모범적으로 참여합니다. 그러나 분명한 믿음의 고백과 결단에 있어선 아직은 분명한 반응을 하지 않습니다. 주께서 마음을 바꾸시고 결심하게 하실 줄 믿습니다.
특이 사항		강사인 저부터, 준비하는 일이나 진행하는 일에 마음이 풀어지지 않을 것을 생각하고 다짐하는 시간이었습니다.

제자훈련 중요 서식 샘플 :
제자훈련 도우미 보고서

제자훈련 도우미 보고서 화요일 여자반

일 시	3월 24일	단 원	5
강 사	○○○ 목사님	도우미	○○○

번호	성명	출결사항	예습	QT	기도	통독	전화 심방보고서 (결석사유 및 기타)
1	○○○	○	○	○	○	○	
2	○○○	○	○	○	○		
3	○○○	○	○		○	○	
4	○○○						감기 몸살로 인해 결석했고, 다음 시간에는 참석하기로 함.
5	○○○	○	○	○	○	○	
6	○○○	○	○	○	○	○	
7	○○○	○	○	○	○	○	
8							
9							

참고사항

제자훈련 중요 서식 샘플 :
자기 점검표

자기 점검표

기록 요령	출석	출석(○), 지각(/), 결석(×)	QT	횟수로 표기 / 예:(5)
	기도	30분 이상(○), 30분 이하(△)	예습	○, △, ×로 기록
	성경통독	읽은 장 숫자 기록/(예:34)	예배출석	주일-속회(○, ×), 새벽(횟수)
	성경암송	○, △, ×로 기록		

| 번호 | 주차 | 출석 | 예습 | QT | 기도 | 성경암송 | 성경 | 예배출석 ||||| 비고 |
								주일	수요	금요	속회	새벽	
1	오리엔테이션	○											
2	1주(2 / 24)	○	○	4	○	○	20	○	×	○	○	3	
3	2주(/)												
4	3주(/)												
5	4주(/)												
6	5주(/)												
7	6주(/)												
8	7주(/)												
9	8주(/)												
10	9주(/)												
11	10주(/)												
12	11주(/)												
13	12주(/)												
14	13주(/)												
15	14주(/)												

제자훈련 중요 서식 샘플 :
수료증

2020-25호

파송장

성명 : 김○○집사

위의 사람은 본 교회에서 실시하는

제31기 예수님의 사람 제자훈련을 성실히

수료하였기에 대한민국 선교사로 파송하는 바입니다.

(수료기간 : 2020년 8월 25일 - 2020년 12월 15일)

2020년 12월 15일

예수님과 동행하는 교회

담임목사 홍 길 동

성경 암송 카드

《예수님의 사람》은 각 단원별로 성경 암송구절이 있습니다.
성경 암송은 제자훈련의 효과를 더욱 높여줄 것입니다.

고린도전서 1:18

십자가의 도가
멸망하는 자들에게는
미련한 것이요
구원을 받는 우리에게는
하나님의 능력이라

1 ─── 십자가의 능력

요한일서 1:9

만일 우리가 우리 죄를 자백하면
그는 미쁘시고 의로우사 우리 죄를 사하시며
우리를 모든 불의에서 깨끗하게 하실 것이요

3 ─── 회개의 기쁨

에베소서 5:18

술 취하지 말라 이는 방탕한 것이니
오직 성령으로 충만함을 받으라

5 ─── 성령충만한 사람

고린도후서 13:5

너희는 믿음 안에 있는가 너희 자신을 시험하고
너희 자신을 확증하라 예수 그리스도께서
너희 안에 계신 줄을 너희가 스스로 알지 못하느냐
그렇지 않으면 너희는 버림 받은 자니라

2 ─── 내 안에 계신 예수 그리스도

갈라디아서 2:20

내가 그리스도와 함께 십자가에 못 박혔나니
그런즉 이제는 내가 사는 것이 아니요
오직 내 안에 그리스도께서 사시는 것이라
이제 내가 육체 가운데 사는 것은 나를 사랑하사
나를 위하여 자기 자신을 버리신 하나님의 아들을
믿는 믿음 안에서 사는 것이라

4 ─── 나는 죽고 예수로 사는 사람

요한복음 10:27

내 양은 내 음성을 들으며
나는 그들을 알며
그들은 나를 따르느니라

6 ─── 주님의 음성 듣기

예수님의
사람

Walking with Jesus

예수님의
사람

Walking with Jesus

예수님의
사람

Walking with Jesus

예수님의
사람

Walking with Jesus

예수님의
사람

Walking with Jesus

예수님의
사람

Walking with Jesus

예수님의
사람

예수님의
사람

마태복음 7:7-8

구하라 그리하면 너희에게 주실 것이요
찾으라 그리하면 찾아낼 것이요
문을 두드리라 그리하면 너희에게 열릴 것이니
구하는 이마다 받을 것이요 찾는 이는 찾아낼 것이요
두드리는 이에게는 열릴 것이니라

7 ──── 기도로 사는 사람

히브리서 11:6

믿음이 없이는 하나님을 기쁘시게
하지 못하나니 하나님께 나아가는 자는
반드시 그가 계신 것과 또한
그가 자기를 찾는 자들에게
상 주시는 이심을 믿어야 할지니라

8 ──── 믿음으로 사는 사람

마태복음 13:44

천국은 마치 밭에 감추인 보화와 같으니
사람이 이를 발견한 후 숨겨 두고
기뻐하며 돌아가서 자기의 소유를 다 팔아
그 밭을 사느니라

9 ──── 소망으로 사는 사람

고린도전서 13:13

그런즉 믿음, 소망, 사랑,
이 세 가지는 항상 있을 것인데
그 중의 제일은 사랑이라

10 ──── 사랑으로 사는 사람

에베소서 6:10-11

끝으로 너희가 주 안에서와
그 힘의 능력으로 강건하여지고
마귀의 간계를 능히 대적하기 위하여
하나님의 전신갑주를 입으라

11 ──── 영적전쟁에서 승리하라

마태복음 28:19-20

그러므로 너희는 가서 모든 민족을 제자로 삼아
아버지와 아들과 성령의 이름으로
세례를 베풀고 내가 너희에게 분부한 모든 것을
가르쳐 지키게 하라 볼지어다 내가 세상 끝날까지
너희와 항상 함께 있으리라 하시니라

12 ──── 전도자의 사명

예수님의
사람

Walking with Jesus

예수님의
사람

Walking with Jesus

예수님의
사람

Walking with Jesus

예수님의
사람

Walking with Jesus

예수님의
사람

Walking with Jesus

예수님의
사람

Walking with Jesus

예수님과 동행하는 삶으로 인도하는 제자훈련

예수님의 사람 2 | 인도자용

초판 1쇄 발행 2020년 4월 29일
초판 5쇄 발행 2022년 4월 22일

지은이 유기성

기획·편집 김순덕, 유지영
디자인 브릿지제이

펴낸곳 도서출판 위드지저스
등록번호 제251-2021-000163호
주 소 경기도 성남시 수정구 헌릉로 999 402호
전자우편 wjp@wjm.kr | **디자인** bridgej824@gmail.com
전 화 031-759-8308 | **팩 스** 031-759-8309

Copyright © 유기성, 2020, Printed in Korea

ISBN 979-11-968130-7-9 04230
ISBN 979-11-968130-5-5(세트)

이 출판물은 저작권법에 의해 보호를 받는 저작물이므로
무단 전재와 무단 복제를 금합니다.

*잘못된 책은 바꿔드립니다.
*책값은 뒤표지에 있습니다.